HEYNE

W0074423

Wolfgang Dürwald

Ermittler in Weiß
TOTE SAGEN AUS

Ein Tatsachenbericht

WILHELM HEYNE VERLAG
MÜNCHEN

HEYNE SACHBUCH
19/784

2. Auflage

Taschenbucherstausgabe 4/2002
Copyright © 2000 by Militzke Verlag, Leipzig
Wilhelm Heyne Verlag GmbH & Co. KG, München
http://www.heyne.de
Printed in Germany 2002
Umschlagillustration: Picture Press/Corbis/Steve Raymer, Hamburg (oben)
Prisma/Pic-Partners, Zürich (unten)
Umschlaggestaltung: Hauptmann und Kampa Werbeagentur, CH-Zug
Herstellung: Udo Brenner
Satz: ew print & medien service gmbh, Würzburg
Druck und Verarbeitung: Ebner & Spiegel, Ulm

ISBN 3-453-19704-6

Inhalt

Die Gerichtliche Medizin ist als eigenständiges Fach zwar relativ jung, gehört jedoch von der Aufgabenstellung her und in bezug auf ihre praktische Anwendung mit zu den ältesten Disziplinen der Medizin. So finden sich vereinzelte Andeutungen von der Benutzung ärztlicher Kenntnisse zu gerichtlichen Zwecken schon in vorchristlicher Zeit.

Für das Entstehen spezifischer gerichtsmedizinischer Fragestellungen war aber neben der Entwicklung der Medizin auch ein gewisser Erkenntnisstand in den Rechtswissenschaften erforderlich. Wenn auch in den frühen germanischen Rechtsvorschriften schon einzelne Spuren gerichtsmedizinischer Fragestellungen zu finden sind, so nimmt das Gebiet der eigentlichen Gerichtlichen Medizin in Deutschland erst allmählich in der zweiten Hälfte des 17. Jahrhunderts Gestalt an. Voraussetzung für diese Entwicklung war die Einführung der Peinlichen Gerichtsordnung Karls V. (1532), der Carolina, in der die Fälle aufgeführt wurden, in denen die Untersuchung durch einen medizinischen Sachverständigen erforderlich war (z. B. Abtreibungen, Vergiftungen, tödliche Verletzungen, Selbstmord).

In Deutschland spielten bei der Entwicklung der Gerichtlichen Medizin vor allem drei Leipziger Professoren eine große Rolle: Gottfried WELSCH (1618–1690), Johannes BOHN (1640–1718) und Paul AMMAM (1634–1691). Ihnen verdanken wir die ersten grundlegenden gerichtsmedizinischen Werke und auch konkrete Hinweise und Regeln für die Durchführung der gerichtsärztlichen Tätigkeit. In Italien war es vor allem der Leibarzt des Papstes Paul ZACCHIAS (1584–1659), der als Verfasser eines mehrbändigen Buches den gerichtsmedizinischen Wissensstand seiner Zeit darstellte und die italienische Gerichtsmedizin vorantrieb.

Während in Deutschland die praktische gerichtsmedizinische Tätigkeit in den folgenden Jahrzehnten im Wesentlichen von den Kreis- bzw. Amtsärzten betrieben wurde, entwickelte sich in Italien und vor allem in Österreich die Gerichtliche Medizin an den Hochschulen im Rahmen der medizinischen Fakultäten. Eines der ältesten und bedeutendsten Institute für Gerichtliche Medizin ist das Wiener Institut, das zu Beginn des 19. Jahrhunderts entstanden ist. In Berlin wurde Ende des 19. Jahrhunderts zusammen mit dem Leichenschauhaus ein entsprechendes Institut errichtet. In Leipzig wurde ebenfalls um 1900 ein eigenes Institut gegründet, obwohl schon seit dem 17. Jahrhundert Vorlesungen in diesem Fach gehalten wurden. An den anderen deutschen Universitäten entstanden vor allem in der ersten Hälfte des letzten Jahrhunderts Gerichtsmedizinische Institute, nachdem seit 1923 die Gerichtliche Medizin Unterrichts- und Prüfungsfach im Medizinstudium geworden war. Diese Institute übernahmen dann auch neben der Lehre die praktische gerichtsmedizinische Tätigkeit und die Forschung zur Weiterentwicklung der gerichtsmedizinischen Erkenntnisse und Untersuchungsmethoden.

Neben der Aufklärung unklarer und nicht natürlicher Todesfälle ist die Untersuchung von Körperverletzungen, Vergiftungsfällen sowie biologischer Spuren wie Blut, Sperma, Mageninhalt, Urin, Kot, Haare, Schweiß etc. und später auch die Aufklärung unklarer und strittiger Abstammungsverhältnisse (Vaterschaftsuntersuchungen) eine wichtige Aufgabe der Gerichtlichen Medizin oder, wie sie heute genannt wird, der Rechtsmedizin. Alle Fragen aus dem Rechtsleben, die mit medizinischen und naturwissenschaftlichen Methoden beantwortet werden können, sind ihr Arbeitsgebiet.

Wie der Rechtsmediziner bei seiner Arbeit vorgeht, welche Fragen er im Einzelnen bearbeitet und mit welchen Schwierigkeiten er zu kämpfen hat, soll im Folgenden an einer Reihe von Fällen aus meiner eigenen nahezu 40jährigen Tätigkeit in diesem Fach dargestellt werden. Es sind Fälle, die ich aus meiner Erinnerung heraus berichte und die aus Gründen des Persönlichkeits- und Geheimnisschutzes teilweise abgewandelt und ohne Namensnennung dargestellt werden. Sie haben sich aber tatsächlich ereignet, wenn auch möglicherweise an anderen Orten oder in einem anderen Zusammenhang.

Es kam mir im Wesentlichen auf die Darlegung der Arbeitsweise des Gerichtsarztes an, aber auch die Belastungen, die diese Tätigkeit zwangsläufig durch die unmittelbare Berührung mit dem oder den Opfern mit sich bringt, soll sichtbar werden. Schließlich verdeutliche ich das Gefühl der Befriedigung, das den Rechtsmediziner erfüllt, wenn er dazu beigetragen hat, einen zunächst unklaren Fall aufzuklären und eine klare rechtliche Bewertung durch seine Arbeit erst zu ermöglichen. Sowohl die Überführung eines Täters als auch die Entlastung eines Unschuldigen gehört zu den Erfolgen der Gerichtlichen Medizin.

Wenn auch die kurative Tätigkeit, der Kontakt mit den Patienten fehlt, so ist dieses Fach sicherlich dennoch eines der interessantesten und vielseitigsten, denn es hat durch die Beurteilung von Kunstfehlern im Mutterfach nicht nur mit allen medizinischen Disziplinen zu tun, sondern durch seine speziellen Untersuchungsmethoden auch mit den naturwissenschaftlichen Fachrichtungen wie Chemie, Physik und Biologie und darüber hinaus mit geisteswissenschaftlichen Disziplinen wie der Kriminalistik und der Rechtswissenschaft. Der Rechtsmediziner muss mit all diesen Gebieten vertraut sein und zumindest gewisse Grundkenntnisse besitzen. Aber er muss auch seine Grenzen kennen und wissen, wann er allein nicht mehr weiter kommt und einen Spezialisten als Zusatzgutachter benötigt. Das trifft vor allem für die Beurteilung medizinischer Kunstfehler zu, wo in den allermeisten Fällen ein erfahrener Fachmann aus dem jeweiligen Gebiet für die Begutachtung unerlässlich ist.

Und der Rechtsmediziner muss bei seiner Tätigkeit stets daran denken, dass er zwar die Rechtsfindung unterstützen soll, aber nicht selbst Richter ist. Absolute Objektivität ist für seine Arbeit oberstes Gebot. Deshalb darf er unter gar keinen Umständen mit einer vorgefassten Meinung an einen Untersuchungsauftrag herangehen. Fehler und falsche Ausdeutungen sind dann vorprogrammiert. Das Schlimmste, was einem Rechtsmediziner passieren kann, ist, wenn er durch einen fehlerhaften Befund zu einem falschen Urteil beiträgt oder es gar verursacht und so ein Mensch zu Unrecht rechtlich zur Verantwortung gezogen wird. Immer schwebt das Damoklesschwert des Kontroll- bzw. Zweitgutachtens über ihm.

Die Fülle der Aufgabengebiete ist nur schwer in einem Band unterzubringen. Deshalb haben Verlag und Autor vorgesehen, einen zweiten Band zum gleichen Thema folgen zu lassen, in dem die Untersuchung von Massenunfällen, die Aufdeckung ärztlicher Kunstfehler, die Aufklärung von Vergiftungsfällen u. a. im Mittelpunkt stehen sollen.

Da es in der Rechtsmedizin weltweit üblich ist, die nicht natürlichen Todesursachen, zu denen Mord, Selbstmord und Unfall gehören, nach der Art der einwirkenden Gewalt einzuteilen, folge ich ebenfalls diesem Ordnungsprinzip.

Wolfgang Dürwald

Kapitel 1

Mein Weg zur Gerichtsmedizin

Der 2. Januar 1951 war ein trüber und unfreundlicher Tag. Es wollte gar nicht richtig hell werden. Ein richtiges Schmuddelwetter. Als ich morgens aus dem Haus ging, schneite es, der Schnee blieb jedoch nicht liegen. Die Temperatur lag knapp über dem Gefrierpunkt. An einigen Stellen sammelte sich Schneematsch an. Ein unangenehmer Wind blies mir ins Gesicht, als ich den Steiger in Jena herabging. Den Mantelkragen hochgeschlagen, den Hut ins Gesicht gezogen, eilte ich mit gesenktem Kopf und großen Schritten den Berg hinab, um pünktlich zu meiner neuen Arbeitsstelle, dem Institut für Gerichtliche Medizin und naturwissenschaftliche Kriminalistik der Friedrich-Schiller-Universität Jena, zu kommen. Es war mein erster Arbeitstag in der Gerichtsmedizin und ich vergegenwärtigte mir noch einmal, wie es dazu gekommen war.

In meiner ursprünglichen Berufsplanung spielte die Gerichtsmedizin nämlich gar keine Rolle. In dieses Fach bin ich nur durch die Hartnäckigkeit des einzigen Arztes am damaligen Institut, Dr. Voigt, hineingekommen. Er hatte im Dekanat davon gehört, dass ich noch für etwa ein Vierteljahr eine Pflichtassistentenstelle suche. Als ich das Staatsexamen ablegte, wurden noch zwei Jahre Pflichtassistenz gefordert, wovon ein Vierteljahr wahlfrei war. Er rief mich also an und bot mir eine Stelle im Institut für Gerichtliche Medizin an, die ich aber ablehnte. Trotzdem telefonierte er noch mehrfach mit mir, um mich zu überreden, das Institut doch wenigstens einmal ganz unverbindlich zu besichtigen. Damit erklärte ich mich dann letztlich einverstanden, war aber fest entschlossen, eine Stelle dort abzulehnen.

Nach dem Staatsexamen wusste ich zwar noch nicht genau, welche Fachrichtung ich einschlagen wollte. Fest stand aber, dass es ein operatives Fach sein sollte. Ganz sicher wusste ich hingegen, was nicht in Frage kam. Dazu gehörte einmal die Pathologie sowie verwandte Fächer und zum anderen die Neurologie/Psychiatrie. Beide Fächer waren im Staatsexamen nicht gerade meine stärksten gewesen. Und nach meiner damaligen Kenntnis des Faches war die Gerichtliche Medizin eben nur ein kleiner Ableger der Pathologie und stand somit als Ausbildungsfach nicht zur Debatte.

Unter diesen Voraussetzungen ging ich eines Nachmittags zur vereinbarten Zeit in das Institut am Fürstengraben. Ich wurde schon erwartet und gleich mit einem kleinen Apfelsinenlikör begrüßt. Dann erfolgte eine interessante Führung durch das Institut und die anschließende Besprechung, bei der wiederum einige Gläschen Apfelsinenlikör geleert wurden. Alkohol jedweder Art war in der damaligen Zeit eine Seltenheit. Aus diesem Grund ist mir das auch alles so genau in Erinnerung geblieben. Die Gerichtsmedizin war deshalb so gut versorgt, weil sie über ein Kontingent an reinem Alkohol für chemische Untersuchungen verfügte. Davon wurde nach Bedarf eine gewisse Menge für »wichtige Fälle« abgezweigt. Diesmal war ich der »wichtige Fall«. Und als die Flasche Apfelsinenlikör leer war, hatte ich auch meine Zusage gegeben, zunächst einmal ein halbes Jahr in der Gerichtsmedizin zu arbeiten.

Inzwischen stand ich immer noch voller Gedanken um acht Uhr vor dem Institut am Fürstengraben und klingelte. Nach kurzer Zeit öffnete man die Tür, und ich wurde in den einzigen beheizten Raum des Instituts geführt. Es war das Labor, in dem normalerweise der Blutalkohol bestimmt wurde. Jetzt spielte sich das ganze Institutsleben hier ab, da nur dieser Raum geheizt werden konnte. Ein alter großer Kanonenofen stand in einer Ecke. Die Zentralheizung war wegen Kohlenmangels nicht in Betrieb. Fast alle Institutsmitarbeiter hatten sich in dieser Morgenstunde hier versammelt und für mich ergab sich so die Möglichkeit, sie gleichzeitig begrüßen zu können.

Da war zunächst der Assistenzarzt Dr. Gerhard Voigt, praktisch der Chef hier, wenngleich offiziell der Direktor des Pathologischen Instituts der Universität, Prof. Dr. Fischer, als kommissarischer Direktor fungierte.

Es war da ferner die Chefsekretärin Fräulein Pap und eine medizinisch-technische Assistentin, die mir als die »Kleene« vorgestellt wurde, obwohl sie mich um fast einen Kopf überragte. Dann lernte ich noch den Chemiker Dr. Gottwald und eine Reinigungskraft kennen. Den beiden zum Institut gehörenden Sektionsgehilfen oder Präparatoren, wie sie damals hießen, begegnete ich etwas später in ihrem Werkstattraum im Keller neben dem Sektionssaal. Das Institut war eben damals personalmäßig noch gut überschaubar.

Nach der allgemeinen Begrüßung musste als Erstes ein Arbeitsplatz im Labor für mich geschaffen werden. Aus einem Nachbarzimmer wurden ein Tisch und ein Stuhl geholt und neben den großen Ofen, der leicht den gesamten Raum heizen konnte, gestellt. Zumindest war dieser Platz schön warm, wenn auch etwas dunkel. Als Nächstes bekam ich meine erste Aufgabe: Ich sollte eine Ermittlungsakte von einem Verkehrsunfall durchsehen und die Grundlagen für ein Gutachten erarbeiten.

Mit großem Eifer stürzte ich mich in das Aktenstudium und fand alles äußerst interessant. Eine Gruppe von acht jungen Leuten war an dem betreffenden Abend in verschiedenen Gaststätten der Stadt eingekehrt und gegen Mitternacht ganz schön in Stimmung. Da in der Innenstadt alle Kneipen geschlossen waren, holte einer der jungen Männer den Pkw des Vaters aus der Garage. Die Gruppe wollte in einen Vorort fahren, um dort in einer ihnen bekannten Gaststätte weiterzutrinken. Man zwängte sich zu acht in den Pkw und ab ging die Fahrt in rasantem Tempo durch die nächtlich stille Stadt. Plötzlich stand an einem Platz eine Laterne im Weg. Der frontale Aufprall führte zum Totalschaden des Wagens; an eine Weiterfahrt war nicht zu denken. Mit schlechtem Gewissen und weitgehend ernüchtert kletterten die jungen Leute aus dem Wagen und verließen den Unfallort. Sie merkten zunächst nicht, dass einer fehlte. Das geschah erst einige Straßenecken weiter. Sie gingen zurück und stellten fest, dass der achte noch im Wagen saß und sich nicht rührte. Offenbar war er tot. In der Meinung, dem sei sowieso nicht mehr zu helfen, ließ man ihn im Wagen sitzen und ging nach Hause.

Ich befand mich noch mitten im Aktenstudium, als eine gerichtliche Sektion gemeldet wurde. In Weimar war eine Wasserleiche gefunden worden. Die Obduktion sollte noch am gleichen Tag erfolgen und ich als zweiter Obduzent mitfahren. Weil das Institut damals über keinen eigenen Pkw verfügte, wurde ein Taxi bestellt. Das Auto verfügte aber nur über drei Sitzplätze, und da auch eine Protokollantin mitfahren sollte, musste ich nicht nur als zweiter Obduzent, sondern auch noch als Sektionsgehilfe fungieren. Aber es ging alles gut, und wir kamen kurz nach 19 Uhr wieder in Jena an. Der erste Arbeitstag in der Gerichtsmedizin war glücklich beendet.

In den folgenden Tagen und Wochen fand ich mich immer mehr in die gerichtsmedizinische Arbeit hinein. Fast jeden Tag wurde eine gerichtliche Sektion angeordnet. Zumeist waren es Außensektionen, d. h. Sektionen, die außerhalb von Jena durchgeführt wurden. Im Institut selbst kamen nur etwa 6–8 Prozent aller Obduktionen zur Ausführung. Das Jenaer Institut war damals für das gesamte Land Thüringen zuständig, sodass unsere Sektionstätigkeit weite Fahrstrecken mit sich brachte. Das war einerseits recht anstrengend, andererseits aber auch äußerst interessant. Da ich damals schon einen eigenen Wagen besaß – einen 800er BMW Cabrio, Baujahr 1930 –, habe ich mit ihm viele Sektionsfahrten selbst gemacht. Ich war also Fahrer, Obduzent und in vielen Fällen auch Sektionsgehilfe in einer Person und hatte nicht selten einen 12–14-Stunden-Tag ohne größere Pausen. Aber als junger Mensch machte mir das nicht viel aus. Das viele Reisen hatte dazu noch einen weiteren Vorteil. Man kam in verschiedene Städte und konnte in den Geschäften nach Dingen Ausschau halten, die es im damaligen Nachkriegsdeutschland nur selten gab.

Etwas problematisch wurde für mich die Situation, als mein älterer Kollege in Urlaub fuhr. Dadurch war ich Ende Mai 1951 für einige Wochen praktisch der einzige Arzt im Institut. Ich kann mich noch gut an den ersten Tag dieser Vertretung, einen Sonnabend, erinnern. Dr. Voigt war noch nicht eine Stunde fort, als die erste gerichtliche Sektion angefordert wurde. Sie sollte noch am gleichen Tag durchgeführt werden. Da sich die Chefsekretärin ebenfalls im Urlaub befand, musste sich auch die Organisation erst einspielen. Gegen Mittag fuhren wir dann mit meinem Wagen los. In der Nähe von Schleiz war aus einem Dorfteich eine zunächst unbekannte weibliche Leiche geborgen worden. Es war nicht klar, ob ein Selbstmord, ein Unfall oder eine Tötung durch fremde Hand vorlag. Da die Leiche zum Zeitpunkt der Sektion noch unbekannt war, musste auch nach Identifizierungsmerkmalen gesucht werden.

Im Unterschied zum Pathologen gehört es zu den Aufgaben des Gerichtsarztes neben der Feststellung der Todesursache auch Hinweise zu finden, die eine möglichst vollständige Rekonstruktion des Vorganges, der zum Tode führte, ermöglichen. Bei jeder gerichtlichen Sektion kommt es deshalb als Erstes darauf an, die Todesart zu bestimmen. Auch ich musste demzufolge herausfinden, ob es sich um einen natürlichen oder nicht natürlichen Tod handelt. Läge eine nicht natürliche Todesursache vor, galt es festzustellen, ob der Tod durch Unfall, durch eigene oder durch fremde Hand, d. h. durch Selbstmord oder Mord, herbeigeführt wurde.

Bei der Suche nach Merkmalen, die für die Rekonstruktion geeignet sind, spielen viele kleine und zumeist unbedeutende Verletzungen wie Hautabschürfungen, Unterblutungen, Schwellungen, Kratzer, Verfärbungen, Faseranhaftungen und dergleichen eine wichtige Rolle. Ferner sollen durch die Obduktion auch Merkmale und Hinweise festgestellt werden, die eine sichere Identifikation des Toten erlauben.

Im vorliegenden Fall war die Todesursache eindeutig »Ertrinken«. Alles sprach für einen Selbstmord, was später nach Festellung der Identität der jungen Frau durch einen Abschiedsbrief auch Bestätigung fand.

Meine erste Gerichtsverhandlung erlebte ich vor dem Landgericht in Rudolstadt. Es handelte sich um einen Mordprozess, in dem Dr. Voigt als Sachverständiger geladen worden war. Er hatte das Opfer, eine junge Frau, seziert. Ich durfte ihn als Zuschauer begleiten. Der Täter, ein mehrfach wegen Raub und schwerer Körperverletzung vorbestrafter Mann, hatte die junge Frau getötet, weil sie behauptet hatte, von ihm schwanger zu sein und nun verlangte, geheiratet zu werden. Nach einer heftigen Auseinandersetzung hatte er sie erwürgt. Unmittelbar im Anschluss an diese Tat war er zu einer anderen Freundin gegangen und hatte den Abend mit ihr im Bett verbracht. Diese zweite Freundin wurde im Verlauf des Prozesses als Zeugin gehört, um die Gefühllosigkeit des Angeklagten zu demonstrieren. Er hatte nach dem Mord offenbar keinerlei Gefühlsregungen gezeigt. Als die Zeugin von dem vorsitzenden Richter gefragt wurde, wie sich der Täter bei ihr verhalten habe, sagte sie, dass sie schon nach wenigen Minuten gemeinsam ins Bett gegangen seien. Der Richter wollte nun wissen: »Haben Sie dann gleich Geschlechtsverkehr gehabt?« Zum allgemeinen Erstaunen antwortete die Zeugin etwas verlegen: »Nee, Herr Richter, Geschlechtsverkehr haben wir nicht gehabt.« Bei dieser Behauptung blieb sie auch trotz mehrfachen Befragens. Da sie aber auf die Frage »Was haben Sie denn dann im Bett gemacht?« verlegen herumdruckste und nicht richtig zu antworten wusste, schaltete sich der Sachverständige Dr. Voigt ein.

»Herr Richter, darf ich die Zeugin einmal direkt befragen?«
»Bitte, Herr Sachverständiger, fragen Sie direkt.« Daraufhin
wandte sich Dr. Voigt an die Zeugin: »Na, Mädchen, ihr seid
doch gleich nach seiner Ankunft ins Bett gegangen?« »Ja sicher,
Herr Doktor.« »Und wann habt ihr gevögelt?« »Erstmal gleich
und dann noch mehrfach am Abend, aber Geschlechtsverkehr
hatten wir keinen.«

Damit war die Angelegenheit im Bett klargestellt und für
das Gericht die Gefühllosigkeit des Angeklagten bewiesen. Und
ich hatte gelernt, mich bei einer Befragung dem geistigen Ni-
veau des Befragten anzupassen und notfalls auch einmal eine
nicht ganz salonfähige Ausdrucksweise zu wählen, eine Erfahrung, die auch bei späteren Verfahren, bei denen ich selbst als
Sachverständiger auftrat, immer wieder bestätigt wurde.

Im Verlauf dieses Jahres arbeitete ich mich in das umfangreiche Gebiet der gerichtlichen Medizin ein. Neben der Sektionstätigkeit gab es noch weitere Spezialgebiete, die ich kennen lernen musste. Eine wichtige Rolle spielte die Toxikologie,
die Lehre von den Vergiftungen, denn Todesfälle und Gesund-
heitsschäden durch Gifte spielten immer wieder eine wichtige
Rolle. Neben der Erkennung einer Vergiftung und ihrer Symptome waren auch Kenntnisse über den chemischen Giftnach-
weis notwendig. Hierzu gehörte auch der Nachweis und die
Beurteilung einer speziellen und weit verbreiteten Art einer
Vergiftung, nämlich der Beeinträchtigung durch Alkohol, sowohl bei Verkehrsdelikten als auch bei anderen Straftaten.

Blutalkoholbestimmungen zählten daher im Institut zu den
wichtigen Aufgaben, die von einem Arzt übernommen wurden.
Später erfolgte die chemisch-toxikologische Bestimmung der
Blutalkoholkonzentration nach dem Verfahren von WIDMARK

durch einen Chemiker, während die medizinische Bewertung der alkoholischen Beeinflussung weiterhin dem Arzt oblag. Zum damaligen Zeitpunkt wurden die Blutalkoholuntersuchungen für ganz Thüringen im Jenaer Institut durchgeführt, sodass eine relativ große Zahl von Untersuchungen zusammenkam.

Ein weiteres Spezialgebiet der Gerichtlichen Medizin ist die Feststellung der Vaterschaft. Untersuchungen zu derartigen Fragestellungen beschränkten sich zur Zeit meines Eintritts in das Fach in Jena im Wesentlichen auf die Feststellung der Zeugungsfähigkeit. Blutgruppengutachten sind dort zwar schon vor dem Krieg erstattet worden, wurden aber während des Krieges wegen Serummangel eingestellt und erst zu einem späteren Zeitpunkt wieder eingeführt. Das galt auch für serologische Spurenuntersuchungen.

Weil ich das Gebiet sehr interessant fand, waren inzwischen aus dem halben Jahr, das ich bei der Gerichtsmedizin bleiben wollte, fast anderthalb Jahre geworden. Zudem verführte mich die hervorragende Arbeitsatmosphäre im Institut zum Bleiben. Doch dann wurde es dennoch Zeit, mich meiner ursprünglich favorisierten Fachrichtung zuzuwenden. Ich verließ die Gerichtsmedizin, um wieder eine klinische Tätigkeit aufzunehmen. Es bestanden aber weiterhin noch sehr enge persönliche Kontakte zu den Mitarbeitern des Instituts.

Ich war zunächst wieder in der Chirurgie tätig und ging dann für eine begrenzte Zeit in die Neurologie/Psychiatrie, dem zweiten Fach, das eigentlich für mich nicht infrage kam. Hier gefiel es mir aber so gut, dass ich blieb, schließlich die Facharztausbildung begann und auch zu Ende führen wollte.

Doch abermals kam etwas dazwischen. Am Abend des

1. Mai 1954 klingelte ziemlich spät das Telefon. Es war eine weibliche Stimme am Apparat, die mich aufforderte, sofort in ihre in der Innenstadt gelegene Wohnung zu kommen, sie hätte mir etwas Wichtiges mitzuteilen. Da sie aber nicht bereit war zu sagen, um was es sich handelte und ich aus meiner damaligen Tätigkeit in der Nervenklinik der Universität auch mit unangenehmen Überraschungen rechnen musste, lehnte ich zunächst ab. Daraufhin schlug die unbekannte Gesprächspartnerin vor, mich noch am gleichen Abend in meiner Wohnung aufzusuchen. Ich stimmte zu und kurze Zeit später klingelte es an der Wohnungstür. Die junge Frau stellte sich vor und eröffnete mir zu meiner großen Überraschung, dass sie mir etwas von Prof. Voigt auszurichten hätte, dem sie in Westberlin in einem Flüchtlingslager begegnet sei. Er habe gestern Abend mit seiner Sekretärin aus Angst, von der Staatssicherheit abgeholt zu werden, Jena verlassen. Wie ich erfuhr, war der Grund für diese Angst eine Meldung im RIAS, dem Rundfunk im amerikanischen Sektor, wonach ein Chemiker aus dem Jenaer Gerichtsmedizinischen Institut mit sehr brisantem Material in den Westen geflohen sei. Es handele sich um Sektionsprotokolle von Leichen, die durch Angehörige der russischen Besatzungsmacht zu Tode gekommen seien. Diese Nachricht erwies sich insofern als zutreffend, da tatsächlich ein Chemiker des Institutes in die Bundesrepublik geflohen war und offenbar auch einige Sektionsprotokolle der genannten Art mitgenommen hatte. Alle Sektionsprotokolle von Vorgängen, an denen Russen beteiligt waren, wanderten nämlich – angeblich aus Sicherheitsgründen – nicht in die allgemeine Ablage, sondern wurden gesondert in einem Stahlschrank verschlossen. Und von diesen Protokollen fehlten einige.

Obwohl Dr. Voigt erst vor kurzem zum Professor für Gerichtliche Medizin berufen und zum Direktor des Institutes ernannt worden war, somit eine aussichtsreiche Laufbahn in Jena vor sich hatte, war die Angst der beiden und ihre Reaktion in der damaligen Situation durchaus verständlich.

Die junge Dame übermittelte mir außerdem die Bitte Prof. Voigts, seine persönlichen Unterlagen wie Approbations-, Promotions- und Habilitationsurkunde sowie die Berufungsurkunden aus dem Institut zu holen und zunächst sicherzustellen, da er in der Eile und Aufregung vergessen hatte, sie mitzunehmen.

Als ich am nächsten Tag den kommissarischen Direktor des Pathologischen Instituts, einem guten Bekannten von Prof. Voigt, die Situation erläuterte, erklärte er sich sofort bereit, mit mir nach Dienstschluss die Gerichtsmedizin aufzusuchen und die Unterlagen zu holen. Bevor wir beim Hausmeister klingelten, schlichen wir erst einige Male um das Institut, um zu sehen, ob es bewacht würde. Wir hielten es durchaus für möglich, dass die Staatssicherheit bereits am Tage im Institut gewesen sein könnte und die Dokumente beschlagnahmt hätte. Aber unsere Befürchtungen waren unbegründet. Der Hausmeister ließ uns ohne Probleme ein, und wir konnten die Unterlagen holen. Vom Weggang des Chefs war im Institut offenbar noch nichts bekannt. Auch später hat weder im Institut noch in der Wohnung von Prof. Voigt eine Durchsuchung stattgefunden. Auch eine Befragung der Mitarbeiter durch die Staatssicherheit ist nicht erfolgt.

Am übernächsten Tag wurde ich von einem Mitarbeiter der Gerichtsmedizin angerufen und gefragt, ob ich wüsste, wo ihr Chef sei. Dieser wäre seit zwei Tagen nicht im Institut erschienen und auch nicht zu erreichen. Die Anforderungen von Sektionen häuften sich immer mehr. Wenig später rief auch das Dekanat an und bat mich, in der Gerichtsmedizin zunächst einmal nach dem Rechten zu sehen und mich um die gerichtlichen Sektionen zu kümmern.

Inzwischen war auch durchgesickert, dass Prof. Voigt und seine Sekretärin die DDR verlassen hatten. Mein Chef in der Universitätsnervenklinik wurde vom Dekan gebeten, mich für die Aufgaben in der Gerichtsmedizin vorübergehend freizustellen. Ich ging also ins Institut und stellte fest, dass über zehn Sektionsanmeldungen aus ganz Thüringen vorlagen. Diese Anforderungen arbeiteten wir so schnell wie möglich ab, aber es gingen immer neue Aufträge ein. Fast hatte es den Anschein, als wüssten die Staatsanwaltschaften von unserer Notlage und wollten uns ärgern.

Auch die Aufträge für Blutalkoholbestimmungen stapelten sich und warteten auf ihre Bearbeitung. So war mit meiner Freistellung für zunächst eine Woche nicht viel erreicht. Fast alle Sektionen waren Außensektionen. Wenn diese auf der anderen Seite des Thüringer Waldes oder im Harz anstanden, ging fast immer ein ganzer Tag drauf. Nebenher sollte ich noch meine beiden Stationen in der Nervenklinik versorgen. Das ging nur gut, weil ich dort noch einen ärztlichen Mitarbeiter hatte. Ein Dauerzustand konnte das aber nicht sein. Es musste eine andere Lösung gefunden werden.

An eine baldige Neuberufung war in der damaligen Situation nicht zu denken. Unmittelbar nach Kriegsende waren die gerichtsmedizinischen Lehrstühle in der Sowjetischen Besatzungszone bzw. der späteren DDR nicht alle besetzt, da einige der früheren Lehrstuhlinhaber aus verschiedenen Gründen nicht zurückgekommen waren. Insgesamt gab es fünf Lehrstühle bzw. Institute, nämlich in Berlin, Leipzig, Jena, Halle und Greifswald, von denen die ersten drei zunächst besetzt waren.

Dann wurden aber der Leipziger und etwas später auch der Jenaer Chef von der sowjetischen Besatzungsmacht verhaftet und vor ein sowjetisches Kriegsgericht gestellt, weil sie an der Untersuchung und Begutachtung von Massengräbern in Winniza (Ukraine) teilgenommen hatten und zu einem unerwünschten Ergebnis gekommen waren. Es lautete: Die Opfer sind schon vor dem Krieg in den Jahren 1938–1940 getötet worden. Nicht die Deutschen, sondern der sowjetische NKWD war folglich für die Erschießung verantwortlich. Wegen dieser angeblichen Falschbegutachtung wurden beide zu mehrjährigen Zuchthausstrafen verurteilt.

Nach der Wende und dem Ende der Sowjetunion stellte sich die Richtigkeit ihrer Gutachten ebenso wie bei denen zu den Massengräbern von Katyn heraus. In beiden Fällen sind die Opfer von sowjetischer Seite getötet worden. Dass unter den geschilderten Bedingungen eine Berufung von außerhalb in die DDR sehr skeptisch bewertet wurde, lag auf der Hand.

Es war klar, dass für einige Zeit eine kommissarische Besetzung erfolgen musste. Ich wurde zum Dekan bestellt und nochmals in aller Form gebeten, die Routinearbeit in der Gerichtsmedizin für die nächste Zeit zu übernehmen. Der Dekan fügte noch hinzu, dass ich der Fakultät in dieser Notlage helfen müsste, sonst könne ich in anderen Fällen, etwa einer Habilitation, auch kein Entgegenkommen erwarten.

Ein Ordinarius eines anderen Faches sollte formal die kommissarische Leitung übernehmen, damit die Gerichtsmedizin im Fakultätsrat vertreten war. Ich wurde gefragt, ob ich jemanden vorschlagen könnte. Der Pathologe, der dieses Amt ausgeübt hatte, als ich das erste Mal in die Gerichtsmedizin kam, war inzwischen emeritiert worden, die Pathologie zu dieser Zeit auch nur kommissarisch besetzt. Ich schlug daraufhin meinen damaligen Chef, den Direktor der Nervenklinik, vor, der sich aber erst nach längerem Zureden bereit erklärte, diese Funktion für kurze Zeit zu übernehmen. Er fühle sich mit dieser Aufgabe nicht sehr wohl, da er von Gerichtsmedizin überhaupt nichts verstehen würde.

Wir vereinbarten dann, dass ich die gesamte Routinearbeit übernähme, während er ausschließlich für die Vertretung im Fakultätsrat verantwortlich sei. Es war gut, dass in dieser Zeit keine Vorlesungen zu halten waren. Als dann die entscheidende Fakultätssitzung kam, auf der diese von mir vorgeschlagene und vom Dekan akzeptierte Lösung beschlossen werden sollte, weigerte sich mein Chef, die kommissarische Leitung zu übernehmen. Alles Zureden half nichts, er blieb bei seinem »Nein« und meinte, dieses Amt könne der Dürwald doch auch selbst machen. Daraufhin beschloss die Fakultät tatsächlich, dass ich als Oberarzt in die Gerichtsmedizin gehen und gleichzeitig kommissarischer Direktor dieses Institutes werden sollte. Auf diese Weise wurde ich als relativ junger Mann neuer Chef in der Gerichtsmedizin und war ab sofort voll verantwortlich für die gerichtsärztliche Versorgung der drei thüringischen Bezirke Erfurt, Gera und Suhl. Ich konnte nur hoffen, dass alles gut gehen und ich die vor mir liegenden Aufgaben erfolgreich bewältigen würde.

Zwar verfügte ich bereits über einige praktische Erfahrungen, hatte mich allerdings bis dahin nicht systematisch mit den wissenschaftlichen Problemen der Gerichtsmedizin befasst.

Außerdem galt es, die gesamte Breite des Faches kennen zu lernen. Neben einer umfassenden Kenntnis natürlicher und nicht natürlicher Todesursachen mussten auch die anderen Spezialgebiete der gerichtlichen Medizin beherrscht werden, zum Beispiel die Toxikologie, die forensische Sexualkunde, die ärztliche Rechtskunde einschließlich der Beurteilung von Kunstfehlern und vor allem die Spurenkunde.

Natürlich erfolgte die wissenschaftliche Tätigkeit in enger Verzahnung mit der praktischen Arbeit. Ich erinnere mich noch genau an einen der ersten Fälle, bei der die Frage geklärt werden musste, ob es sich um einen Unfall handelte. Er bereitete mir wegen der Beurteilung von Blutspuren zunächst Kopfschmerzen.

An einem Feiertag klingelte bei mir zu Hause am frühen Vormittag das Telefon. Ein Sachbearbeiter der Kriminalpolizei war am Apparat: »Wir brauchen dringend Ihre Hilfe, Herr Doktor. Wir haben in der Saale eine Leiche gefunden, möglicherweise ein sowjetischer Soldat. Kommen Sie doch bitte umgehend an den Fundort.«

Ich fuhr sofort los und war nach kurzer Zeit an Ort und Stelle. Unmittelbar am Ufer an einer sandigen, strandähnlichen Stelle lag die Leiche eines jungen Mannes, bekleidet mit einem Unterhemd und langer Unterhose. Bei dieser Bekleidung war mir klar, warum man auf einen Soldaten der Besatzungsmacht getippt hatte. Kleidung und Haare waren noch nass. Lange jedoch hatte der Tote nicht im Wasser gelegen. Die Haut an Händen und Füßen zeigte noch nicht die typischen Veränderungen, die sich bei längerem Aufenthalt im Wasser ausbilden und die man »Waschhautbildung« nennt. Am Hinterkopf fand sich eine etwa 6–8 Zentimeter lange Platzwunde, aus der nur wenig Blut austrat. Das ist bei Leichen, die im Wasser gelegen haben, nicht ungewöhnlich und spricht nicht gegen eine Entstehung der Wunde zu Lebzeiten.

Verursacht worden war diese Wunde offenbar durch die so genannte stumpfe Gewalt. Das konnte sowohl ein Schlag mit einem Werkzeug als auch das Anstoßen an Gegenstände im Wasser sein. Nicht weit von der Fundstelle entfernt war ein Wehr, über das der Tote durchaus getrieben worden sein konnte.

Die Stelle, an der er ins Wasser gegangen war, war zu diesem Zeitpunkt noch nicht bekannt. Das Ufer wurde also flussaufwärts abgesucht. Und da fanden sich ungefähr 200 Meter oberhalb unter einer Brücke Spuren, die nach Blut aussahen. Zunächst war da eine relativ große Blutlache, etwa doppelt handtellergroß, dann mehrere vertrocknete Blätter, die Spuren aufwiesen, die wie Blutspritzer oder Blutabrinnspuren aussahen. Zusammen mit der Platzwunde am Hinterkopf konnte also vermutet werden, dass der Tote hier einen Schlag auf den Kopf erhalten hat und dann ins Wasser geworfen wurde. Also ein Tötungsdelikt. Nur eines gefiel mir nicht so recht. Die vermutliche Blutlache ließ sich ziemlich leicht in der Gesamtheit vom Boden abheben. Das vermeintliche Blut war demzufolge gar nicht richtig vom Sandboden aufgesogen worden.

Also gleich ab ins Labor. Die Blutvorprobe mit Benzidin war nicht eindeutig, eigentlich eher negativ; aber das mikroskopische Bild zeigte sehr schöne rundliche Gebilde, die durchaus wie rote Blutkörperchen aussahen. Allerdings erschienen mir die Gebilde etwas zu schön und zu gleichmäßig rund. Gerade ihre außergewöhnliche Gleichmäßigkeit machte mich stutzig.

Alle weiteren Blutnachweismethoden waren negativ, sodass

ich mich zu der Diagnose »wahrscheinlich kein Blut« durchrang. Und diese Diagnose war zutreffend, denn als wir am nächsten Tag die rote Substanz chemisch analysierten, stellte sich heraus, dass es sich um rote Faltbootfarbe handelte. Ein Faltbootfahrer hatte offensichtlich unter der Brücke die Gummihaut seines Bootes gestrichen und dabei den Topf mit der Farbe umgeworfen. Dadurch waren die blutähnlichen Spuren entstanden.

Nach Identifizierung des Toten – es war tatsächlich ein sowjetischer Soldat – fanden sich auch einige Kameraden, die mit dem Toten gemeinsam gebadet und sein plötzliches Verschwinden bemerkt hatten. Da sie sich illegal am Fluss aufhielten und zum anderen glaubten, ihr Kamerad sei bereits weggegangen, machten sie keine Meldung.

Die Todesursache war eindeutig »Ertrinken«. Wahrscheinlich war der Verunglückte beim Kopfsprung irgendwo im Wasser angeschlagen und dann in bewusstlosem Zustand ertrunken.

Abschließend will ich noch einen anderen Fall aus dieser Zeit schildern, bei dem es um die Aufklärung eines Verkehrsunfalles ging, wobei die Untersuchung von Farbspuren eine wichtige Rolle spielte: In den frühen Morgenstunden, es wurde gerade hell, sah ein Lkw-Fahrer ein stark verbogenes Fahrrad am Rand der Straße liegen. Weil es auf der Fahrbahn lag und den Verkehr behinderte, hielt er an und legte das Fahrrad zur Seite. Er wollte schon wieder einsteigen, als er etwa 10 Meter hinter seinem Wagen irgend etwas Dunkles im Straßengraben bemerkte. Bei genauerem Hinsehen stellte er fest, dass es sich um einen Menschen handelte, der mit dem Kopf in Fahrtrichtung im Graben lag.

Natürlich wollte er sofort Hilfe leisten, aber die betreffende Person war nicht ansprechbar. Dem Lkw-Fahrer fiel nur auf, dass der Bewusstlose eine stark blutende Platzwunde am Hinterkopf hatte. Er bettete ihn auf eine Decke, fuhr in die nächste Ortschaft und verständigte die Polizei und einen Arzt. Beide trafen auch nach kurzer Zeit am Fundort des Verletzten ein. Der Verunglückte wurde in das nächste Krankenhaus gebracht. Trotz sofortiger ärztlicher Versorgung verstarb er noch am gleichen Tag, ohne das Bewusstsein wiedererlangt zu haben. Seine Identität war inzwischen geklärt. Es handelte sich um den Nachtwächter aus einem benachbarten Werk, der sich offenbar mit seinem Fahrrad auf dem Heimweg befunden hatte.

Die Beschädigungen am Fahrrad ließen den Schluss zu, dass er von einem Kraftfahrzeug von hinten angefahren worden war. Die gerichtliche Leichenöffnung bestätigte diese Vermutung. Es fanden sich Verletzungen am Rücken und am Hinterkopf, offenbar Anfahrverletzungen.

Nach der Klärung der Todesursache und des ungefähren Unfallablaufs musste das Fahrzeug gefunden werden, das diesen Unfall verursacht und dessen Fahrer dann Unfallflucht begangen hatte. Die Art der Beschädigung am Fahrrad und auch die Beschaffenheit der Rückenverletzungen ließen zunächst vermuten, dass es sich um einen kleineren Lkw handeln musste. Leider waren am Fahrrad und auch an der Kleidung keine Spuren vorhanden, die nähere Hinweise auf die Art und Farbe des Fahrzeugs gegeben hätten.

Bei der Sektion wurde natürlich auch die Platzwunde am Hinterkopf genau untersucht. Dabei fiel eine schwärzliche Verfärbung am Wundgrund auf, die dem Schädelknochen anhaftete und die wir bei der ersten Betrachtung zunächst für Ölverschmutzungen hielten. Diese Spur wurde gesichert und sowohl mikroskopisch als auch chemisch untersucht. Dabei stellte sich heraus, dass es sich nicht um Öl, sondern um Farbe handelte, der noch die darunter liegende Spachtelmasse anhaftete. Die Farbe war nicht schwarz, sondern dunkelgrün. Damit waren wir schon einen großen Schritt weiter. Wir wussten nun, welche Farbe das Unfallfahrzeug hatte.

Die genaue Untersuchung des Mantels des Verstorbenen mit Hilfe eines Stereomikroskops zeigte uns im Rückenbereich winzige Glassplitter, die in das Textilgewebe eingepresst waren und offenbar von einem Autoscheinwerfer stammten. Am linken Ärmel waren seitlich einige Schmutzauflagerungen zu erkennen, die nun auch mikroskopisch untersucht wurden. Die Art der Einpressung in das Textilgewebe und die Partikelgröße wiesen auch diesen Bezirk als Anfahrstelle aus. Die Zusammensetzung der Schmutz- bzw. Sandteilchen ließ auf eine ganz besondere Erde schließen, die nach an Ort und Stelle eingeholten Erkundigungen nur aus einer ganz bestimmten, in der Nähe gelegenen Kiesgrube stammen konnten. Da sich auch die Unfallzeit einigermaßen genau bestimmen ließ, musste nur geklärt werden, ob und welche Fahrzeuge zum entsprechenden Zeitpunkt in der Kiesgrube waren. Das zu klären, lief auf polizeiliche Routinearbeit hinaus.

Noch am Sterbetag des Unfallopfers konnte der Unfallwagen ermittelt und der Fahrer verhört werden. Nach anfänglichem Leugnen gab er den Unfall zu. Er hatte in der Dunkelheit den Radfahrer übersehen und ihn von hinten angefahren. Der Fahrer sagte weiter aus, dass er gehalten und nach dem Verletzten gesehen habe. Weil dieser sich aber nicht rührte, hielt

Mein Weg zur Gerichtsmedizin

er ihn für tot. Da er befürchtete, noch Restalkohol vom Vorabend im Blut zu haben, sei er weitergefahren. Die Splitter des zerbrochenen rechten Scheinwerferglases habe er aufgelesen und mitgenommen. Das Glas habe er dann selber ausgewechselt und gehofft, nicht als Unfallverursacher ermittelt werden zu können.

Diese beiden Fälle aus meiner Frühzeit als Gerichtsmediziner belegen die große Bedeutung von Kenntnissen in der Spurenkunde.

Das Schwergewicht meiner täglichen Arbeit lag aber weiterhin in der Sektionstätigkeit, die nahezu jeden Tag den Einsatz im gesamten Thüringer Raum erforderte. Es handelte sich immer wieder um unklare und vor allem nicht natürliche Todesfälle, bei denen im Auftrag der Staatsanwaltschaft eine Sektion durchgeführt wurde. Tötungsdelikte waren in der damaligen Zeit relativ selten. Unfälle und Selbstmorde sowie plötzliche und unerwartete Todesfälle, hinter denen sich auch einmal ein Tötungsdelikt verbergen konnte, machten den Hauptanteil der Sektionen aus. Vor allem Unfälle spielten eine große Rolle. Und stets war neben der Schuldfrage auch zu klären, ob tatsächlich ein Unfall vorlag oder ob sich nicht doch ein Mord oder Selbstmord dahinter verbarg. Der Gerichtsmediziner kommt nicht umhin, bei nahezu allen nicht natürlichen Todesarten immer alle drei Möglichkeiten in Betracht zu ziehen.

Dabei standen nicht immer gut ausgerüstete Sektionsräume zur Verfügung. In vielen Fällen wurde in einfachen Leichenhallen auf den Friedhöfen seziert. Fließendes Wasser war keineswegs immer vorhanden. Im Winter tauten wir mitunter Schnee auf, um überhaupt Wasser zu haben. Da viele Räume nicht heizbar waren, führten wir stets Brennspiritus mit, den wir in einer Porzellanschale verbrannten, um uns daran bei Kälte wenigstens die Hände wärmen zu können.

Ich erinnere mich noch an eine Sektion, die einen Tag vor Weihnachten in einem kleinen Ort in Nordthüringen in einer Feierhalle auf dem Friedhof durchgeführt wurde. Dort war kein Stromanschluss vorhanden. Die Sektion wurde bei Kerzenlicht begonnen, aber die schlechte Beleuchtung machte eine Beurteilung der Organe unmöglich. Kurzerhand fuhren die Kriminalisten ihren Einsatzwagen, einen Pkw F 9, in die Halle, sodass wir im Scheinwerferlicht sezieren konnten. Die größte Schwierigkeit bestand danach dann darin, das Auto wieder ohne Schaden aus der Halle heraus und die Treppen herunter zu bekommen.

In einem anderen Fall mussten wir eine Sektion im Grenzgebiet unmittelbar im so genannten 500-Meter-Streifen durchführen. Einen Friedhof oder eine Leichenhalle gab es in diesem kleinen Ort nicht. Also musste der Bürgermeister trotz des heftigen Protestes seiner Frau sein Waschhaus zur Verfügung stellen, wobei die Sektion auf einer ausgehängten Tür stattfand. Die Kunst der Improvisation gehörte damals zu unserem täglich Brot.

Kapitel 2

Leid und Tod auf Straßen und Schienen

Verkehrsunfälle im Straßenverkehr, denen wir uns zuerst widmen wollen, spielten in der damaligen Zeit trotz der vergleichsweise geringen Verkehrsdichte eine zahlenmäßig bedeutsame Rolle. Zwar wurde nicht jeder tödliche Verkehrsunfall obduziert, aber in all den Fällen, bei denen ein Unfall schuldhaft verursacht worden war und dann, wenn die Schuldfrage nicht eindeutig geklärt werden konnte, wurde eine gerichtliche Sektion angeordnet. Der technische Zustand der alten Fahrzeuge war nicht immer der beste, Reifen waren häufig völlig abgefahren, da es kaum neue gab. Und die Straßen befanden sich ebenfalls nicht selten in einem miserablen Zustand.

Wenn sich die meisten Verkehrsunfälle auch durch einen technischen Defekt oder menschliches Versagen erklären ließen, so musste auch hier immer an Mord oder Selbstmord gedacht werden. Und in einigen Fällen traten auch überraschende Ergebnisse zutage, wie die folgenden Beispiele zeigen sollen.

Schwierige Suche nach dem Unfallfahrzeug

Es war im Spätherbst. Die Dunkelheit brach früh herein. Ein unfreundlicher Tag, das Wetter entsprach mit Regenschauern und Nebelschwaden der Jahreszeit, sodass die Sicht auf der Straße zeitweilig erheblich beeinträchtigt war.

Im Wismutgebiet fuhr ein Lastkraftwagen Material zum Schacht. Der Fahrer starrte angestrengt nach vorn. Immer wieder wurde die Sicht durch Nebelschwaden eingeschränkt. Eigentlich hätte er die Geschwindigkeit drosseln müssen, aber hier galt: Zeit ist Geld. Und zudem: was sollte in diesem verkehrsarmen Betriebsgelände schon auf der Straße sein?

Der Fahrer holte eine Zigarette aus der Schachtel und bot seinem Beifahrer ebenfalls eine an. Dankend nahm dieser einen Glimmstengel, holte sein Feuerzeug hervor, gab seinem Kollegen Feuer und zündete sich dann selbst seine Zigarette an.

Plötzlich ein lauter Knall; der Fahrer trat heftig auf die Bremse und rief: »Da liegt doch etwas auf der Straße. Sieht aus wie ein Fahrrad. Und da am Rand, das könnte ein Mensch sein.«

Der Beifahrer, durch die Flamme des Feuerzeugs zunächst etwas geblendet, schaute genauer hin und bestätigte die Vermutung des Fahrers. Dieser hielt an, beide stiegen aus und liefen zu dem am Boden Liegenden. Tatsächlich lag ein Mann in Arbeitskleidung auf der Straße. Er atmete noch und stöhnte leise, war aber nicht ansprechbar. Hier musste sofort ärztliche Hilfe her. Am besten, der Verunglückte würde sofort ins Krankenhaus gebracht.

Beide luden den Bewusstlosen vorsichtig auf die Ladefläche und legten ihn dort auf Decken. Der Beifahrer blieb neben ihm sitzen. Vorsichtig fuhr der Lkw zum Krankenhaus und lieferte den Verletzten ein. Dort wurde sofort alles für die notwendige Operation vorbereitet und gleichzeitig die Verkehrspolizei benachrichtigt, da es sich offensichtlich um einen Verkehrsunfall mit Fahrerflucht handelte.

Als die Operation begann, war die Verkehrspolizei bereits eingetroffen und befragte die beiden Lkw-Fahrer. Diese schilderten noch einmal detailliert, wie sie den Verletzten gefunden und ins Krankenhaus gebracht hatten.

Das Fahrrad war an der Unfallstelle liegen geblieben. Angehörige der Verkehrspolizei fuhren mit dem Beifahrer zum Ort des Geschehens, untersuchten die Unfallstelle und stellten das Fahrrad sicher. Es bestand kein Zweifel, dass der Verletzte von hinten auf seinem Fahrrad angefahren und zu Boden geschleudert worden war. Dann aber war noch ein Rad des Unfallverursachers über das Bein des Verunglückten gefahren und hatte zu einem Bruch des Oberschenkels geführt. Beim Überrollen war auf der Hose ein sehr deutlicher Profilabdruck entstanden, der sofort fotografisch gesichert wurde.

»Den werden wir bald haben«, zeigte sich einer der Polizisten überzeugt, denn wegen des geringen Fahrzeugverkehrs im Betriebsgelände ließe sich leicht feststellen, welche Fahrzeuge zum mutmaßlichen Unfallzeitpunkt den entsprechenden Ort passiert hätten.

Nach der Ermittlung der in Betracht kommenden Fahrzeuge – es waren insgesamt nur drei – wurde von allen ein Profilabdruck sämtlicher Räder hergestellt und mit dem Profilabdruck auf der Hose des Verunglückten verglichen. Letzterer wies einige Besonderheiten auf, so genannte Individualmerkmale, die durch den Gebrauch und die Abnutzung des Reifens entstanden waren und die in dieser Form eben nur bei dem einen Reifen zu finden sein konnten, der den Profilabdruck verursacht hatte.

Man verglich ein Dutzend Abdrücke. Zu unser aller Erstaunen fand sich aber kein auch nur einigermaßen passendes Profil darunter. Folglich musste es noch ein weiteres Fahrzeug geben, das bisher nicht ermittelt worden war. Nach nochmaliger Überprüfung versicherten uns aber die Kriminalisten, dass andere Fahrzeuge zu diesem Zeitpunkt und an dieser Stelle nicht unterwegs gewesen seien.

Allgemeine Ratlosigkeit breitete sich aus. Sollte die erwartete und bereits verkündete schnelle Aufklärung doch nicht gelingen? Wir gingen noch einmal alles durch. Wo nur lag der Fehler?

Da kam einer auf die Idee, auch das Reifenprofil des Fahrzeugs zu untersuchen, dessen Besatzung den Verletzten gefunden und ins Krankenhaus gebracht hatte. Und siehe da, wir wurden schon beim ersten Reifen, dem vom rechten Vorderrad, fündig. Das Profil stimmte mit dem Abdruck auf der Hose genau überein und wies auch die Individualmerkmale eindeutig auf. Es bestand keinerlei Zweifel mehr: Das Rad, das über den Oberschenkel hinweggerollt war und dabei den Profilabdruck verursacht hatte, war gefunden.

Als nun das ganze Fahrzeug genauer untersucht wurde, fanden sich auch am rechten vorderen Kotflügel ganz diskrete Spuren, die auf einen Anfahrunfall hindeuteten. Sofort wurden beide Fahrer unter Vorhaltung der Befunde erneut vernommen. Schon nach kurzer Zeit legten zunächst der Beifahrer und etwas später auch der Fahrer Geständnisse ab.

Folgender Ablauf stellte sich heraus: Während des Anzündens der Zigaretten gab es plötzlich vorn rechts einen Knall. Gleichzeitig huschte ein Schatten vor der Frontscheibe vorbei. »Da haben wir etwas erwischt«, meinte der Beifahrer. »Kann ein Tier gewesen sein«, vermutete der Fahrer. »Besser, wir sehen mal nach.«

Nach dem Anhalten stellten sie am eigenen Fahrzeug nichts fest. Sicherheitshalber gingen beide einige Schritte zurück. Da fanden sie den Radfahrer und sein zur Seite geschleudertes Fahrrad. Offenbar hatten sie ihn nur gestreift, wodurch er mit dem Rad gestürzt und mit dem Kopf aufgeschlagen war und sich eine Gehirnerschütterung zugezogen hatte.

»Den bringen wir ins Krankenhaus und sagen, dass wir ihn so gefunden haben«, schlug der Beifahrer vor. So wurde es dann auch gemacht.

Leider ist der Verunglückte zwei Tage später gestorben, ohne das Bewusstsein wiedererlangt zu haben. Wie die Sektion zeigte, war es zu einem Schädelbasisbruch und zu Blutungen im Gehirn gekommen.

Neben der Feststellung eines Anfahrvorganges spielt bei Straßenverkehrsunfällen nicht selten die Frage nach der Sitzposition im Fahrzeug eine Rolle. Insbesondere ist es wichtig zu ermitteln, wer das Fahrzeug zum Unfallzeitpunkt gefahren hat.

Aus den unterschiedlichsten Gründen wird versucht, andere Fahrzeuginsassen als Fahrer und damit als Unfallverursacher zu beschuldigen. Vor allem wenn einer oder mehrere Insassen beim Unfall verstorben sind, gibt man nicht selten zu Protokoll, dass einer der Toten das Fahrzeug zum Unfallzeitpunkt gefahren habe, da er ja nicht mehr zur Rechenschaft gezogen werden kann.

Die Aufklärung wird in derartigen Fällen durch die Tatsache erschwert, dass die Helfer, die als Erste am Unfallort eintreffen, sich oft nicht mehr genau erinnern können, in welcher Reihenfolge sie die einzelnen Insassen aus dem Auto herausgezogen haben oder wer als Erster herausgeklettert ist. Verständlicherweise steht die Hilfeleistung und die Versorgung der Verletzten im Vordergrund. An die rechtlichen Fragen denkt man erst später, wenn die Ermittlungen beginnen und die Schuldfrage geklärt werden soll. Dann stellt sich heraus, dass man in der ersten Aufregung, die ein Unfall mit Verletzten oder gar Toten immer hervorruft, auf solche Umstände wie die Sitzposition gar nicht geachtet hat.

Wer war der Fahrer?

Es war ein herrlicher Hochsommertag. Als im Osten die Sonne aufging, war kein Wölkchen am Himmel zu sehen. Es versprach sehr warm zu werden.

Die beiden Fahrer einer Speditionsfirma gingen zu ihrem Lkw, der am Vortag schon mit neuen Fahrrädern beladen worden war. Diese sollten in den Norden der Republik gebracht werden. Man war sehr früh gestartet, um noch am gleichen Tag entladen zu können und mit der Rückfracht zumindest noch einen Teil der Rückfahrt zu schaffen. Um diese frühe Stunde war kaum Verkehr auf den Straßen.

Die Fahrt verlief zügig, die Stimmung der beiden Fahrer war ausgezeichnet. Es wurde warm und der Fahrer kurbelte das Seitenfenster herunter.

Gegen 10 Uhr, zur Frühstückszeit, war eine kleine Stadt erreicht und das Fahrzeug hielt auf dem Marktplatz vor dem Rathaus. Die Fernfahrer kannten den Ratskeller und wussten, dass man hier einen guten Kaffee trinken und vorzüglich essen konnte.

Wohlgemut und in bester Laune gingen sie die wenigen Stufen zur Gaststätte hinab. Sie waren um diese Zeit fast die einzigen Gäste. Beide bestellten sich ein Kännchen Kaffee und eine Kleinigkeit zum Essen. Es schmeckte vorzüglich. Nach dem Frühstück verspürten beide noch Durst, zumal sich die Wärme des Tages bemerkbar machte. Der Fahrer lud seinen Beifahrer zu einem Glas Bier ein. Ein Gläschen konnte ja nicht schaden, auch wenn noch ein Kurzer, ein kleiner Schnaps, dazukam. Der Beifahrer wollte nicht als Nassauer gelten und ließ sich deshalb auch nicht lumpen. Er revanchierte sich ebenfalls mit einem Gedeck. Das wiederum ließ dem Fahrer keine Ruhe. »Noch mal das Gleiche, Frau Wirtin«, rief er. Und so ging es noch eine Weile weiter. Inzwischen hatten sich noch einige weitere Gäste eingefunden, mit denen die beiden ins Gespräch kamen. Nach gut einer Stunde waren sie endlich wieder bereit, die Fahrt in fröhlicher Stimmung fortzusetzen. Die neuen Freunde aus der Gaststätte brachten die beiden noch bis zu ihrem Lkw und verabschiedeten sie lautstark. »Bis bald, wir kommen auf der Rückfahrt wieder vorbei«, versprachen die Fernfahrer.

Bevor die beiden einstiegen, forderte der Fahrer seinen Kollegen auf, jetzt eine Weile das Steuer zu übernehmen, da er ja den Wagen bis hierher gefahren habe.

Der Beifahrer war auch sofort bereit und kletterte hinter das Lenkrad, während der Fahrer auf dem Beifahrersitz Platz nahm. In bester Stimmung wurde die Fahrt fortgesetzt.

Aber leider nicht allzu weit. Nach einer Fahrstrecke von etwa 10 Kilometern kam der Lkw ohne ersichtlichen Grund nach rechts von der Straße ab, streifte einen dort stehenden Straßenbaum, fuhr den nächsten relativ kleinen Baum um und kippte dann seitlich in den Straßengraben.

Da die Straße um diese Zeit leer war, dauerte es einige Minuten, bis ein anderes Fahrzeug vorbeikam. Es handelte sich um ein Armeefahrzeug mit einigen Soldaten, die sofort erste Hilfe leisteten und einen der Insassen, der nur leicht verletzt war, aus dem Führerhaus befreiten. Der zweite Insasse des Lkw, offenbar wesentlich schwerer verletzt, konnte nur mit großer Anstrengung geborgen werden. Er verstarb noch an der Unfallstelle.

Als wenige Minuten später die Verkehrspolizei eintraf und mit der Befragung des leicht verletzten Überlebenden begann, sagte dieser aus, dass er der eigentliche Fahrer des Lkw sei, zum Unfallzeitpunkt aber sein Beifahrer am Steuer gesessen habe. Diesem sei plötzlich schlecht geworden, weshalb er von der Straße abgekommen und in den Graben gefahren sei. Eine spätere Befragung der Gäste aus dem Ratskeller bestätigte diese Aussage insofern, als alle gesehen hatten, wie der Beifahrer hinter das Steuer des Lkw geklettert und losgefahren war.

Somit schien alles klar. Es handelte sich offenbar um einen alkoholbedingten selbstverschuldeten Unfall. Trotz dieser an sich klaren Situation wurde doch eine gerichtliche Sektion des Toten angeordnet.

Wir fuhren also am nächsten Tag in die Kleinstadt, in deren Nähe sich der Unfall ereignet hatte, und führten die Sektion durch. Der Tote wies schwere Schädelverletzungen auf. Im Bereich der behaarten Kopfhaut fanden sich mehrere große

Platzwunden. Der Schädelknochen war weitgehend zertrümmert. Der ganze Kopf machte den Eindruck, als sei er seitlich zusammengepresst worden. Auffällig war eine auf der linken Wange befindliche streifenförmige Hautabschürfung, die sich auf der linken Schläfe fortsetzte und von unten nach oben verlief. Auf der rechten Kopfseite fand sich eine rechtwinklige Einreißung der Haut. Das rechte Ohr war fast abgerissen und der Schädelknochen darunter ebenfalls rechtwinklig nach innen eingedrückt.

Wie waren diese Verletzungen entstanden? Um sie ausdeuten zu können, musste ich die Unfallstelle und das Unfallfahrzeug sehen. Wir fuhren also nach Abschluss der Sektion zunächst an die Unfallstelle und anschließend in das Kreisamt, weil dort das Unfallfahrzeug auf dem Hof stand.

Die Besichtigung des Unfallortes ergab, dass der Lkw mit der rechten Seite der Fahrerkabine beim Abkommen von der Straße nach rechts zunächst einen Straßenbaum lediglich gestreift hatte. Es fanden sich geringe Schleifspuren an der Beifahrertür. Auch am Baum war die Rinde nur geringfügig abgeschürft. Dann war der Lkw frontal gegen einen zweiten, wesentlich dünneren Baum geprallt und hatte diesen umgeknickt.

An der rechten Seite des Fahrzeugs fanden sich an der vorderen Kante der Pritsche, gleich hinter dem rechten Seitenfenster, Blutspuren und Gewebeteilchen, offenbar Hautpartikel, die zur weiteren Untersuchung gesichert wurden. Außerdem fanden sich hier abgeschürfte Rindenteilchen.

Wir fuhren wieder zurück, um die Leiche noch einmal genau anzusehen. In dem Schürfbezirk an der rechten Kopfseite fanden sich bei Lupenbetrachtung kleinste Partikel der Baumrinde.

Nun kam langsam Klarheit in den Unfallablauf. Der Tote, also der Beifahrer, musste zum Unfallzeitpunkt auf der rechten Seite gesessen haben und hatte den Kopf weit zum Seitenfenster herausgestreckt. In diesem Moment war das Fahrzeug von der Straße nach rechts abgekommen und hatte den ersten Baum gestreift. Der Kopf des Beifahrers war in nahezu waagerechter Haltung zwischen Straßenbaum und der vorderen Pritschenwand des Lkw gequetscht worden. Dadurch waren neben der Hautabschürfung auch die Platzwunde am rechten Ohr und der Trümmerbruch des Schädels entstanden.

Es stand somit zweifelsfrei fest, dass der Tote zum Zeitpunkt des Unfalls nicht am Steuer, sondern auf dem Beifahrerplatz gesessen hatte und somit der Überlebende der Fahrer gewesen war.

Auf entsprechende Vorhaltungen gab der Fahrer schließlich zu, dass sie kurz vor der Unfallstelle noch einmal die Plätze gewechselt hatten, weil dem Beifahrer übel geworden war. Dieser hatte daraufhin den Kopf zum Fenster herausgehalten und versucht, sich zu übergeben. Ganz offensichtlich konzentrierte der Fahrer seine Aufmerksamkeit mehr auf diesen Vorgang als auf die Straße und verursachte durch seine Unaufmerksamkeit den Unfall. Beide wiesen übrigens einen Blutalkoholwert um 1,8 Promille auf.

Im geschilderten Fall konnte die Sitzposition im Wesentlichen durch die Verletzungen eines der Beteiligten geklärt werden, da eine Berührung mit dem Baum eben nur auf der Beifahrerseite möglich war.

Nicht immer sind Spuren von Gegenständen außerhalb des Fahrzeugs, die nur auf einem ganz bestimmten Sitz entstehen können, vorhanden bzw. nachweisbar. Es muss dann nach anderen Hinweisen zur Bestimmung der Sitzposition gesucht werden. Sehr häufig sind das so genannte geformte Verletzungen, die bestimmten Gegenständen oder Stellen im Fahrzeuginneren zugeordnet werden können.

In der Zeit, bevor das Anlegen der Sicherheitsgurte Pflicht wurde, waren sehr häufig schwere Brustkorbverletzungen, die durch das Lenkrad hervorgerufen wurden, ein Hinweis auf den Fahrzeuglenker. Durch die Gurtpflicht sind diese Verletzungen etwas in den Hintergrund getreten. Aber die Gurte selbst bzw. die durch sie hervorgerufenen Verletzungen bzw. Veränderungen können eventuell Hinweise auf die Sitzposition geben.

Bei schweren vorwiegend frontalen Gewalteinwirkungen kommt es nicht selten in dem Bereich, in dem der Gurt dem Körper anliegt, zu mehr oder weniger deutlichen Hautabschürfungen oder Unterblutungen, die den Verlauf des Sicherheitsgurtes anzeigen. Da beim Fahrer der Gurt von der linken Schulter zur rechten Hüfte und beim Beifahrer von der rechten Schulter zur linken Hüfte verläuft, lässt sich anhand der erwähnten Veränderungen feststellen, auf welcher Seite der Betreffende gesessen hat.

Grundsätzlich ist es bei jedem Verkehrsunfall wichtig, die Entstehung aller Verletzungen, auch oder gerade der unbedeutenden und nebensächlichen, soweit wie möglich zu klären. Je mehr Veränderungen am Körper und der Kleidung der Beteiligten aufgeklärt und bestimmten Vorgängen bzw. Stellen oder Gegenständen zugeordnet werden können, umso sicherer ist die Bildung einer Unfallversion möglich, die dann durch weitere Beweismittel erhärtet werden muss. Dies zeigt auch folgender Fall.

Folgen einer leichtfertigen Information

Es war schon weit nach Mitternacht, die meisten Gaststätten hatten bereits geschlossen. Nur in einigen Bars florierte noch das Nachtleben, aber auch hier neigte es sich dem Ende zu. Die meisten Gäste dachten an den Heimweg und zahlten. So auch Paul M. und sein Freund Walter G. Im Betrieb hatten beide eine Prämie erhalten und viel Lob für ihre gute Arbeit eingeheimst. Wenn das kein Grund war, ein wenig zu feiern und ein Bier zu trinken.

Bei dem einen Bier war es natürlich nicht geblieben. Jeder wollte ja etwas ausgeben und so kam schon bald eine gute und fröhliche Stimmung auf.

Als ihre Stammkneipe schloss, wollten beide keineswegs bereits nach Hause gehen. Sie suchten noch eine Bar auf. Ihr Motorrad mit Seitenwagen, mit dem sie trotz mehrerer Bierchen und einiger Klarer den Weg ins neue Vergnügungsdomizil zurückgelegt hatten, stellten sie in einer Seitenstraße in der Nähe der Bar ab.

Nun schloss auch diese Bar und die beiden Freunde entschieden sich, nach Hause zu gehen. So wörtlich war das Gehen natürlich nicht gemeint, denn sie hatten ja die schöne Seitenwagenmaschine zur Verfügung. Schließlich stand ihnen ein langer Weg nach Hause bevor und beide verspürten nach dem langen Arbeitstag und der durchzechten Nacht große Müdigkeit.

»Es ist doch kaum Verkehr auf der Straße«, meinte Paul, der Besitzer der Maschine. »Ein Taxi kriegen wir um diese Zeit sicher nicht. Wenn wir schön vorsichtig und langsam fahren, kann ja nichts passieren. Und ich brauche meine Maschine morgen früh unbedingt, um in den Betrieb zu fahren.«

So ging die Fahrt ab. Paul saß hinter dem Lenker, Walter war auf den Soziussitz geklettert. Da es eine etwas ältere Maschine war, hatte sie noch keine Sitzbank, sondern getrennte Sitze mit einem eigenen Soziussitz. Der Seitenwagen befand sich auf der rechten Seite.

Die Straße war tatsächlich relativ leer und je weiter sie sich auf der Ausfallstraße dem Stadtrand näherten, umso weniger Fahrzeuge kamen ihnen entgegen. Sie waren fast allein auf der Straße. Nur selten begegnete ihnen ein einsamer Fußgänger, der wahrscheinlich zur Frühschicht musste. Da konnte Paul schon mal etwas aufdrehen, um schneller ins Bett zu kommen.

Offenbar hatte Paul unter dem Einfluss des Alkohols das Gefühl für das Tempo verloren, denn in einer leichten Linkskurve hob sich der Seitenwagen, die Maschine wurde aus der Kurve getragen, streifte einen Baum und prallte vor eine Hauswand.

Durch den Anprall und den damit verbundenen lauten Knall wurden mehrere Bewohner wach und sahen aus dem Fenster. Da lag eine umgekippte Seitenwagenmaschine auf dem Bürgersteig, daneben zwei offenbar schwer verletzte junge Männer.

Einige Bewohner eilten sofort hinaus, um erste Hilfe zu leisten. Ein anderer verständigte den Notarzt und die Verkehrspolizei. Als der Arzt am Unfallort eintraf, stellte er bei beiden Verletzten eine schwere Gehirnerschütterung mit tiefer Bewusstlosigkeit fest und ließ sie mit dem Krankenwagen in das nicht weit entfernte Krankenhaus fahren. Trotz sofortiger ärztlicher Maßnahmen verstarb der eine Verunglückte kurze Zeit nach der Aufnahme, während der andere sich relativ schnell erholte und auf eine normale Station gebracht werden konnte.

Am nächsten Morgen fand die Visite des Stationsarztes statt. Als er zu dem Verunglückten kam und ihn noch mal untersuchte, ließ er die Bemerkung fallen: »Na, da haben Sie aber Glück gehabt, dass Sie den Unfall so gut überstanden haben. Ihr Mitfahrer hat es nicht geschafft. Er ist heute Nacht verstorben.«

Kurze Zeit später erschienen zwei Angehörige der Verkehrspolizei, um eine erste Befragung über den Unfallablauf vorzunehmen. Auf die Frage, wer denn das Motorrad gefahren habe, antwortete der Befragte:

»Das war mein Freund.«

»Aber Sie sind doch Besitzer der Maschine. Sie ist doch auf Ihren Namen zugelassen. Wie kommt es dann, dass Ihr Freund gefahren ist?« wandte einer der Polizisten ein.

»Ja,« entgegnete der Verletzte, »Walter bat mich darum, einmal fahren zu dürfen. Die Straßen waren doch völlig leer, und er hatte auch weniger getrunken als ich. Er besitzt ja selbst auch eine Seitenwagenmaschine.«

Weil trotz dieser Aussage einige Zweifel über den Unfallablauf nicht ausgeräumt werden konnten, wurde eine gerichtliche Leichenöffnung angeordnet. Sie bestätigte als Todesursache die schwere Gehirnerschütterung. Es lag ein Schädelbasisbruch vor. Die übrigen Verletzungen waren unbedeutend. Eine geringe Hautabschürfung, die nach dem Tode eingetrocknet war und deshalb deutlich hervortrat, fand sich am linken Knie über der Kniescheibe. Einen ähnlichen, aber wesentlich geringeren Befund wies das rechte Bein über der Kniescheibe auf. Weiter war eine strichförmige Hautabschürfung an der Außenseite des linken Oberschenkels zu erkennen, die nicht ganz in der Längsachse des Oberschenkels, sondern in einem spitzen Winkel zu dieser verlief.

Eine ähnliche Abschürfung fanden wir übrigens auch beim Überlebenden an der Außenseite des linken Oberschenkels. Nur war hier der Winkel zur Oberschenkellängsachse etwas anders, sie verlief nahezu parallel zum Oberschenkelknochen. Beide Abschürfungen sahen so aus, als ob sie vom Entlangstreifen am Baum, also von der Baumrinde herrührten.

Aber warum der unterschiedliche Winkel zur Oberschenkellängsachse? Das konnte nur mit der Sitzposition zusammenhängen. Und so war es auch. Beim Fahrer der Maschine waren die Knie wesentlich stärker angewinkelt als beim Soziusfahrer, der infolge des höheren Sattels die Beine etwas gestreckter hielt. Der Tote musste also auf dem Soziussitz gesessen haben und konnte demnach nicht der Fahrer gewesen sein.

Nach dieser Sachlage kam auch den geringen Verletzungen an den beiden Kniescheiben eine Bedeutung zu. Sie bestätigten nämlich die Sitzposition auf dem Soziussattel, denn nur wer auf diesem Sattel gesessen hatte, konnte beim Frontalanprall mit den Knien gegen zwei am Fahrersattel genau in dieser Höhe liegende Schrauben gestoßen sein.

Damit war die Aussage des Überlebenden, sein Freund sei gefahren, widerlegt. Er gestand dann auch sehr bald, dass er gelogen hatte. Er war selbst gefahren. Auf die Idee, seinen Freund als Fahrer anzugeben, sei er erst gekommen, als er vom Stationsarzt gehört hatte, dass dieser verstorben war. »Dem kann ja doch nichts mehr passieren«, war ihm sofort durch den Kopf geschossen.

Die Fälle, bei denen der überlebende Fahrer einen getöteten Mitfahrer als Fahrer angibt, sind gar nicht so selten, besonders wenn Alkohol mit im Spiel ist. Glaubt der Schuldige doch, da-

mit sowohl einer Bestrafung als auch dem Führerscheinentzug zu entgehen. Als Entschuldigungsgrund dient ihm wie im Falle von Paul fast immer das Argument, dass dem Toten ja sowieso nichts mehr passieren könne. Bei dieser Falschaussage bedenkt er nicht oder ignoriert er im eigenen Interesse bewusst, dass unter Umständen aber noch erhebliche zivilrechtliche Probleme auf die Angehörigen zukommen können. Deshalb sollte auch in Fällen, bei denen der Unfallhergang und die Schuldfrage klar zu sein scheinen, eine gerichtsmedizinsche Untersuchung erfolgen. Es geht dabei auch nicht nur darum, den überlebenden Fahrer festzustellen. Wie der folgende Fall zeigt, gelingt es auf diese Weise gelegentlich auch, den vermuteten Unfallverursacher zu entlasten.

Eine Geburtstagsfeier

Freitagabend, die Arbeitswoche ist zu Ende. Familie B. hofft auf ein schönes Wochenende. Es geht auf den Herbst zu. Die Tage sind schon etwas kürzer geworden, und das Wetter war in letzter Zeit recht wechselhaft. Aber laut Wetterbericht soll das Wochenende noch einmal richtig schön werden. Familie B. freut sich schon darauf. Gartenarbeit ist angesagt. Und das Wochenende beginnt ja sehr gut. Am Abend sind die Eheleute zur Geburtstagsfeier eines Arbeitskollegen eingeladen. Der eigentliche Geburtstag ist zwar erst am Samstag, aber wegen des dann zerrissenen Wochenendes soll die Feier schon heute steigen und natürlich über Mitternacht hinausgehen, sodass dem Jubilar gratuliert und die Geschenke übergeben werden können.

Das Ehepaar B. zieht sich um, packt die Blumen ein und holt den Wagen aus der Garage. Kurz nach 19 Uhr geht es los. Sie beeilen sich, weil sie auf keinen Fall Nachzügler sein wollen. Dennoch ist ein anderes Ehepaar schon vor ihnen da.

»Aber wenigstens sind wir nicht die letzten«, sagt Frau B. und nimmt den Begrüßungstrunk, ein Glas Wein, entgegen. »Ein Glas kann ich ja jetzt noch trinken, das ist bis zur Heimfahrt wieder raus«, plaudert sie weiter, »ich muss nämlich heute die Heimfahrt übernehmen, weil mein Mann den Geburtstag seines besten Freundes einmal richtig feiern will.« Auch die übrigen Gäste stellen sich bald ein, und es kann losgehen. Es wird eine richtig schöne Feier. Die Stimmung ist schon vor Mitternacht auf dem Höhepunkt, es wird getrunken und getanzt. Das kalte Büfett ist ausgezeichnet und gleicht bald einem Pflaumenbaum nach einem Hagelschlag. Auch die Bowle findet reißenden Absatz.

Es stellt sich heraus, dass auch noch zwei andere Ehefrauen mit alkoholischen Getränken zurückhaltend sein müssen, weil sie ebenfalls die Heimfahrt übernommen haben. »Mache ich ganz gern,« äußert die eine lächelnd, »wenn mein Mann etwas getrunken hat, sitzt er wenigstens ruhig daneben und meckert nicht immer über meine Fahrweise.« »Das ist bei unseren Männern ganz genauso«, bekräftigen die beiden anderen und stoßen mit einem Glas Cola an. »Und am nächsten Tag hat man wenigstens einen klaren Kopf«, wirft die Gastgeberin ein.

Schnell stand Mitternacht bevor. Der Gastgeber füllte und verteilte rechtzeitig die Sektgläser. Punkt 24 Uhr wird angestoßen und gratuliert, danach die Geschenke überreicht. Aber noch denkt keiner daran, nach Hause zu gehen. Erst gegen zwei Uhr machen sich erste Ermüdungserscheinungen bemerkbar. Als das erste Paar aufbricht, schließen sich die anderen Gäste gleich an. Es ist ja auch spät genug, vor allem, wenn man für den nächsten Tag noch etwas vorhat.

Gemeinsam begeben sich alle hinunter auf die Straße. Die Gastgeber begleiten ihre Gäste bis vor die Tür, bringen jedes Paar noch zu seinem Wagen und verabschieden sich noch einmal. Ein Auto nach dem anderen fährt ab.

Zunächst fahren noch alle hintereinander, an der Spitze das Ehepaar B. Dann biegt die Hauptstraße nach rechts ab. Das Ehepaar B. fährt aber geradeaus, obwohl es eigentlich auch hier schon hätte abbiegen können.

»Die wollen wohl noch zum Krankenhaus«, scherzt Frau F., die am Steuer des dahinter fahrenden Wagens sitzt; denn die Straße geradeaus führt zum Krankenhaus. Aber die Familie B. kann auch vorher noch nach rechts auf eine Schnellstraße abbiegen und so ihre Wohnung erreichen.

Was nun geschieht, kann von den befreundeten Ehepaaren nicht mehr wahrgenommen werden. Das Auto der Familie B. biegt aus unerklärlichen Gründen an der Schnellstraße nicht nach rechts ab, sondern will die Kreuzung geradeaus überqueren. In diesem Augenblick kommt von rechts ein mit Kies beladener Lkw mit etwa 70 km/h gefahren, die auf der Schnellstraße erlaubt sind. Der Fahrer des Lkw sieht den von links hervorschießenden Pkw, versucht einen Zusammenstoß zu vermeiden und noch nach rechts auszuweichen. Das gelingt ihm aber nicht. Etwa auf der Mitte der Kreuzung kommt es zum Zusammenstoß. Der Lkw gerät nach rechts auf den Bürgersteig, prallt gegen einen massiven Straßenbaum und knickt ihn trotz seiner Stärke ab.

Der schwere Lkw wird völlig zerstört, der Fahrer aus dem Fahrerhaus herausgeschleudert. Er bleibt vor dem Auto – von einem Teil der Ladung bedeckt – liegen.

Der Pkw wird beim Zusammenprall wie ein Billardball nach links in Fahrtrichtung des Lkws geschleudert und landet auf dem linken Bürgersteig zwischen den Straßenbäumen, nachdem er sich noch mal gedreht hat.

Trotz der Nachtstunden erwachen durch den lauten Knall des Zusammenstoßes einige Anwohner und schauen aus dem Fenster. Einige beherzte Männer eilen zu den Unglücksfahrzeugen und versuchen zu helfen. Der erste Helfer, der den Pkw erreicht, findet folgende Situation vor: Der stark beschädigte Wagen steht mit dem Heck – die Hinterräder auf dem Bürgersteig – zwischen zwei Straßenbäumen. Mehrere Meter davon entfernt, ebenfalls auf dem Bürgersteig, liegt eine schwer verletzte bewusstlose Frau. Neben dem rechten Hinterrad des Pkw versucht ein Mann, sich zu erheben. Ebenfalls auf dem Bürgersteig in Richtung der Frau liegt die im Ganzen herausgefallene und noch intakte Frontscheibe des Pkw.

Alle Verletzten werden sofort in das in unmittelbarer Nähe gelegene Krankenhaus gebracht und ärztlich versorgt. Die Verletzungen des Ehemannes erweisen sich als relativ leicht, sodass er schon bald entlassen werden kann. Der Lkw-Fahrer und die Frau erlangen auch an den nächsten Tagen das Bewusstsein nicht und sterben. Die Blutalkoholbestimmung ergab, dass der Ehemann etwa 1,3 Promille Alkohol im Blut hatte, der Lkw-Fahrer und die Frau hatten negative Werte.

Wie und warum war dieser Unfall zustande gekommen und wer hatte den Pkw zum Zeitpunkt des Unfalls gefahren? Die Schuldfrage an sich war von vornherein klar. Der Lkw befand sich auf der vorfahrtsberechtigten Straße, der Pkw hatte ihm eindeutig die Vorfahrt genommen. Damit trug zweifellos der Fahrer des Pkw die Schuld am Unfall, und der Frage, wer zum Zeitpunkt des Unfalls am Steuer gesessen hatte, kam eine besondere Bedeutung zu.

Alles in allem sprach das gesamte Geschehen für einen Alkoholunfall. Das eigentlich sinnlose Überqueren der Kreuzung, die in eine Sackgasse mündete, das Übersehen des ordnungsgemäß beleuchteten, von rechts kommenden Lkw und das Missachten der vorfahrtsberechtigten Hauptstraße ließen sich am ehesten als alkoholbedingte Fehlhandlungen erklären. Eine alkoholische Beeinflussung wies aber nur der Ehemann auf.

War es vor dem Unfall doch noch zu einem Fahrerwechsel gekommen? Für diese Annahme schien auch die Lage der verletzten Frau nach dem Unfall zu sprechen. Die Untersuchung des Unfall-Pkw zeigte nämlich, dass die linke Seitentür verklemmt war und sich nicht öffnen ließ. Weit offen stand aber die rechte vordere Tür, also die Tür auf der Beifahrerseite. Alles wies daraufhin, dass die Insassen des Pkw nur durch diese Tür hinausgelangt sein konnten. Das hieße: Der Wagen hatte sich mehrfach gedreht. Durch den Schleudervorgang waren Kräfte frei geworden, die durchaus beide Insassen durch die aufgesprungene Tür gewaltsam nach draußen befördert haben konnten. Logischerweise musste als Erstes die Person auf dem Beifahrersitz herausgeschleudert werden, bevor der Fahrer über den Beifahrersitz rutschen und nachfolgen konnte.

Man musste naturgemäß davon ausgehen, dass die Zentrifugalkräfte auf die Person des Beifahrers stärker eingewirkt und ihn weiter hinausgeschleudert hatten als den Fahrer, der ja beim Rutschen über den Beifahrersitz abgebremst wurde. Da

Leid und Tod auf Straßen und Schienen

die Frau aber wesentlich entfernter vom Fahrzeug aufgefunden wurde als der Ehemann, war anzunehmen, dass sie auf dem Beifahrersitz gesessen hatte. Somit musste also doch noch ein Fahrerwechsel stattgefunden haben.

Fest stand allerdings – durch mehrfache Zeugenaussagen zweifelsfrei bestätigt –, dass bei der Abfahrt die Ehefrau den Wagen gefahren hatte. Aber wo und warum war der Fahrerwechsel erfolgt? Die Fahrstrecke von der Wohnung des befreundeten Ehepaares bis zur Unfallstelle betrug nur wenige 100 Meter. Außerdem konnte dieser Wechsel nicht auf der ersten Hälfte der Strecke erfolgt sein, da ja die anderen Ehepaare hinterher gefahren waren und ein Anhalten bemerkt hätten. Gelegenheit zum Fahrerwechsel bestand praktisch nur auf der letzten Strecke unmittelbar vor dem Unfallort. Fragen über Fragen, die das Gericht zu klären hatte.

Der Ehemann bestritt energisch, gefahren zu sein. Er sei sofort nach Fahrtbeginn etwas eingeduselt und habe nicht gesehen, was sich unmittelbar vor dem Unfall ereignete. Erst durch einen lauten Knall sei er wach geworden, habe gemerkt, wie der Wagen nach links schleuderte und sei dann aus dem Auto gefallen. Wie es zu dem Unfall gekommen sei, wisse er auch nicht.

Es kam zur Gerichtsverhandlung. Insbesondere wegen der Situation beim Herausschleudern und der Lage der beiden Insassen nach dem Unfall wurde es vom Gericht als erwiesen angesehen, dass der Ehemann zum Zeitpunkt des Unfalls den Wagen gefahren hatte. Er wurde wegen fahrlässiger Tötung zu einer Gefängnisstrafe verurteilt, die Strafe zur Bewährung ausgesetzt.

Da er den Unfall unter einer starken alkoholischen Beeinflussung herbeigeführt hatte, machte ihn seine Haftpflichtversicherung regresspflichtig und forderte die verauslagte Schadenssumme für den Lkw und die Kosten für die Behandlung des getöteten Lkw-Fahrers zurück. Auch der Schaden an seinem eigenen Fahrzeug wurde von der Kaskoversicherung nicht reguliert, da er ja unter Alkohol gefahren war und somit grob fahrlässig gehandelt hatte.

Gegen dieses Urteil legte der Ehemann Berufung ein. Da der Unfall-Pkw nach Abschluss der Untersuchungen dem Eigentümer zurückgegeben worden war, konnte die Verteidigung eine sehr detaillierte Fotoserie von allen Beschädigungen herstellen. Im Berufungsverfahren wurde ich als Sachverständiger bestellt und sollte insbesondere zu der Frage Stellung nehmen, ob das Herausschleudern nur in der Form – wie in der ersten Verhandlung angenommen – möglich gewesen sei. Ich musste demzufolge klären: Waren beide Personen nacheinander durch die Tür auf der Beifahrerseite herausgeschleudert worden oder könnte es auch noch andere Erklärungen für das Herausschleudern und die Lage der Verletzten geben?

Da ich die Erfahrung gemacht hatte, dass man sich am besten in ein Geschehen hineinfinden kann, wenn man die genauen Örtlichkeiten kennt, fuhr ich nach dem Studium der Akten erst einmal an den Unfallort. Es war zwar inzwischen über ein halbes Jahr vergangen, aber es ging ja zunächst auch nur darum, einmal den Unfallort selbst kennen zu lernen. Insbesondere interessierte mich die Stelle, an der der Pkw nach dem Unfall gestanden hatte.

Wie ich bereits vorher anhand des Studiums der Akten und der Lichtbilderserie vermutet hatte, war der endgültige Standort des Pkws nicht die Stelle, wo er zuerst gegen einen Baum geschleudert war. Die Beschädigungen an der rechten Vorderseite des Wagens zeigten, dass hier der Hauptanprall beim Zusammenstoß mit dem Lkw erfolgt war. In diesem großen Zerstörungsbezirk des rechten vorderen Kotflügels zeichnete sich aber noch eine zusätzliche Eindellung ab, die ganz offensichtlich von einem hervorstehenden Teil des Baumes verursacht sein musste.

Bei meiner Besichtigung entdeckte ich links neben dem Standort des Wagens einen Baum, der in der Höhe der Eindellung einen Aststumpf aufwies, welcher genau in diese Eindellung passte. Damit konnte ich den frontal-seitlichen Anprall des schleudernden Wagens an diesen Baum nachweisen. Er hatte sich dann offensichtlich nach dem Anprall praktisch nach rechts um den Baum und seine eigene Achse gedreht und war mit dem Heck auf dem Bürgersteig zum Stehen gekommen. Diese Vermutung bestätigte sich auch durch den Nachweis von Abschürfungen an der linken Vorderradfelge, die dem Aussehen nach durch Stein oder Beton hervorgerufen sein mussten. An der ersten Anprallstelle fand sich eine Wagenbreite nach links versetzt ein Beton-Beleuchtungsmast, an dem wir bei dieser Besichtigung noch Schürfspuren in entsprechender Höhe nachweisen konnten.

Damit ließ sich der Unfallablauf im Einzelnen weiter rekonstruieren. Nach dem Auffahren auf die Kreuzung hatten die Fahrer beider Fahrzeuge offensichtlich versucht, durch Herumreißen des Steuers, der Lkw nach rechts, der Pkw nach links, den Unfall zu vermeiden. Trotzdem prallten die Fahrzeuge zusammen, und zwar stieß der Pkw mit dem rechten Vorderteil gegen seitliche Partien des Lkws. Der schon durch die Lenk- und Bremsbewegungen eingeleitete Schleudervorgang des Pkws wurde durch diesen Anprall noch beschleunigt. Der Pkw geriet auf die linke Straßenseite und stieß mit dem rechten Kotflügel gegen den Straßenbaum. Bei diesem Anprall muss die Frontscheibe des Pkws herausgefallen sein, wie ihre Lage nach dem Unfall zeigte. Dann hat sich der Wagen um seine eigene Achse gedreht, mit dem rechten Kotflügel praktisch an dem Baum fixiert und ist dann um 180 Grad versetzt zum Stehen gekommen.

Wann die rechte vordere Tür aufgesprungen ist, ließ sich nicht mehr genau klären. Die Tatsache aber, dass bei dem Anprall am Baum die gesamte Frontscheibe herausgeflogen ist, ließ die Möglichkeit zu, dass die Person des Fahrers auch durch die Frontscheibe nach außen geschleudert worden sein konnte. Sie musste demnach nicht unbedingt auch durch die Beifahrertür den Wagen verlassen haben. Folglich konnte die Ehefrau sehr wohl auf dem Fahrersitz gesessen haben. Zu dieser Version passte auch, dass der rechte Scheibenwischer stark verbogen war und Faserspuren vom Mantel der Ehefrau aufwies.

Noch etwas stützte diese Annahme. An der Innenseite der Beifahrertür war die Fensterkurbel abgebrochen. Das konnte nur dadurch geschehen sein, dass der Beifahrer mit seinem Oberschenkel dagegen geschleudert worden war. Und genau an dieser Stelle hatte der Ehemann eine deutliche Hautabschürfung und Unterblutung, während die Ehefrau dort keinerlei Verletzungen aufwies. Obwohl damit die Möglichkeit des Fahrertausches immer noch nicht mit Gewissheit auszuschließen war, musste jetzt auch in Erwägung gezogen werden, dass die Ehefrau am Steuer gesessen hatte und durch die Frontscheibe geschleudert worden war.

In dubio pro reo – im Zweifel für den Angeklagten – ist ein Grundprinzip der deutschen Rechtsprechung. So ist auch hier entschieden worden. Der Ehemann wurde von dem Vorwurf der fahrlässigen Tötung mangels Beweises freigesprochen. Warum der Pkw diese Strecke gefahren ist und warum er auf die Kreuzung geriet, wird wohl nie geklärt werden.

Ich erinnere mich noch an einen ähnlichen Fall, bei dem ein in der Mitte der Rückbank sitzendes junges Mädchen zwischen Fahrer und Beifahrer durch die Frontscheibenöffnung hinausgeschleudert worden war.

Natürlich muss auch bei einem tödlichen Verkehrsunfall wie bei jedem anderen nicht natürlichen Todesfall die Frage geprüft werden, ob es sich um Unfall, Selbstmord oder Mord handelt. Während Morde durch Kraftfahrzeuge verhältnismäßig selten sind – ich habe in meiner nahezu 40jährigen Praxis einen solchen Fall nur zweimal erlebt – kommen Selbstmorde mit Hilfe eines Kraftfahrzeugs öfter vor. Fußgänger zum Beispiel werfen sich in suizidaler Absicht vor ein Fahrzeug, – hier werden vor allem Lkw bevorzugt. Zum anderen rasen Fahrer eines Kraftfahrzeugs mit großer Geschwindigkeit gegen ein Hindernis, in ein Gewässer oder einen Abgrund, um sich umzubringen. In allen unklaren Fällen muss eben auch an eine solche Möglichkeit gedacht werden und in der Umgebung des Toten nach möglichen Motiven gesucht werden.

Die Suche nach der Unfallursache

Auf einer geraden Autobahn war in den Nachmittagsstunden ein Pkw mit weit über 100 km/h nach links von der Fahrbahn abgekommen und auf dem Mittelstreifen gegen einen Brückenpfeiler geprallt. Es befand sich nur der Fahrer im Wagen. Er war auf seinem Sitz eingeklemmt und konnte nur mit Schwierigkeiten geborgen werden. Noch an der Unfallstelle erlag er seinen schweren Verletzungen. Am Fahrzeug entstand Totalschaden. Eine Ursache für diesen Unfall war zunächst nicht erkennbar, abgesehen von einem möglichen Defekt an der Lenkung. Aber die Tatsache, dass der Wagen nach links von der Fahrbahn abgewichen war, ließ auch an die Möglichkeit eines Selbstmordes denken.

Da die Personalien des Toten durch die mitgeführte Fahrerlaubnis bekannt waren, konnte eine Befragung in der Wohnumgebung des Toten erfolgen. Sie brachte zunächst keine Hinweise auf ein Suizidmotiv. Er lebte zwar allein, hatte aber seit längerer Zeit eine feste Freundin, mit der er sich nach Aussagen der Nachbarn gut verstand. Dies wurde auch von der Freundin bestätigt, die angab, dass sie in nächster Zeit heiraten wollten. Auch beruflich ließen sich keinerlei Schwierigkeiten feststellen, sodass erst einmal auf die technische Überprüfung des Unfallfahrzeugs gewartet werden musste.

Nach zwei Tagen meldete sich jedoch die Freundin des Toten erneut bei der Verkehrspolizei und brachte einen Brief mit, den sie am Vormittag mit der Post erhalten hatte. Es handelte sich um einen Abschiedsbrief ihres Freundes, in dem er ihr mitteilte, dass er aufgrund verschiedener Symptome fest davon überzeugt sei, Krebs zu haben. Mit diesem Gedanken könne er nicht mehr weiterleben und habe deshalb beschlossen, aus dem Leben zu scheiden. Wenn sie diesen Brief erhalten würde, wäre er schon durch einen Autounfall ums Leben gekommen.

Unsere Vermutung, dass es sich um einen Selbstmord handeln könnte, wurde durch diesen Abschiedsbrief bestätigt.

Die Sektion ergab übrigens, dass eine Krebserkrankung nicht vorlag. Wie die Ermittlungen erbrachten, hatte der Tote nie einen Arzt aufgesucht, um seine Befürchtungen abklären zu lassen. Allein die selbst gestellte Diagnose veranlasste ihn zu diesem Selbstmord.

Auch kurze Zeit vor einem Unfall abgeschlossene hohe Lebensversicherungen, durch die die Hinterbliebenen finanziell sichergestellt werden sollen, können den Verdacht auf einen Selbstmord nahelegen.

In diesem Zusammenhang muss man auch Fälle erwähnen, bei denen ein Unfall mit dem Ziel vorgetäuscht wird, die Versicherungssumme selbst zu kassieren. Einen solchen Fall klärte mein Vorgänger, der Gründer des Leipziger Instituts für Gerichtliche Medizin und Kriminalistik Prof. Richard Kockel, auf. Weil dieser Fall sehr bekannt geworden ist und seinerzeit großes Aufsehen erregt hat, nehme ich ihn in meine Darstellung auf.

Der Fall Tetzner

Der 26. November 1929 war ein typischer Herbsttag, bedeckter Himmel mit gelegentlichem Sonnenschein, etwas kühl und in den Nachmittagsstunden etwas regnerisch. In seinem grünen

Opel-Cabriolet fuhr der Leipziger Kaufmann Kurt Tetzner in Richtung Süden.

Es war schon dunkel, als er Bayreuth erreichte. Aber er machte noch keine Pause, sondern fuhr die Nacht durch weiter über Nürnberg und Neumarkt nach Regensburg. Zwischendurch hielt er in einer kleinen Ortschaft an einer Tankstelle an, um zu tanken. Dann ging es weiter nach Regensburg. Als die Lichter der Stadt schon als heller Schein am Horizont auftauchten, geschah das Unglück. Der Wagen kam nach rechts von der Straße ab und prallte gegen einen Kilometerstein. Der kurz vorher voll getankte Wagen ging sofort in Flammen auf und brannte, bevor Hilfe geleistet werden konnte, völlig aus.

Den schon bald am Unfallort eintreffenden Gendamerie-Beamten bot sich ein grauenvolles Bild. Sie fanden im vollständig ausgebrannten Auto auf dem Fahrersitz eine bis zur Unkenntlichkeit verbrannte männliche Leiche, die mit dem Oberkörper in der offenen Tür nach außen über das Trittbrett hing. Unmittelbar neben dem Wagen lagen verbrannte menschliche Finger und etwa eineinhalb Meter entfernt auf der anderen Seite des Wagens Teile des Gehirns.

Zunächst sah alles nach einem Unfall aus. Den Beamten fiel aber etwas auf, das nicht so recht zu ihrer ursprünglichen Annahme passen wollte. Nicht weit vom Unglücksfahrzeug entfernt lag ein leerer Benzinkanister. Außerdem waren vom Tank des Wagens der Verschlussdeckel und das Sieb im Einfüllstutzen entfernt worden.

Doch trotz dieser Auffälligkeiten hielt die Staatsanwaltschaft von Regensburg eine Obduktion nicht für erforderlich und gab die Leiche frei, nachdem festgestellt worden war, dass der Wagen auf den Namen Tetzner zugelassen war. Darüber hinaus hatte die Ehefrau Tetzners den Leichnam in Regensburg identifiziert. Der Tote wurde nach Leipzig übergeführt und auf dem Südfriedhof aufgebahrt. Die Beisetzung sollte schon am 30. November – drei Tage nach dem Unfall – stattfinden.

Bereits einen Tag nach dem Unfall teilte die Witwe des verunglückten Tetzner der Versicherungsanstalt »Nordstern« den Unfalltod ihres Mannes mit und bat um möglichst baldige Auszahlung seiner Lebensversicherung, da sie die Begünstigte sei. Weil es sich um eine relativ hohe Summe handelte und die Versicherung erst vor kurzem abgeschlossen worden war, fragte die Versicherungsgesellschaft routinemäßig bei anderen Versicherungen an, ob dort auch entsprechende Abschlüsse vorlagen. Es stellte sich heraus, dass Tetzner bei zwei weiteren Gesellschaften ebenfalls relativ hohe Lebensversicherungen abgeschlossen hatte, insgesamt eine Summe von 145 000 Reichsmark.

Diese Tatsache war für die »Nordstern« Anlass genug, weitere Ermittlungen anzustellen. Also machten sich zwei Versicherungsangestellte auf den Weg zum Unfallort, um sich nach näheren Einzelheiten des Unfallablaufes zu erkundigen. Sie erfuhren von den Beobachtungen der Gendamerie-Beamten und auch von der Tatsache, dass kein Koffer oder sonstiges Reisegepäck in dem Unfallfahrzeug oder dessen Umgebung gefunden worden war, obwohl Tetzner offenbar eine größere Reise geplant hatte. Auch Geld fand sich bei dem Toten nicht. Zumindest Reste von Hartgeld hätten den Brand überstehen müssen.

Die gesamten Umstände ließen im Zusammenhang mit den hohen Lebensversicherungen eher den Verdacht eines Selbstmordes aufkommen. Aber leider war eine Obduktion, die vielleicht Klarheit hätte bringen können, nicht erfolgt. Immerhin bestand noch eine kleine Chance. Wenn die Leiche nicht schon eingeäschert worden war, ließe sich die Obduktion vielleicht noch nachholen.

Umgehend machte sich ein Vertreter der Versicherung auf den Weg nach Leipzig, um das Einverständnis der Ehefrau einzuholen. Diese lehnte jedoch ab: »Ich will, dass der Tote seine Ruhe hat. Lebendig wird er durch die Sektion auch nicht wieder.«

Daraufhin machte ihr ein Beauftragter der Versicherung klar, dass unter Umständen nicht die ganze Versicherungssumme ausgezahlt würde. Da ihr Mann ja auch einen Herzinfarkt gehabt haben könnte, müsste ein Unfalltod eindeutig nachgewiesen werden. Auf jeden Fall habe sie ansonsten mit einer langwierigen Prüfung zu rechnen. Erst jetzt stimmte Frau Tetzner der Obduktion widerstrebend zu.

Sofort begab sich der Versicherungsbeamte in das Gerichtsmedizinische Institut zu Prof. Kockel. Er bat ihn um eine sofortige Sektion, da die Leichenfeier für 12 Uhr angesetzt war und die Zeit knapp wurde.

Kockel ließ sich von der Notwendigkeit, schnell zu handeln, überzeugen. Er führte die Sektion gleich auf dem Friedhof durch. Neben dem Brandtorso wurde ihm noch ein relativ gut erhaltenes Stück Gehirn übergeben. Bei der Sektion fiel ihm auf, dass es sich bei dem Obduzierten um einen sehr jungen und relativ schmächtigen Mann handelte, während Tetzner eher zur Fülle geneigt hatte. Ferner zeigte sich bei der Untersuchung, dass die Luftröhre und die großen Bronchien frei von Ruß waren, ein etwas ungewöhnlicher Befund bei jemandem, der lebend in die Flammen geraten ist. Schließlich ergab die Inspektion der langen Röhrenknochen, dass die an den Gelenkenden gelegene Epiphyse, eine Knorpelleiste, noch nicht verknöchert war, was auf die Jugend des Toten hinwies.

Auf die Frage »Wie alt war denn Tetzner?« erhielt er zur Antwort: »26 Jahre.« Das passte nicht recht zum Knochenbefund. Aber Kockel wollte sich zunächst noch nicht festlegen und erst noch einige weitere Untersuchungen im Institut durchführen.

Kaum dort angekommen, machte er sich wieder an die Arbeit. Der fehlende Ruß in den Atemwegen veranlasste ihn, im Blut nach Kohlenmonoxid zu suchen, das sich beinahe bei jeder Verbrennung – allerdings in unterschiedlicher Menge – bildet.

Gerät jemand lebend in ein Feuer, so atmet er dieses Kohlenmonoxid ein. Da es wesentlich fester an den roten Blutfarbstoff gebunden wird als der normale Sauerstoff, lässt es sich auch sehr lange nachweisen. Aber im vorliegenden Fall waren alle Untersuchungsergebnisse negativ. Alles sprach dafür, dass der Tote schon nicht mehr gelebt hatte, als der Wagen in Flammen geriet. Aber woran war er dann gestorben? Leider war der Körper unvollkommen, es fehlten große Teile des Schädels und auch die Arme und Beine.

Es sah aber nicht so aus, als ob diese fehlenden Teile völlig verbrannt wären. Eher schien möglich, dass sie absichtlich abgetrennt worden waren, vielleicht um die eigentliche tödliche Verletzung zu vertuschen oder die Identifizierung unmöglich zu machen. Deshalb führte Prof. Kockel eine Untersuchung durch, mit der er das Vorhandensein einer Fettembolie nachweisen wollte. Dieses Verfahren befand sich damals gerade in der Diskussion.

Bei der mikroskopischen Untersuchung des Lungengewebes entdeckte er tatsächlich reichliche Fetteinschwemmungen, eine so genannte Lungenfettembolie, die vor allem bei zu Lebzeiten erlittenen Verletzungen durch stumpfe Gewalt, bei der Fettgewebe zerstört worden ist, beobachtet wird. Von einer auch bei Verbrennungen möglichen, meist wesentlich geringeren Einschwemmung von Fetttröpfchen, die sich zudem auch fast nur auf die Randbezirke der Lunge erstreckt, war sie deutlich abzugrenzen.

Außerdem stimmte die Farbe der Schamhaare des Toten nicht mit der Haarfarbe von Tetzner überein. Der Tote hatte rötlich-blonde Schamhaare, während Tetzners Haare dunkelblond gewesen waren. Da die Schamhaare zumeist, wenn auch nicht immer, die gleiche Farbe wie die Kopfhaare aufweisen, handelte es sich um ein weiteres, zu Zweifeln Anlass gebendes Indiz. Auch fanden sich im Bereich der linken Lunge starke Verwachsungen, die von einer schweren Rippenfellentzündung herrührten. Nach den vorliegenden Versicherungsakten hatte Tetzner aber nie eine Lungenerkrankung gehabt.

Kockel kam deshalb zu der Auffassung, dass es sich mit größter Wahrscheinlichkeit nicht um den Leichnam des Tetzner handele und dass der Tod nicht durch Verbrennen eingetreten ist. Vielmehr ging er davon aus, dass dieser schon vorher durch eine irgendwie geartete stumpfe Gewalteinwirkung erfolgt war, möglicherweise durch Schläge auf den Schädel, da ja die Schädeldecke fehlte und mögliche Verletzungen hier nicht nachweisbar waren. Beim Toten handelte es sich offenkundig um einen Mann, der wesentlich jünger und zierlicher als Tetzner gewesen sein musste. Außerdem war er bereits vor der Brandeinwirkung tot.

Kockels Meinung lief darauf hinaus, dass Tetzner einen anderen Menschen zunächst getötet und anschließend mit dem Wagen verbrannt haben musste, um seinen eigenen Unfalltod vorzutäuschen und die für die damalige Zeit sehr große Versicherungssumme zu kassieren.

Wegen der Bedeutung seiner Annahme informierte er noch am gleichen Abend die Kriminalpolizei. Da er vermutete, dass Tetzner noch lebte und Verbindung mit seiner Frau aufnehmen würde, schlug er vor, die Ehefrau zu überwachen.

Den überwachenden Polizeibeamten fiel bald auf, dass die vermeintliche Witwe auffällig häufig bei Bekannten telefonierte. Daraufhin wurde auch dieser Anschluss überwacht. Am 4. Dezember kam dort ein Anruf aus Straßburg an. Als sich der Beamte einschaltete, meldete sich eine männliche Stimme mit dem Namen Sranelli und verlangte Frau Tetzner zu sprechen.

»Frau Tetzner ist jetzt nicht da. Sie kommt erst am Nachmittag wieder. Rufen Sie doch gegen 18 Uhr noch mal an. Dann ist sie bestimmt wieder da«, antwortete der Beamte dem Anrufer. Wie sehr schnell festgestellt werden konnte, erfolgte der Anruf aus dem Hauptpostamt in Straßburg.

Sofort wurde die französische Sûrete um Hilfe ersucht. Sie erhielt eine genaue Personenbeschreibung von Tetzner und wurde gebeten, das Hauptpostamt zu überwachen. Der stellvertretende Chef der Leipziger Kriminalpolizei bestieg sofort eine Sondermaschine der Lufthansa und flog nach Straßburg. Kurz vor 18 Uhr wurde der unbekannte Anrufer, der sich Sranelli nannte, beim Betreten der Telefonzelle verhaftet.

Nach anfänglichem Leugnen gestand er noch am gleichen Abend, dass er tatsächlich Tetzner sei. Kurz darauf legte er ein Geständnis ab und erzählte den Vernehmern eine Geschichte, die selbst den abgebrühten Kriminalisten Grauen und Schrecken einflößte.

Schon seit längerer Zeit war Tetzner in Geldschwierigkeiten gewesen. Sein großer Wurf mit einem Café in Oschatz, einer Kleinstadt in der Nähe von Leipzig, das er gleich nach der Heirat zusammen mit seiner Frau eröffnet hatte, erwies sich nicht als die erhoffte Geldquelle. Für seinen aufwändigen Lebensstil reichte es vorn und hinten nicht. Er verkaufte das Café nach zwei Jahren und zog mit seiner Frau nach Leipzig, wo er sich als Vertreter für einen Münchener Schulbuchverlag betätigte.

Das große Geld war natürlich auch dort nicht zu holen. Deshalb beschloss er, sich durch einen Versicherungsbetrug eine größere Geldsumme zu beschaffen. Er schloss mehrere Lebensversicherungen zugunsten seiner Frau ab, die in den Plan eingeweiht war und auch bedenkenlos mitmachte.

Sein Plan bestand darin, bei einem vorgetäuschten Autounfall einen Doppelgänger mit dem Auto zu verbrennen. Die Leiche sollte dann von seiner Frau als die ihres Mannes anerkannt und die Versicherungssumme eingefordert werden. Unter falschem Namen wollten die beiden im Ausland ein neues Leben beginnen. – An dieser Stelle enthielt Tetzners Geständnis den Vernehmern bisher nicht bekannte Aussagen, die sich aber schon bald als richtig herausstellten.

Bereits am 12. November 1929 hatte er ein Inserat in den »Chemnitzer Neuesten Nachrichten« aufgegeben, in dem er einen jungen Mann als Reisebegleiter suchte. Es meldeten sich auch einige, unter denen er sich einen ihm ähnlich sehenden Bewerber aussuchte. Dieser sollte ihn auf Reisen begleiten und beim Verkauf von Schulartikeln helfen.

Nach anfänglicher Zusage kam dem jungen Mann die Sache

aber nicht ganz astrein vor, und er verständigte kurzerhand die Polizei. Bei der Befragung von Tetzner stellte sich zwar heraus, dass er bei Anzeigenaufgabe und auch später bei den Verhandlungen mit den Bewerbern einen falschen Namen angegeben hatte. Doch das allein war nicht strafbar, zumal er diese Handlung damit begründete, dass er seine geschäftlichen Pläne vor der Konkurrenz geheim halten wollte.

Nachdem diese Doppelgängersuche per Zeitungsinserat fehlgeschlagen war, begab sich Tetzner am 21. November 1929 allein auf die Reise, um unterwegs eine geeignete Person zu suchen. In der Nähe von Hof stieß er auf einen Tippelbruder, der schon seit einiger Zeit sein Glück als »Anhalter« versucht hatte. Keiner der vorbeifahrenden Wagen hatte bisher gehalten, sodass er sehr erfreut war, als endlich doch ein Auto stoppte.

Als Tetzner ihn fragte, wo er denn hinwolle, antwortete der Tippelbruder mit einem bittenden Blick: »Nach München. Ich will dort Arbeit suchen.« »Steigen Sie ein, ich fahre auch nach München. Sie können bis dahin mitfahren«, ging der Dialog weiter. Hoch erfreut stieg der Anhalter ein.

Nach einiger Zeit kam ein Gespräch zustande und Tetzner erfuhr, dass sein Fahrgast von Beruf Autoschlosser war. Er hoffte, in München in einer Werkstatt Arbeit zu bekommen. »So wie Sie aussehen, mit den abgetragenen Klamotten nimmt Sie bestimmt keiner«, wandte Tetzner ein. »Sie müssen sich zumindest einen Kragen und eine Krawatte beschaffen. Und rasieren müssen Sie sich auch, wenn Sie Erfolg haben wollen. Im nächsten Ort halten wir, und Sie kaufen sich einen Schlips, am besten so einen wie ich ihn trage, das ist modern. Ich gebe Ihnen das Geld dafür.«

Der Handwerksbursche wusste nicht wie ihm geschah. So

viel Glück hatte er lange nicht mehr gehabt. Er sah jetzt nach dem Einkauf und dem Besuch beim Friseur ganz passabel aus, und Tetzner lud ihn auch noch in ein Lokal ein und spendierte Bier.

Die Fahrt ging dann weiter über Nürnberg in Richtung Ingolstadt. Da heulte plötzlich der Motor unnatürlich auf. Als das kurz darauf noch einmal passierte, hielt Tetzner an und machte die Motorhaube auf: »Sie sind doch Autoschlosser, können Sie nicht mal nachsehen? Es scheint Öl auszulaufen.«

Der Anhalter wollte sich natürlich dankbar erweisen und kroch unter den Wagen. Als er wieder hervorkam, stand sein bisheriger Wohltäter neben ihm und schlug ihn mit einem Wagenheber auf Kopf und Schulter. Obwohl vom Schlag benommen, wehrte sich der Angegriffene und kämpfte stumm und verbissen mit seinem Gegner. Dieser versuchte ihm mit den Händen den Hals zuzudrücken. Da das nicht gelang, drückte er ihm einen mit Äther getränkten Lappen auf Mund und Nase. In seiner Angst kam der Autoschlosser auf die Idee, sich bewusstlos zu stellen, wodurch Tetzner tatsächlich einen Moment von ihm abließ. Dies nutzte der Verletzte zur Flucht. Er hörte den korpulenten Tetzner noch einige Zeit hinter sich keuchen, aber dann konnte er ihn abhängen.

Im nächsten Ort bat er in einer Gastwirtschaft um Hilfe. Aber keiner glaubte dem blutüberströmten Mann. Man hielt ihn eher für einen Räuber, und als er die Polizei verständigte, glaubte die ihm ebenfalls nicht und verwies ihn an die Kriminalpolizei.

Da er dringend ärztliche Hilfe brauchte, suchte er in Ingolstadt ein Krankenhaus auf. Hier stellte man einen Schädelbruch und eine Gehirnerschütterung fest. Trotz seiner Anzeige kam erst nach drei Tagen ein Polizist ans Krankenbett zur Befragung des Verletzten. Als dieser seine Geschichte erzählte, machte der Polizist ein ungläubiges Gesicht. »Die Geschichte haben Sie sich wohl ausgedacht?« lautete seine Reaktion. »Es wird wohl umgekehrt gewesen sein. Sie haben den Fahrer überfallen und der hat sich gewehrt und deshalb zugeschlagen. Warum sollte ein Autobesitzer wohl einen Penner überfallen?«

Aber auch die aus der Luft gegriffene Behauptung des Polizisten, der Fahrer des Opels habe bereits Anzeige erstattet, konnte den Autoschlosser zu keiner anderen Darstellung bewegen. Erst als der zweite Überfall des Tetzner bekannt wurde, bekam dieser Fall eine andere Bedeutung und man teilte ihn der Leipziger Kriminalpolizei mit.

Tetzner war nach dem missglückten Überfall nach Hause zurückgefahren und befand sich in großer Sorge, dass man ihn nun suchen würde. Er hielt sich einige Tage versteckt. Da aber nichts geschah, entschloss er sich, einen weiteren Überfall zu verüben. Mit seiner Frau vereinbarte er, ein verschlüsseltes Telegramm zu schicken, wenn sein Plan gelungen sei. Außerdem wollte er ihr die Bekleidung seines Opfers mitteilen, damit sie die Leiche als die ihres Ehemanns identifizieren könnte.

Am 29. November 1929 machte er sich erneut auf den Weg nach Süddeutschland. Er war sich darüber im Klaren, dass er sein Opfer verbrennen musste, um es weitgehend unkenntlich zu machen. Es musste also ein Unfall sein, bei dem das Auto in Flammen aufging.

Auf dem Weg nach Regensburg traf er auf einen Wanderburschen. Dieser entsprach zwar nicht der Idealvorstellung von einem Doppelgänger, da er klein und schmächtig und auch augenscheinlich jünger als Tetzner war. Das schien ihm immerhin den Vorteil zu haben, sich nicht noch einmal mit einem gleich starken Mann anlegen zu müssen. Außerdem vertraute er darauf, dass das Feuer alle Identifizierungsmerkmale vernichten würde.

Tetzner hielt also an und forderte den Wanderburschen zum Einsteigen auf, worüber dieser höchst erfreut war. Nach einigen belanglosen Gesprächen schlief sein neuer Mitfahrer ein. Tetzner gab in seiner weiteren Vernehmung nun an, mit dem Wagen relativ sanft gegen einen Kilometerstein gefahren zu sein. Als hierdurch sein Mitfahrer aufwacht sei, habe er ihn beruhigt und gesagt: »Nur eine kleine Panne, wir können gleich weiterfahren. Ich will nur mal sehen, ob nichts kaputt ist.« Er sei ausgestiegen, habe den Tankverschluss geöffnet und den Wagen mit dem Benzin aus einem Kanister übergossen. Dann habe er ein Streichholz hineingeworfen. Als das Fahrzeug in Flammen stand, sei er schnell weggelaufen.

Nach dieser Darstellung wäre Tetzners neues Opfer bei lebendigem Leib verbrannt, was Prof. Kockel, als er davon erfuhr, bezweifelte. Es blieb nämlich offen, wie der Wanderbursche auf den Fahrersitz gelangt und wodurch die massive Fettembolie zustandegekommen war. Tetzner wurde unter Vorhaltung dieser Widersprüche erneut vernommen. Er änderte daraufhin seine Darstellung und behauptete nun, in der Nähe von Bayreuth in der Dunkelheit einen Handwerksburschen überfahren zu haben. Erst als er dessen Tod festgestellt hatte, sei er auf die Idee gekommen, das Unfallopfer auf den Fahrersitz zu setzen und es für sich selbst auszugeben, um so den Versicherungsbetrug ausführen zu können.

Damit wollte er von der Anklage wegen Mordes wegkommen. Denn wenn der Verbrannte bereits beim Verkehrsunfall

ums Leben gekommen war, so blieb zwar der Versicherungsbetrug und eventuell eine fahrlässige Tötung, aber kein
Mord.

Aber auch bei dieser Version erwies sich einiges als ungeklärt: Wie kam das Stück nicht verbranntes Gehirn auf der
rechten Seite auf die Grabenböschung? Wo waren die fehlenden, sicherlich nicht verbrannten Körperteile geblieben? Auf
diese Fragen gab Tetzner keine Antwort. Kockel blieb deshalb
in der Hauptverhandlung bei seiner Meinung, dass im Auto eine Leiche verbrannt worden sei. Nach seiner Vermutung musste der tatsächliche Tötungsvorgang so schrecklich gewesen
sein, dass Tetzner seine Beschreibung des Tathergangs – das
Verbrennen des Opfers bei lebendigem Leib – als für sich güns-
tiger erschien.

Am 19. März 1931 verurteilte das Schwurgericht in Regensburg Tetzner wegen versuchten Mordes und wegen vollendeten
Mordes zum Tode. Seine Ehefrau wurde wegen Beihilfe zu vier
Jahren Zuchthaus verurteilt. Während die Frau das Urteil sofort
annahm, legte Tetzners Verteidiger beim Reichsgericht Revision
ein, die aber abgelehnt wurde. Auch der Versuch, das Todes-
urteil durch ein Gnadengesuch abzuwenden, schlug fehl.

In dieser Zeit legte Tetzner ein neues Geständnis ab. Es lautete: »Schon in der Nähe von Reichenbach im Vogtland nahm
ich den Wanderburschen mit. Nach einiger Zeit hielt ich an,
und wir stiegen beide aus. Weil meinem Mitfahrer kalt war,
stellte ich ihm eine Reisedecke zur Verfügung und wickelte ihn
damit ein. In diesem Augenblick kam mir der Gedanke, meinen
Plan auszuführen. Ich wickelte deshalb auch die Arme mit ein,
sodass er sich kaum bewegen konnte. Dann erdrosselte ich ihn
mit einem Strick, packte die Leiche auf den Notsitz und fuhr

weiter. Kurz vor Regensburg hielt ich an, setzte den Toten auf den Fahrersitz und setzte das Auto in Brand.«

Bei dieser Darstellung blieb Tetzner auch noch in der Todeszelle. Am 2. Mai 1931 wurde er hingerichtet. Vorher gestand er noch einem Gefängniswärter, dass Prof. Kockel doch Recht gehabt habe.

Die Identität des Toten ist nie geklärt worden.

Unfälle bei der Eisenbahn

Unter den Verkehrsunfällen spielen die im Bereich der Eisenbahn eine besondere Rolle. Die hohe Geschwindigkeit und die große Masse rufen oft besonders schwere Verletzungen hervor. Auch spielt die Unlenkbarkeit der Schienenfahrzeuge und ihr langer Bremsweg beim Zustandekommen einer Kollision eine wesentliche Rolle. Nicht selten sieht das Lokpersonal zwar eine Person oder einen Gegenstand auf den Schienen, kann aber wegen des langen Bremsweges nicht rechtzeitig anhalten.

Die Art und Weise der Unfälle ist vielfältig. Personen werden sowohl im Gehen oder Stehen als auch im Liegen angefahren und überfahren; sie stürzen oder werden vor den Zug gestoßen; es passieren Unfälle beim Auf- und Abspringen auf den fahrenden Zug. Verletzungen der Passagiere entstehen ferner beim plötzlichen Bremsen oder Entgleisen eines Zuges in den Waggons durch herabstürzende Gegenstände oder das Anschlagen an Teile im Inneren des Zuges. Arbeitsunfälle im Rahmen des Bahnbetriebes etwa beim Rangieren sind ebenfalls möglich.

Eine neue Art von Unfällen trat in den letzten Jahren beim so genannten Eisenbahnsurfen auf. Abgesehen vom Abstürzen bei höherer Geschwindigkeit kann auch ein Anprall an dicht an den Gleisen befindlichen Gegenständen und entgegenkommenden Zügen zu schwersten Verletzungen führen. Natürlich sind hier die Verletzungsbilder von den jeweiligen Umständen abhängig.

Von Massenunfällen bei Eisenbahnkatastrophen, die einen besonderen Einsatz der Gerichtsmedizin erforderlich machen, soll an dieser Stelle nicht die Rede sein. Sie bleiben einer gesonderten Darstellung vorbehalten. Hier handelt es sich zunächst um einzelne Todesfälle und den damit verbundenen besonderen Möglichkeiten und Notwendigkeiten bei der gerichtsmedizinischen Untersuchung. Wie bei allen anderen nicht natürlichen Todesarten muss auch hier die Frage, ob Mord, Selbstmord oder Unfall vorliegt, als Erstes geklärt werden. Dazu ist neben der Ermittlung der Todesursache eine möglichst genaue Rekonstruktion des Kollisionsgeschehens erforderlich, bei der die Entstehung der einzelnen Verletzungen ergründet und vor allem viele geformte Verletzungen bestimmten Stellen des Zuges zugeordnet werden müssen. Ferner muss zweifelsfrei festgestellt werden, ob alle vorgefundenen Verletzungen auch tatsächlich durch die Kollision mit der Eisenbahn hervorgerufen wurden oder ob nicht schon vorher Verletzungen vorhanden waren. Das ist deshalb so wichtig, weil stets die Möglichkeit in Erwägung gezogen werden muss, dass eine Person, die bereits tot war, oder ein schwer Verletzter in bewusstlosem Zustand auf die Schienen gelegt worden ist, um einen Unfall oder Selbstmord vorzutäuschen. Aus diesem Grunde ist es auch erforderlich, dass der Gerichtsarzt seine Untersuchungen an der Unfallstelle beginnt und dass er neben

der Leiche den Unfallort und nach Möglichkeit auch die Unfall-
fahrzeuge auf verwertbare Spuren untersucht.

Der Tote auf dem Bahnhof

Der Eilzug fuhr in den Bahnhof der Kreisstadt ein. Er hielt ge-
wöhnlich nur kurz, um die Passagiere ein- und aussteigen zu
lassen. Zu dieser nächtlichen Stunde waren wenig Menschen
auf dem Bahnsteig. Der Elektrokarren rollte vor zum Gepäckwagen, um schnell einige Gepäckstücke ein- und auszuladen.
Während diese Arbeiten zügig vonstatten gingen, ertönte plötzlich vorn an der Lokomotive ein lauter Schrei. Eine Frau rief
entsetzt: »Hilfe, kommen Sie schnell hierher, vor der Maschine
liegt ein Mensch auf den Schienen.«

Der Fahrdienstleiter und ein weiterer Eisenbahner liefen
nach vorn, um nachzusehen, was da los ist. Tatsächlich, unmittelbar vor der Lokomotive lag ein Mann. Er bewegte sich
nicht. Der Jahreszeit entsprechend war er mit einem dicken
Wintermantel bekleidet. Wie man im Licht der Lok-Scheinwer-
fer sehen konnte, schien der Mantel beschädigt und ölver-
schmiert zu sein. Der Mann lag auf dem Rücken. Das Gesicht
war offenbar ohne Verletzungen, die Augen waren geöffnet und
der Blick starr in den Nachthimmel gerichtet.

Wie war der Mann auf die Schienen gelangt? Auf dem Bahnsteig hatte ihn niemand gesehen. Und keiner hatte bemerkt,
dass er vor den Zug gefallen oder gesprungen wäre. Auch das
Lokpersonal hatte bei der Einfahrt in den Bahnhof nichts Auffälliges festgestellt.

Einige Eisenbahner sprangen auf die Schienen und hoben den Mann auf den Bahnsteig. Ganz offensichtlich war er tot. Den Helfern fiel als Erstes auf, dass der Tote keine Beine mehr hatte. Statt der Beine hingen leere Hautschläuche vom Körper herab. Sonst waren zunächst keine weiteren Verletzungen erkennbar.

Sofort wurde die Transportpolizei und ein Arzt verständigt. Letzterer konnte nur noch den Tod feststellen. Die Kriminalisten der Transportpolizei benachrichtigten den Staatsanwalt und den Dienst habenden Gerichtsarzt. Beide erschienen nach kurzer Zeit an der Unfallstelle.

Der Zug war bis zu diesem Zeitpunkt angehalten worden, um seine Frontpartie als Erstes untersuchen zu können. Danach wurde die Leiche ins gerichtsmedizinische Institut gebracht, da eine gerichtliche Sektion angeordnet worden war, die am nächsten Morgen durchgeführt werden sollte.

Bei der Sektion fanden sich im Bereich des Brustkorbes massive Quetschungen im Rücken. Die Brustwirbelsäule war quer durchtrennt, etliche Rippen waren gebrochen und teilweise in die Lunge eingespießt. Die Lunge zeigte massive Quetschungen und Zerreißungen. Einige kleine Bluteinatmungsherde wiesen auf Verletzungen hin, die bereits zu Lebzeiten entstanden sein mussten. An der Haut waren am Rücken oberhalb des Lendenbereiches nahezu waagerecht verlaufende kantige Abdrücke zu sehen, die offenbar durch die Pufferbohle der Lokomotive verursacht worden waren.

Von den Beinen war bis über die Knie nur noch der Hautschlauch mit der Muskulatur vorhanden, in der lediglich eine große Zahl winzig kleiner Knochensplitter steckten. Die Knochen der Unterschenkel und Füße waren völlig zerschlagen; die Haut hingegen war nahezu völlig intakt und wies nur ein paar unbedeutende Abschürfungen auf.

Der Mantel zeigte am Rücken einige Ölverschmutzungen, sonst war er weitgehend in Ordnung. Allerdings fiel eine massive Zerreißung des Mantelkragens hinten etwa in der Mittellinie auf. An dieser Stelle war der relativ feste und stabile Kragen quer durchgerissen, die Ränder der Durchtrennungsstelle waren stark zerfetzt.

Hinweise auf die Einwirkung dritter Personen fanden sich bei der Sektion nicht. Für einen Selbstmord war das Verletzungsmuster atypisch. Alles sprach für ein Anfahren von hinten im Gehen oder Stehen. Dadurch konnten allerdings nur die Verletzungen im Brustbereich, nicht aber die massiven Zertrümmerungen der Beinknochen erklärt werden. Hierfür musste noch eine andere Ursache ermittelt werden.

Eine genaue Betrachtung der Zerreißung am Mantelkragen ließ die Vermutung zu, dass der Körper gewissermaßen am Mantelkragen aufgehängt war, nachdem sich ein Gegenstand unter den Kragen gebohrt hatte. Als Aufhängungsgegenstand kam der vordere Zughaken der Lokomotive infrage, zumal daran bei der Besichtigung an der Unfallstelle Textilfasern vom Mantel gefunden worden waren.

Die Blutuntersuchung ergab einen Alkoholgehalt von nahezu zwei Promille. Damit war auch klar, warum der Getötete den Zug nicht bemerkt hatte, zumal es in dieser Nacht sehr stürmisch war.

Der Unfall hatte sich offenbar folgendermaßen abgespielt: Der Verunglückte befand sich nach einem ausgiebigen Zechgelage auf dem Heimweg. Um abzukürzen, ging er unerlaubter Weise auf den Eisenbahngleisen. Infolge der lauten Windgeräusche und wahrscheinlich auch wegen seiner starken Alkoholisierung hörte er den von hinten kommenden Zug nicht, sodass ihn dieser mit voller Geschwindigkeit anfuhr. Beim Anprall bohrte sich der vordere Zughaken der Lokomotive in seinen Mantel und hängte ihn gewissermaßen am Mantelkragen auf. In dieser hängenden Lage befand er sich, bis der Zug im Bahnhof einfuhr.

Wie sich hinterher herausstellte, hatte er etwa 20 Kilometer an dem Haken gehangen. Dabei waren die Beine immer wieder auf die Bahnschwellen aufgeschlagen und die Knochen bis hinauf zum Kniegelenk völlig zertrümmert worden. Erst als der Zug hielt, war der Mantelkragen gerissen und der Körper auf die Schienen gelangt.

Auf den Gleisen – Unfall, Selbstmord oder Mord?

An einem trüben Februarmorgen vertrieb leichter Nieselregen die letzten Reste des Schnees, der bis vor wenigen Tagen noch an den Straßenrändern gelegen hatte. Ich war an diesem Tag etwas spät dran, es war schon nach acht Uhr, als ich aus der Wohnung zur Garage ging, um den Wagen herauszufahren. Wir hatten eine Sektion in Weimar zugesagt, die um zehn Uhr beginnen sollte. Bei der relativ kurzen Fahrstrecke war durchaus noch genügend Zeit.

Ich hatte gerade das Garagentor aufgeschlossen, als meine Frau aus dem Fenster rief: »Telefon für dich, ein dringender Anruf.« Ich ging also wieder ins Haus. Ein Staatsanwalt der Bezirksstaatsanwaltschaft Erfurt war am Apparat. »Herr Oberarzt, wir brauchen dringend Ihre Hilfe. Die gerichtliche Sektion einer Eisenbahnleiche, bei der es einige Unklarheiten gibt. Es wäre uns sehr lieb, wenn Sie gleich kommen könnten.«

Ich setzte ihn über die für den Vormittag bereits zugesagte Sektion in Weimar in Kenntnis. Aber nach kurzer Verständigung wurde entschieden, dass der neue Fall wichtiger sei und Vorrang hätte. Mit der Staatsanwaltschaft in Weimar würde man die Verschiebung der anderen Sektion regeln. Also sagte ich für den gleichen Vormittag zu.

Nachdem ich und meine Mitarbeiter die Instrumente eingeladen hatten, fuhren wir los und erreichten nach knapp einer Stunde den Zielort. Die Leiche war inzwischen in den Sektionsraum des Friedhofes gebracht worden. Es handelte sich um die Leiche einer 24jährigen Frau, die in den frühen Morgenstunden auf einer viel befahrenen Eisenbahnstrecke im Stadtgebiet von Erfurt gefunden worden war. Auf den ersten Blick sah es nach einem Unfall aus. Auch die Transportpolizei war zunächst von dieser Annahme ausgegangen, weil am Auffindungsort der Leiche ebenfalls alles dafür sprach.

Beide Beine, der rechte Arm und die linke Hand waren vom Rumpf getrennt, offensichtlich abgefahren; der Schädel wies massive Zertrümmerungen auf. Die Schädelhöhle war breit eröffnet und das Gehirn teilweise herausgefallen. Die Kleidung zeigte sich völlig zerfetzt. Die Leichenteile lagen auf einer Strecke von etwa 60 Metern innerhalb und auch außerhalb des Schienenstrangs verstreut.

Solche Verletzungen sieht man, wenn jemand im Gehen oder Stehen vom Zug angefahren wird, wobei die Tatsache, dass die Tote wahrscheinlich von hinten angefahren worden war, gegen einen Selbstmord sprach.

Als wir zur Sektion eintrafen, waren die Personalien der Frau zunächst nicht bekannt.

Schon bei der äußeren Besichtigung bemerkte ich aber eine Verletzung, die alle bisher angestellten Vermutungen über den Haufen warf. Im Nacken war eine rundliche Öffnung von etwa 5–6 mm Durchmesser zu sehen, bei der es sich eindeutig um eine Einschussöffnung handelte. Der hierfür typische Schürfsaum zeichnete sich ganz deutlich ab.

Einsprengungen von Pulverteilchen oder ein Schmauchhof waren nicht vorhanden, sodass es sich nicht um einen Nahschuss handeln konnte. Ein Schusskanal ließ sich in der Halswirbelsäule und im Schädel verfolgen, in dessen Umgebung so genannte vitale Zeichen erkennbar waren. Das sind Veränderungen, die sich nur ausbilden, wenn die Verletzung zu Lebzeiten bei noch vorhandener Kreislauffunktion entsteht. Der Schuss war der Frau also zu Lebzeiten beigebracht worden und hatte das Rückenmark im Halsbereich durchtrennt. Im Schädel ließ sich der Schusskanal noch ein Stück weiter in Richtung hintere Rachenwand verfolgen. Dann kam aber ein Bezirk, in dem das Gewebe so massiv zerstört war, dass nichts mehr zu erkennen war. Ein Projektil fand sich nicht.

Meine Schlussfolgerung lautete: Der Getöteten war vor dem Überfahren mit einer Kleinkaliberwaffe in den Nacken geschossen worden. Dadurch wurde das Halsmark durchtrennt, was zu einer sofortigen Lähmung des Körpers geführt haben musste. Danach wurde sie – noch lebend – auf die Schienen gelegt und erst dann überfahren, denn einige der eindeutig durch das Überfahren verursachten Verletzungen wiesen ebenfalls die genannten vitalen Zeichen auf. Dass sie zu diesem Zeitpunkt schon bewusstlos war, ist zwar wahrscheinlich, aber nicht ganz sicher. Denn durch die völlige Querschnittslähmung infolge der Zerstörung des Halsmarks ist sie ja auch bewegungslos gewesen. Es handelte sich also nicht um einen Unfall oder Selbstmord, sondern eindeutig um einen Mord.

Noch bevor die Sektion abgeschlossen war, wurden wir über die Festnahme des mutmaßlichen Täters und über die Identifizierung der Toten informiert.

Der Vater des Täters hatte diesen zur Polizei gebracht und angezeigt, weil er vermutete, dass er seine Schwiegertochter ermordet habe. Nach anfänglichem Leugnen gab der junge Mann zu, seine Frau angeschossen und anschließend auf die Schienen gelegt zu haben. In einer ersten Version erklärte er, dass er seiner Frau die Schusswaffe nur zeigen wollte. Dabei habe sich der Schuss gelöst und seine Frau in den Nacken getroffen. Sie sei wie vom Blitz getroffen zusammengebrochen. Da er geglaubt habe, dass sie tot sei, habe er sie aus Angst auf die Schienen gelegt, um einen Selbstmord vorzutäuschen. Doch im Lauf der weiteren Vernehmung änderte er sein Geständnis ab und gab die Tötungsabsicht zu.

Aus den Aussagen ließ sich folgendes Bild von der Vorgeschichte und dem Ablauf der Tat rekonstruieren: Lutz D. war seit drei Jahren verheiratet. Seine spätere Frau hatte er während eines Urlaubs kennen gelernt. Die Hochzeit erfolgte auf Drängen der Schwiegereltern, da die junge Frau ein Kind erwartete. Obwohl es sich nicht um eine Liebesheirat handelte, ging die Ehe anfangs recht gut. Finanzielle Sorgen hatte das junge Paar nicht, weil Lutz gut verdiente. Die Wohnung hatten die Eltern besorgt und so schien alles in bester Ordnung.

Die junge Frau verwöhnte ihren Mann nach Kräften und las ihm, der ihr ganzer Lebensinhalt war, jeden Wunsch von den

Augen ab. Was er sagte und was er tat, war immer richtig. Sie richtete sich in allem nach ihm und hatte selten einmal eine eigene Meinung. Anfangs gefiel sich Lutz durchaus in der Prinzenrolle. Aber nach einiger Zeit hatte er das einseitige Verhalten seiner Frau restlos satt. Sie war ihm viel zu ruhig. Er erwartete von seiner Partnerin eine eigene Meinung und sehnte sich nach Widerspruch. Ihn störte außerdem, dass sie niemals eigenen Interessen nachging. Aber nichts dergleichen geschah. Er blieb der Herr im Haus, hatte in allem das Sagen, während seine Frau darin aufging, ihm zu dienen und ihn zu umsorgen. Selbst wenn er sie provozierte oder beschimpfte, gab sie ihm recht und fand sich mit allen Beleidigungen ab. Allerdings neigte sie nach Meinung ihres Mannes zu Depressionen.

Im Laufe der Zeit wurde Lutz der geradezu sklavischen Haltung seiner Frau so überdrüssig, dass er an eine Trennung dachte. Er erkundigte sich bei einem Rechtsanwalt nach den Möglichkeiten einer Scheidung, nahm aber von einer solchen Lösung Abstand, weil ihm die Kosten für das Scheidungsverfahren zu hoch waren. Deshalb suchte er in Beziehungen mit anderen Frauen Befriedigung. Obwohl er in dieser Zeit mehrere intime Verhältnisse hatte, von denen seine Frau auch wusste, machte sie ihm keine Vorwürfe. »Sie war dann immer nur sehr ruhig und sehr traurig«, kommentierte Lutz D. später.

Allmählich steigerte sich sein Überdruss zum Hass, sodass ihm eine Trennung unabweisbar erschien. Da für eine Scheidung aber handfeste Gründe notwendig waren, er solche jedoch nicht hatte, suchte er nach einer anderen Lösung.

So entschloss er sich, seine Frau zu töten und einen Selbstmord oder Unfall vorzutäuschen. Während seiner Dienstzeit

bei der Kasernierten Volkspolizei hatte er auf einem Truppen-
übungsplatz ein Kleinkalibergewehr, ein Tesching, gefunden,
mit dem er seine Frau erschießen wollte. Sein Plan beinhaltete
ferner, seine Frau aus der Wohnung zu locken und die Tote
nach der Tat auf die Eisenbahnschienen zu legen, um einen
Selbstmord vorzutäuschen. Deshalb erkundigte er sich auf dem
Bahnhof nach der Zugfolge auf der von ihm ausgewählten
Strecke.

Um einen später möglichen Verdacht von sich abzulenken,
bemühte er sich zunächst um eine Verbesserung des Verhältnisses zu seiner Frau. Er war freundlich zu ihr, machte kleine
Handreichungen, brachte hin und wieder kleine Geschenke mit
und ging auch ab und zu mit seiner Frau aus. Dann schien ihm
endlich der richtige Zeitpunkt gekommen: Der Mord konnte
inszeniert werden.

Den zunächst für den Mord vorgesehenen Tag ließ er ver-
streichen, weil er aufgehalten worden und später als geplant
nach Hause gekommen war. Er befürchtete nun, dass in der
Nacht auf der vorgesehenen Strecke nur wenige Züge fahren
würden. Drei Tage später schien ihm die Gelegenheit günstig.
Er hielt sich mit seinem Vater und seiner Frau in einer Gaststätte auf und spielte Skat. Gegen 21 Uhr machte der Vater den
Vorschlag, auch die Mutter noch zu holen. Lutz D. erklärte sich
sofort bereit und nahm seine Frau mit.

Beide gingen los, wobei Lutz' Frau ihre Handtasche in der
Gaststätte beim Schwiegervater in der Annahme zurückließ,
schnell wieder da zu sein. Nach Verlassen der Gaststätte eröffnete Lutz seiner Frau, dass er ihr vor dem Abholen der Mutter
noch etwas Wichtiges zeigen wolle. Er habe vor kurzem beobachtet, wie einige verdächtige Personen etwas Wertvolles, viel-

leicht Diebesgut, unter einer Eisenbahnbrücke versteckt hätten. Das wollten sie sich jetzt zusammen ansehen.

Sie fuhren mit der Straßenbahn zur angegebenen Stelle. Als Lutz D. die Böschung zu den Gleisen hinuntersteigen wollte, übersah er in der Dunkelheit eine Stützmauer. Er stürzte etwa drei Meter in die Tiefe, ohne sich nennenswert zu verletzen. Lediglich eine kleine Hautabschürfung zog er sich durch das im Hosenbein versteckte Kleinkalibergewehr zu.

Daraufhin forderte er seine Frau auf, die Böschung auf der anderen Seite herabzusteigen, da es dort leichter sei. Auf den Gleisen angekommen, gingen beide unter die Brücke, unter der sich die versteckten Gegenstände befinden sollten. In einem Moment, als seine Frau vor ihm herging, holte Lutz D. das Gewehr hervor, zeigte es seiner Frau und schoss ihr, als sie sich umdrehte, in den Nacken. Sie brach sofort zusammen. Aus ihrem Mund quoll ein Schwall Blut.

Lutz D. legte das Opfer auf die Gleise und wartete hinter einem Gebüsch, bis sieben Züge den Körper seiner Frau überrollt hatten. Dann sah er sich die Leiche noch einmal an und begab sich anschließend nach Hause. Dort bemerkte er, dass er sich beim Transport des Körpers trotz aller Vorsicht doch mit Blut beschmiert hatte. Er säuberte mit einem Lappen Mantel und Handschuhe und zog eine neue Hose an, da die getragene ebenfalls Blutspritzer aufwies.

In diesem Moment kam der Vater nach Hause. Er zeigte sich überrascht, dass Sohn und Schwiegertochter nicht wie versprochen mit der Mutter in die Gaststätte zurückgekehrt waren. Er wunderte sich auch, dass Lutz sich bereits umgezogen hatte. Schließlich fiel ihm auf, dass die Schwiegertochter nirgends zu finden war und fragte nach ihrem Verbleiben.

Der Täter fühlte sich in die Enge getrieben und gestand seinem Vater nach einigen Ausflüchten, dass er seine Frau erschossen habe. Es könne ihm aber nichts passieren, da er einen Selbstmord vorgetäuscht habe. Der Vater bestand aber darauf, dass er sich der Polizei stelle. Er veranlasste seinen Sohn, mit ihm am nächsten Morgen zur Polizei zu gehen und zeigte ihn an. Auch die Tatwaffe brachte er mit.

Der letzte Satz in einem damaligen Zeitungsbericht über die Bluttat lautete: »Er wird sich vor Gericht wegen vorsätzlichen Mordes zu verantworten haben. Zurück bleibt ein dreijähriges Kind, das durch die ungeheuerliche Tat seines Vaters an einem Abend beide Eltern verlor.«

Ein zeitbedingtes Motiv?

Der Streckenläufer W. ging routinemäßig seinen Abschnitt auf den Gleisen ab. Er achtete auf eventuelle Schäden am Schienensystem und sonstige Auffälligkeiten an der Strecke. Bisher hatte er nichts Beachtenswertes gefunden. Alles war in Ordnung, der Tag verlief wie immer.

Er hing seinen Gedanken nach. Noch vier Wochen, dann ist Urlaub, ging ihm durch den Kopf, wobei ein erfreutes Lächeln seinen Mund umspielte. Vor ein paar Tagen hatte er nämlich endlich einmal wieder einen Seeplatz in einem bahneigenen Ferienheim zugewiesen bekommen. Diese Plätze waren damals in der DDR sehr begehrt und nur schwer zu bekommen. Deshalb war die Freude groß gewesen, als er seiner Familie am Abend die Entscheidung der Gewerkschaft mitgeteilt hatte. Sofort hatten sie gemeinsam überlegt, was noch besorgt werden musste, bevor die Reise losgehen konnte. Seine Frau hatte bereits eine Liste der dringendsten Dinge aufgestellt. »Sie ist sicherlich die nächsten Tage mit den Besorgungen voll ausgelastet«, sinnierte W.

Plötzlich erblickte er etwa 20 Meter weiter vorn etwas neben den Gleisen. Es sah von weitem wie ein Sack aus. Hatte da jemand etwas aus dem Zug geworfen oder war etwas aus einem Gepäckwagen gefallen? Er ging auf den Gegenstand zu. Doch als er näherkam, erkannte er, dass es sich offenbar um einen menschlichen Körper, den Körper eines Kindes, handelte.

Als er herangekommen war, bestätigt sich diese Annahme. Es handelte sich um den Körper eines etwa sechsjährigen Knaben. Er bewegte sich nicht und war offenbar tot. Der Kopf, die Hände und insbesondere das Gesicht waren blutverschmiert. W. entdeckte am Hinterkopf eine große Platzwunde. War der Junge etwa aus dem Zug gefallen? Es sah so aus.

Da W. allein hier nichts machen konnte, eilte er zum nächsten Streckentelefon und meldete seinen schrecklichen Fund. Sofort wurde die Transportpolizei verständigt, die auch nach kurzer Zeit am Fundort der Leiche eintraf. Nach der ersten Inaugenscheinnahme des Fundortes und der Leiche wurde ich im Institut angerufen und gebeten, an den Fundort der Leiche zu kommen, der nicht allzu weit vom Institut entfernt war. Ich setzte mich sofort in den Wagen und fuhr los.

Die Besichtigung der Leiche zeigte die schon erwähnte große Platzwunde am Kopf. Es fanden sich aber auch flächenhafte Hautabschürfungen an der gesamten linken Körperseite. Am linken Oberschenkel waren die Abschürfungen besonders intensiv, da der Junge kurze Hosen trug und hier die Haut freilag. Als ich die Arme der Leiche entblößte und mir die Oberarme ansah, bemerkte ich an beiden Armen runde etwa pfenniggroße Unterblutungen in einer Anordnung, die sofort den Schluss zuließ, dass es sich hier um Fingerabdrücke durch heftigen Druck auf die Arme handelte. Beide Hände wiesen zudem Kratzverletzungen auf. Das Gesamtbild legte nahe, dass das Kind gewaltsam aus dem Zug gestoßen worden war, wobei es sich offensichtlich heftig gewehrt hatte.

Kurz danach ging die Meldung eines Bahnangestellten ein, der von einem Stellwerk aus beim Vorbeifahren des D-Zuges einen Mann und ein Kind an der offenen Tür eines Wagens bemerkt hatte. Das Kind habe sich krampfhaft an der Griffstange festgehalten. Er habe zwar den Eindruck gehabt, dass der Mann das Kind aus dem Zug werfen wollte. Da ihm so etwas aber absurd schien, glaubte er, sich geirrt zu haben. Erst die Nachricht über den Leichenfund veranlasste ihn, seine Beobachtung zu melden.

Ein Bahnangestellter des Bahnhofs, an dem der Zug nach dem Unfallort als Erstes gehalten hatte, meldete auf Anfrage, dass die Tür eines Wagens bei Einfahrt des Zuges offen gestanden habe. Damit stand nun einigermaßen fest, dass der Junge aus dem Zug gefallen oder herausgestoßen worden war.

Noch während am Fundort der Leiche die Untersuchungen liefen, wurde von einem größeren Bahnhof an der Strecke nach Berlin, die der D-Zug befuhr, mitgeteilt, dass ein aufgeregtes Elternpaar den Verlust ihres sechsjährigen Sohnes gemeldet hatte. Der Junge habe das Abteil verlassen und sei nicht zurückgekehrt. Nach einiger Zeit habe der Vater den Zug durchsucht, das Kind aber nicht gefunden. Er habe befürchtet, dass der Junge möglicherweise aus dem Zug gefallen sei.

Obwohl die Eltern umgehend von dem Leichenfund informiert wurden, wollten sie ihre Reise nach Berlin fortsetzen. Die dortige Transportpolizei hatte jedoch die gesamte Familie – Eltern und zwei weitere Kinder – aus dem Zug geholt und zunächst festgehalten.

Aufgrund des unklaren Sachverhaltes wurde von der Staatsanwaltschaft angeordnet, die Familie sofort zum Fundort der Leiche zu bringen. Als dies geschehen war, wurden die Eltern gebeten, die Leiche des Kindes zu identifizieren. Sie bestätigten, dass es sich um ihren Sohn handelte. Es war auffällig, dass sich die Trauer der Eltern in Grenzen hielt. Vor allem beim Vater gewann man den Eindruck, dass sie nur gespielt war.

Da sich aufgrund ihres gesamten Verhaltens nicht unerhebliche Verdachtsmomente gegen die Eltern ergaben, wurden sie weiterhin festgehalten. Der Vater wurde dem Stellwerksbeamten gegenübergestellt, der in ihm mit einiger Wahrscheinlichkeit den Mann erkannte, den er in dem vorbeifahrenden Zug mit dem Kind an der Tür gesehen hatte.

Noch in der Nacht wurde die Sektion des Kindes durchgeführt. Als Todesursache ergab sich eine schwere Schädelzertrümmerung, die offensichtlich durch den Sturz aus dem Zug entstanden war. Die Schürfungen an der linken Körperseite stammten offenbar vom Entlangrutschen am Trittbrett. Die Vermutung, dass der Junge sich beim Herausstoßen gewehrt und versucht hatte, sich festzuhalten und deshalb am Trittbrett entlanggerutscht war, wurde nahezu zur Gewissheit, als wir die Verletzungen an Armen und Händen genauer untersuchten. Unter den Fingernägeln der rechten Hand fanden sich Gewebsfetzen, offenbar Hautpartikel.

In der Zwischenzeit war der Vater weiter zu den Vorgängen

im Zug vernommen worden. Während er zunächst bei der ersten Version blieb, dass das Kind zur Toilette gegangen, aber nicht wiedergekommen sei, verwickelte er sich bei der weiteren Befragung in erhebliche Widersprüche. Einmal wollte er es auf der Toilette gesucht haben, dann wieder im Abteil sitzen geblieben sein, während eines der anderen Kinder nach dem Bruder suchte.

Erst gegen Morgen gab er zu, das Kind tatsächlich aus dem Zug gestoßen zu haben. Als Motiv nannte er eine Flucht nach Westdeutschland, um dort ein neues Leben zu beginnen. Dabei waren ihm und seiner Frau die Kinder im Wege. So kamen die beiden auf den Gedanken, ein oder zwei Kinder aus dem Zug zu werfen und einen Unfall vorzutäuschen. Mit dem Sechsjährigen habe man begonnen. Gegen beide Eltern wurde Haftbefehl erlassen.

Wie die weiteren Ermittlungen am nächsten Tag ergaben, war einige Tage zuvor ein weiteres Kind dieser Familie in der ehelichen Wohnung aus dem Fenster gefallen und dabei getötet worden. Dieser Vorfall war zunächst als Unfall eingestuft worden. Jetzt gab der Vater zu, dass er auch in diesem Fall das Kind absichtlich aus dem Fenster geworfen hatte, um beim Neuanfang in Westdeutschland nicht behindert zu sein. Die Ehefrau hatte von beiden Morden gewusst und war damit einverstanden. Sie war ihrem Mann völlig hörig.

Das Ehepaar wurde wegen des Doppelmordes an ihren Kindern zu hohen Zuchthausstrafen verurteilt.

Kapitel 3

Gewaltsames Ersticken

Eine recht häufig vorkommende nicht natürliche Todesursache ist der Tod durch gewaltsames Ersticken. Sowohl Unfälle als auch Selbstmorde und Morde durch Ersticken sind keineswegs selten. Neben den verschiedenen Arten der Strangulation, d. h. dem Zusammenschnüren des Halses von außen, spielt ein Ersticken unter weicher Bedeckung, der Verschluss der Atemwege oder die Blockierung der Atembewegungen und der Sauerstoffmangel in der Atemluft eine gewisse Rolle.

Zur Strangulation gehört das Erhängen, das Erdrosseln und das Erwürgen, wobei man unter Erhängen die Fälle versteht, bei denen durch das Gewicht des eigenen Körpers oder auch von Körperteilen, vor allem des Kopfes, das Strangwerkzeug zusammengezogen wird und so den Hals zusammenpresst.

Beim Erdrosseln erfolgt dieses Zusammenziehen des Strangwerkzeuges nicht durch das eigene Körpergewicht, sondern durch die Hand des Täters oder eine andere Kraft von außen, z. B. eine rotierende Maschine.

Von Erwürgen spricht man dann, wenn der Hals durch die Hand oder auch beide Hände des Täters zusammengepresst wird.

Bewusstlosigkeit und Tod durch Strangulation kommen in erster Linie dadurch zustande, dass beim Zusammenpressen des Halses auch die Blutgefäße, die das Gehirn mit Blut und somit mit Sauerstoff versorgen, zusammengepresst werden und ein Sauerstoffmangel im Gehirn eintritt. Der Verschluss der Atemwege, etwa der Luftröhre, spielt meist nur eine sekundäre Rolle.

Ersticken unter weicher Bedeckung liegt dann vor, wenn dem Opfer ein Kissen, eine Decke oder ein ähnlicher Gegenstand auf die Atemöffnungen gepresst wird und diese weitgehend verschlossen werden.

Zur Behinderung der Atembewegungen kommt es immer dann, wenn der Brustkorb so zusammengepresst wird, dass die Atembewegungen nicht mehr in ausreichendem Maße möglich sind. Das kann beispielsweise beim Verschütten der Fall sein oder auch im Gedränge, wenn in einer Menschenmenge eine Panik ausbricht.

Mangelnder Sauerstoff in der Atemluft kann vorliegen, wenn der Betreffende in engen Behältnissen eingesperrt ist, etwa in einem Schrank, einer Kiste oder einem Koffer.

Strangulationen kommen am häufigsten vor, wobei das Erhängen zu den verbreitetsten Selbstmordarten zählt. Unfälle durch Erhängen ereignen sich gleichfalls, sind aber sehr selten. Das gleiche gilt auch für den Mord durch Erhängen, der nur dann möglich ist, wenn entweder ein erhebliches Missverhältnis in der Körperkraft zwischen Opfer und Täter besteht oder das Opfer bewusstlos ist.

Beim Erdrosseln handelt es sich zumeist um Tötungen durch fremde Hand, aber vereinzelt kommen auch Unfälle und noch seltener Selbstmorde vor, die nur unter bestimmten Bedingungen zum Erfolg führen.

Erwürgen ist immer eine Tötung durch eine andere Person. Man kann sich nicht selbst erwürgen, weil in dem Augenblick, wo durch das Zusammenpressen des Halses Bewusstlosigkeit eintritt, sich der Würgegriff zwangsläufig lockert und wieder sauerstoffreiches Blut zum Gehirn fließen kann. In der Weltliteratur ist meines Wissens nur ein einziger Fall von Selbsterwürgen beschrieben worden, wobei es sich um den Fall eines Mannes handelte, der eine verkrüppelte Hand hatte. Daumen und Zeigefinger waren so versteift, dass sie eine feste Gabel bildeten, die sich der Selbstmörder mit großer Wucht auf den Hals gepresst hatte. Durch die Versteifung wurden die Finger auf die Halsvorderseite geklemmt und blieben auch bei Eintritt der Bewusstlosigkeit in dieser Stellung, sodass nach einiger Zeit der Tod eintrat.

Ich schildere im Folgenden einen Fall, der uns zunächst einige Probleme bereitete und der in die Zeit fiel, als ich kommissarischer Direktor des Jenaer Gerichtsmedizinischen Instituts war.

Nur eine Magd

Es war ein schöner, sonniger Tag im Mai. Ich war gerade ins Institut gekommen, als das Telefon klingelte. Eine Sektion in einem kleinen Ort in der Nähe von Gera wurde angeordnet und sollte möglichst noch am gleichen Tag durchgeführt werden. Eine Frau war tot in ihrer Wohnung aufgefunden worden, wobei der Verdacht bestand, dass sie Selbstmord begangen hat, möglicherweise mit Schlafmitteln. Wir packten unsere Instrumente zusammen und machten uns mit dem Wagen auf den Weg.

Die Obduktion bereitete keine Probleme, es fanden sich tatsächlich Hinweiszeichen auf eine Vergiftung, wobei die genaue Art und Menge des Giftes im Institut durch eine chemisch-toxikologische Analyse geklärt werden musste. Das notwendige Organmaterial dafür wurde gesichert.

Während wir noch unsere Sachen zusammenpackten, kam ein Polizist vom örtlichen Revier und teilte uns mit, dass gerade angerufen und ein weiterer Sektionsauftrag erteilt worden sei. In der Nähe einer südthüringischen Kreisstadt war ein 17jähriges Mädchen erhängt im Wald gefunden worden, wahrscheinlich Selbstmord. Nach einer kurzen Mittagspause fuhren wir los.

Als wir in dem Ort ankamen, erfuhren wir zusätzlich, dass die Identität der Toten bereits bekannt war. Die bisherigen Ermittlungen ergaben jedoch kein Motiv für einen Selbstmord. Es handelte sich um eine Magd, die durch den Bauern, bei dem sie beschäftigt war, als sehr gewissenhaft und zuverlässig beurteilt wurde. Am Tag ihres Verschwindens hatte sie dem Bauern gesagt, dass sie noch etwas spazieren gehen wolle, gegen Abend aber wieder zurück sei und die Tiere rechtzeitig versorgen werde. Derartige Spaziergänge hatte sie in letzter Zeit schon öfter unternommen, war aber immer pünktlich zur vorbildlichen Versorgung der Tiere zurückgekehrt.

Das elternlose Mädchen arbeitete bereits einige Zeit auf dem Hof und hatte hier nicht nur eine Beschäftigung, sondern auch ein neues Zuhause gefunden. Sie war sehr beliebt in der Familie und wurde fast wie eine Tochter behandelt.

Am Tag ihres Verschwindens rückte die Uhr auf acht Uhr abends, ohne dass sie wie üblich zum Füttern erschienen wäre. Der Bauer kümmerte sich deshalb selbst um die Tiere. Er vermutete, dass sie wohl doch zum Tanzen ins Nachbardorf gegangen sei und dabei die Zeit vergessen habe. Als aber die Magd nach Mitternacht immer noch nicht heimgekommen war, machte er sich ernsthaft Sorgen. So etwas war bei ihr noch nie passiert. Als sie auch gegen drei Uhr noch nicht erschienen war, bekam es der Bauer mit der Angst zu tun und verständigte die Polizei. Eine noch in der Nacht eingeleitete Suchaktion blieb jedoch ohne Erfolg.

Am nächsten Morgen machte man sich erneut auf die Suche, an der sich ein Großteil der Dorfbewohner beteiligte. Die Umgebung des Dorfes wurde systematisch abgesucht, das Mädchen aber auch jetzt nicht gefunden.

Da erinnerten sich einige Jugendliche aus dem Ort, dass die Vermisste seit einiger Zeit wiederholt mit dem Sohn des Nachbarn, eines Großbauern, spazieren gegangen war. Die beiden waren offenbar befreundet.

Die Befragung des Nachbarsohnes, der nach eigenen Angaben von dem Verschwinden des Mädchens noch nichts gehört hatte, erbrachte zunächst nichts Neues. Der junge Bauer beteiligte sich auch sofort bereitwillig an der weiteren Suche und führte die Suchmannschaft an all die Orte, die er gemeinsam mit dem Mädchen in der letzten Zeit erwandert hatte.

Endlich, es wurde schon Abend, fand man mit seiner Unterstützung das Mädchen inmitten einer sehr dichten und verfilzten Tannenschonung. Es hing an einem kleinen Tannenbaum. Der Nachbarsohn sagte nun aus, dass sie in letzter Zeit manchmal etwas depressiv gewesen sei und Selbstmordgedanken geäußert habe, weil sie glaubte, schwanger zu sein.

Bei der Sektion fanden wir eine typische Strangmarke am Hals, die auch in ihrer Ausprägung gut zu dem Strangwerkzeug passte, einem Strick, der im Bauernhof der Magd zum Anbinden von Schafen benutzt wurde. Er war zwar etwas atypisch um den Hals gelegt und an dem kleinen Bäumchen so angebunden, dass die Tote mit dem Gesicht zum Baum hing. Das wurde uns im Einzelnen mitgeteilt und auch durch Fotografien belegt, weil wir bei der Sektion eine oberflächliche Abschürfung und Hauteintrocknung an der Stirn und am Nasenrücken gefunden hatten. Beides war durch diese Art des Erhängens durchaus erklärbar.

Auf den Bildern konnte man ferner erkennen, dass das Mädchen nicht frei hing. Sie hatte den Strick offenbar im Stehen am Baum befestigt und war dann in den Knien eingeknickt, wobei sich durch das Körpergewicht die Schlinge zusammenzog. Es sprach somit nichts gegen einen Selbstmord. Allerdings war die von der Toten vermutete Schwangerschaft nicht nachweisbar.

Routinemäßig entnahmen wir noch Blut für die Alkoholbestimmung, Organe für die mikroskopische Untersuchung und auch für eventuelle toxikologisch-chemische Untersuchungen und sicherten schließlich auch das Strangwerkzeug für eine mikroskopische Untersuchung. Die Hände der Toten hatten wir bereits vor Beginn der Sektion mit Klebeband abgeklebt, um der Sicherheit halber festzustellen, dass sie das Strangwerkzeug auch mit den Händen berührt hatte, was ja der Fall sein musste, wenn sie es sich selbst um den Hals gelegt und am Baum befestigt hatte.

Da der Strick sehr rau war, mussten mit einiger Sicherheit Fasern an den Händen durch das Abkleben am Klebeband nachweisbar sein. Bei all dem handelte es sich aber nur um Routinemaßnahmen, denn Zweifel an einem Selbstmord bestanden zu diesem Zeitpunkt weder bei uns noch bei den Ermittlungsorganen.

Im Institut führten wir in den nächsten Tagen die noch ausstehenden chemischen und mikroskopischen Untersuchungen durch. Ich war sehr erstaunt, als ich den Blutalkoholwert vorgelegt bekam. Er lag bei 2,9 Promille. Das war für ein so junges Mädchen sehr hoch, wenngleich man bei Selbstmördern gelegentlich auch etwas höhere Blutalkoholwerte findet, weil sie sich vor ihrer Tat noch Mut antrinken. Aber in diesem Fall erhob sich die Frage, ob das alkoholungewohnte Mädchen bei dieser Konzentration überhaupt noch in der Lage gewesen war, gezielte Handlungen wie das Aufsuchen der Stelle im dichten Unterholz und das Anbringen des Strangwerkzeuges durchzuführen. Dass sie an der Fundstelle getrunken hatte, war deshalb unwahrscheinlich, weil weit und breit keine Flasche gefunden wurde.

Noch ein weiterer Umstand rief Zweifel bei mir hervor. Trotz intensiver Suche konnte ich an den Händen der Toten keinerlei Faserspuren finden. Der Strick selbst, der angeblich ausschließlich zum Anbinden von Schafen benutzt worden war, wies zudem keine Schafhaare auf. Statt dessen fand ich jede Menge von Kälberhaaren. Der letzte Umstand musste noch geklärt werden, denn schließlich konnte dieser Strick auch einmal für andere Zwecke, darunter zum Anbinden von Kälbern, benutzt worden sein.

Wir teilten unsere Befunde mit den sich daraus ergebenden Zweifeln den Ermittlungsorganen mit und hörten zunächst nichts weiter davon. Auch ich verlor diesen Fall in den nächsten Wochen und Monaten aus den Augen und erfuhr erst viel später, dass er schon vor dem Eintreffen unserer Befunde als klarer Selbstmord abgelegt und wegen der Urlaubzeit auch trotz der von uns geäußerten Zweifel noch nicht wieder aufgegriffen worden war. Da damals jeder Fall vor der endgültigen Ablage noch einmal zur Staatsanwaltschaft ging, stieß man dort nach einem halben Jahr auf unsere zusätzlichen Befunde und die daraus abgeleiteten Zweifel und veranlasste die Wiederaufnahme der Ermittlungen.

Dabei zeigten sich dann auch einige Widersprüche in den Aussagen des Nachbarsohnes. Es war zum Beispiel merkwürdig, dass ausgerechnet er die Tote in dem sehr unzugänglichen Waldstück ziemlich schnell gefunden hatte. Auch die Faserspuren am Strangwerkzeug wurden nochmals genauer analysiert. Es stellte sich heraus, dass die auf dem Hof der Toten benutzten Schafstricke etwas anders aussahen und nicht die Stärke des Strangwerkzeuges aufwiesen. Dagegen fanden sich dem Tatwerkzeug vergleichbare Stricke in größerer Zahl auf dem Hof des Jungbauern, die zudem ausschließlich als Kälberstricke genutzt wurden.

Daraufhin erfolgte unter Vorhaltung der neuen Befunde eine erneute Vernehmung des Nachbarsohnes, der bei dieser Indizienlage nach anfänglichem Zögern gestand, das Mädchen getötet zu haben. Er war seit einiger Zeit mit ihr befreundet und hatte auch Verkehr mit ihr. Einige Tage vor der Tat habe sie ihm mitgeteilt, dass sie von ihm schwanger sei. Er war entsetzt, denn eine Heirat, wie sie es wünschte, kam für ihn überhaupt nicht in Frage. Sie war ja nur eine Magd und hatte keinerlei Besitz. Er hingegen war der Sohn und Erbe eines Großbauern. Das passte nach seiner Überzeugung auf keinen Fall zusammen. Auch sein Vater hatte ihm schon mehrfach gesagt: »Eine Magd kommt mir als Bäuerin nicht ins Haus.«

Deshalb drängte er auch auf eine Abtreibung, die sie aber ablehnte. Das Mädchen war katholisch und eine solche Handlung kam bei ihr schon aus religiösen Gründen nicht in Betracht. Außerdem sagte sie ihm, dass sie sich sehr auf sein Kind freue. Trotz ihrer Jugend wolle sie es unbedingt großziehen. Alles Zureden seinerseits half nichts. Da entschloss er sich, sie zu töten, weil er einen Skandal und die Hänselei seiner Freunde wegen der Liebschaft mit einer einfachen Dienstmagd fürchtete.

Am Nachmittag des Tages, als die Tat geschah, war er mit ihr verabredet. Er schlug ihr einen Spaziergang in den Wald vor und führte sie zum späteren Tatort. Dort spielte er ihr den Liebhaber vor und verleitete sie dazu, gemeinsam eine mitgebrachte Flasche Korn zu trinken. In der späteren Vernehmung gab er zu, selbst fast gar nichts von dem Schnaps getrunken zu haben, während das Mädchen aufgrund seines ständigen Zuredens den größten Teil der Flasche allein leerte. Sie sei dadurch auch sehr schnell betrunken gewesen und eingeschlafen. Er legte ihr den eigens zu diesem Zweck mitgenommenen Strick um den Hals und erdrosselte sie. Als er merkte, dass der Tod eingetreten war, hängte er sie mit dem gleichen Strick in der vorgefundenen Art und Weise an dem Baum auf.

Durch die Identität von Drosselwerkzeug und Erhängungswerkzeug und wegen der Tatsache, dass sie zudem etwas atypisch um den Hals gelegt waren – für einen Selbstmord allerdings durchaus nicht ungewöhnlich – fanden sich bei der Untersuchung der Strangmarke zunächst auch keine gröberen Differenzen zwischen Strangmarke und Strick, sodass damals keine Zweifel an einem Selbstmord aufkamen.

Im Anschluss an die Tat verschaffte sich der Täter durch

den Besuch eines Gasthofes im Nachbardorf, wo er bis weit nach Mitternacht tanzte, ein Alibi. Auf dem Heimweg ging er nochmals am Tatort vorbei und überzeugte sich davon, dass sein Opfer auch wirklich tot war.

Der Täter war zunächst geständig, bis er die Anklageschrift erhielt und nun merkte, dass die Anklage auf Mord lautete. Jetzt versuchte er, sein Geständnis zu widerrufen. Aber er verwickelte sich laufend in Widersprüche, gab jedoch in der Hauptverhandlung die Tat wieder zu.

Der betroffene Vater bot dem Gericht 5000 Mark, wenn sein Sohn nur eine geringe Freiheitsstrafe erhalte und nach einigen Wochen wieder nach Hause käme. Als der Täter das Urteil – lebenslanges Zuchthaus – erfuhr, war er sehr bestürzt, äußerte dann aber lakonisch: »Dann müssen die Leute ihr Brot eben im Konsum kaufen.«

Bei der Rekonstruktion der Tat, die während des Winters im tief verschneiten Wald stattfand, ereignete sich ein kleiner, komischer Zwischenfall. Wir hatten eine Schaufensterpuppe aus unserem Institut mitgebracht, um das Opfer zu imitieren. Ein Polizist trug sie durch den Wald zum Tatort, was bei dem hohen Schnee etwas beschwerlich war. Wir marschierten wegen des vielen Neuschnees im Gänsemarsch. Der Tatverdächtige, der zunächst an einen Polizisten gefesselt war, wurde von diesem getrennt und befand sich – Handschellen an den Händen – etwa in der Mitte der Marschordnung. Zur Bewachung ging ein Polizist hinter ihm her und passte auf, dass er keinen Fluchtversuch unternahm, der wegen der unmittelbaren Nähe der ehemaligen Zonengrenze gute Aussicht auf Erfolg versprochen hätte.

Gewaltsames Ersticken

Da der Transport der Puppe in dem hohen Schnee äußerst mühselig war, kam ein Kriminalist auf die Idee, diese Last dem Tatverdächtigen aufzuerlegen. Schließlich habe er diese Rekonstruktion verschuldet und solle nun auch dafür büßen. Ein Polizist nahm dem jungen Mann die Handschellen ab und lud ihm die Puppe auf die Schultern. Das ging auch eine Weile gut, bis der Täter plötzlich seine Last in den Schnee warf, aus der Reihe ausbrach und zur Seite sprang. Alle dachten, dass er einen Fluchtversuch machen wolle. Hektisch bemühte sich der für die Bewachung zuständige Polizist, an seine Waffe heranzukommen. Er hatte sich wegen der Kälte einen schweren Wintermantel angezogen, die Pistole aber unter den Mantel geschnallt, und nun kam er nicht an sie heran. Er befürchtete, dass der Tatverdächtige, bis er den Mantel aufgeknöpft hätte, längst im Gebüsch verschwunden wäre.

Große Aufregung! Aber nach wenigen Minuten tauchte der vermeintlich Flüchtige vorn an der Spitze des Zuges wieder auf. Es stellte sich heraus, dass er dem Führer der Marschkolonne, der eine falsche Richtung eingeschlagen hatte, lediglich den richtigen Weg zeigen wollte. An einen Fluchtversuch hatte er überhaupt nicht gedacht. Der Tatverdächtige nahm von sich aus die Puppe wieder auf und ordnete sich in seine alte Marschposition ein. Die ganze Aufregung war umsonst.

Im geschilderten Fall handelt es sich nicht um einen Mord durch Erhängen, sondern um einen Mord durch Erdrosseln mit nachträglichem Aufhängen zur Vortäuschung eines Selbstmordes.

In einem weiteren Fall wurde auf Grund einer unvollkommenen Fundortuntersuchung und der Fehldeutung von Befunden zunächst auch ein klarer Selbstmord angenommen. Diese

Annahme erwies sich aber schon bald als falsch und sollte hinsichtlich der Aufklärung fatale Folgen haben.

Fatale Folgen einer Fehleinschätzung

Es war ein ausgesprochen schöner und warmer Sommertag. Schon am frühen Morgen lachte die Sonne am strahlend blauen Himmel. Kein Wölkchen war zu sehen. Laut Wetterbericht sollte es die nächsten Tage auch so bleiben. Ich war sehr froh darüber, denn für diesen und die kommenden Tage waren mehrere Außensektionen angemeldet, die mit einiger Fahrerei verbunden waren. Und bei schönem Wetter fährt es sich nun mal besser als bei Regen. Bei der Vielzahl der Sektionen war es zweckmäßig, sie nach benachbarten Ortschaften zusammenzufassen. Zunächst waren die Sektionen im südöstlichen Teil Thüringens vorgesehen. Danach sollte der westliche Teil drankommen.

Wir fuhren früh los, zunächst in die Gegend von Saalfeld, dann nach Weida, wo wir am späten Nachmittag eine Person mit Leuchtgasvergiftung sezierten. Kurz vor Ende der Sektion wurde ich telefonisch ersucht, auf der Rückfahrt in Gera vorbeizukommen, um mir eine Leiche anzusehen und zu entscheiden, ob eine Obduktion nötig wäre. Nach Meinung der Staatsanwaltschaft handele es sich um einen relativ klaren Selbstmord.

In Gera angekommen, wurden wir zum Friedhof verwiesen, da die Leiche sich schon im Krematorium befand, wo am nächsten Morgen die Einäscherung erfolgen sollte. Es wurde schon dunkel und wir mussten erst einen Friedhofsangestellten suchen, der uns in das Krematorium hineinlassen konnte.

Endlich am Ort, stand der Sarg schon für die Kremation bereit vor dem Ofen.

Wir hoben den Deckel ab, und ich erblickte die Tote, noch so bekleidet, wie sie in ihrer Wohnung aufgefunden worden war. Die Bluse war nach oben zum Hals hin verschoben, der rechte Ärmel vom Arm abgestreift. Um den Hals fand sich eines der damals üblichen Igelit-Elektrokabel, möglicherweise eine Bügeleisenschnur. Sie war dreifach um den Hals geschlungen, die nach oben verschobene Bluse mit eingebunden, aber eigenartigerweise nur in zwei Windungen, die dritte Windung lag unmittelbar auf der Haut.

Das Gesicht wies mehrere stark geschwollene und blutunterlaufene Bezirke auf; Unterblutungen waren auch im Mund im Bereich des Zahnfleisches sowohl des Ober- als auch des Unterkiefers zu sehen. An den Händen stellte ich im Bereich der Handrücken blutunterlaufene und stark geschwollene Stellen fest, ferner einige kommaförmige Hautdefekte, wie sie durch Kratzer von Fingernägeln entstehen. Die Strümpfe waren vor allem im Kniebereich zerrissen, darunter fanden sich Hautabschürfungen.

Nun ist es keineswegs ungewöhnlich, dass sich Selbstmörder beim Erhängen – bedingt durch die mitunter beim Ersticken auftretenden Krämpfe – verletzen. Auch Blut kann aus Mund und Nase austreten, wie es hier geschehen war. Aber derartig massive Verletzungen wie bei dieser Toten sind zumindest ungewöhnlich. Ich konnte deshalb nicht glauben, dass es sich um einen Selbstmord handeln sollte.

Vor allem die Lage des Strangwerkzeuges veranlasste mich

zu meinen Zweifeln. Ich rief sofort im Kreisamt an und bat darum, mir einen Kriminalisten, der über die näheren Umstände des Auffindens der Leiche Bescheid wusste, auf den Friedhof zu schicken. Dieser erschien auch sehr schnell und fasste folgendermaßen zusammen, was bisher bekannt war: Die Nachbarn der etwa 50jährigen, allein lebenden Frau bekamen diese einige Tage nicht zu Gesicht. Auch auf das heftige Klopfen eines Briefträgers, der ihr einen Einschreibebrief bringen wollte, reagierte sie nicht. Die Haustür war tagsüber immer offen. Man kam gleich in den Flur. Von dort gingen die Stubentüren zu ihrer Wohnung ab.

Der Briefträger versuchte nun, die Tür zum Wohnzimmer aufzuklinken, was auch ohne Schwierigkeiten gelang. Als er aber die nach innen aufgehende Tür öffnen wollte, gelang das nur mit einiger Kraftanstrengung. Offenbar lag innen vor der Tür ein schwerer Gegenstand. Als er die Tür soweit aufgedrückt hatte, dass er hineinsehen konnte, stellte er fest, dass der Körper der Wohnungsinhaberin in halb sitzender und halb liegender Position davorlag. Die Frau hing mit einem Elektrokabel in dieser Lage an der Türklinke. In der Stube selbst herrschte einige Unordnung, insbesondere war der rechts von der Tür in der Ecke stehende Kanonenofen halb umgestürzt und das Ofenrohr aus der Wand gerissen. Auch einige Stühle waren umgefallen.

Bestürzt über diesen schrecklichen Fund, verständigte der Briefträger sofort den Bürgermeister der kleinen Gemeinde, der mit einigen Gemeinderäten sofort zum Fundort eilte und eine eingehende Besichtigung vornahm. Die Anwesenden gelangten zu der Überzeugung, dass die Frau Selbstmord begangen hatte und verständigten den Ortspolizisten, der sich nach Besichtigung des Fundortes dieser Meinung anschloss und die Kriminalpolizei und einen Arzt verständigte.

Sowohl der Kriminalpolizist als auch der Arzt verfügten offensichtlich im Umgang mit nicht natürlichen Todesfällen über keine große Erfahrung und schlossen sich daher der Mehrheitsmeinung an. Die Verletzungen und auch den umgeworfenen Ofen erklärte man durch die Erstickungskrämpfe und somit schien der Fall eigentlich klar. Mein Auftrag, die Leiche trotzdem noch einmal anzusehen, sollte nur der zusätzlichen Absicherung dienen und war zum großen Teil darauf zurückzuführen, dass ich im Nachbarort sowieso eine Sektion durchführen musste. Als ich nun meine begründeten Zweifel äußerte, wurde noch am Abend die Staatsanwaltschaft informiert, die für den nächsten Tag eine gerichtliche Sektion anordnete.

Gleich am nächsten Morgen führten wir die Sektion durch, bei der sich neben den schon äußerlich sichtbaren Blutunterlaufungen auch noch weitere innere Blutungen am Kopf und im Bereich des Brustkorbes fanden. Todesursache war eindeutig Ersticken durch Erdrosseln mit nachträglichem Aufhängen. Zweifellos lag hier eine Tötung durch fremde Hand vor.

Wir fuhren nach der Obduktion in den kleinen Ort, in dem die Tote gewohnt hatte. Die Wohnung war zum Glück noch versiegelt und somit unverändert. Auf dem Teppich fanden sich sehr viele Katzenhaare, wie ich sie auch schon an der Kleidung der Toten festgestellt hatte. Etwa von der Mitte des Zimmers aus bis zum Fundort an der Tür zog sich eine deutliche, vor allem durch die Katzenhaare markierte Schleifspur hin. Die nach oben verschobene Kleidung der Toten passte ebenfalls zu einem solchen Schleifen. Offensichtlich war der am Boden liegende Körper von der Mitte des Zimmers bis zur Tür gezogen worden.

Der Vorgang ließ sich nun aufgrund der Befunde so erklären, dass der Täter sein Opfer in der Mitte des Zimmers niedergeschlagen, gedrosselt und dann zur Tür geschleift hatte. Dort hatte er die offenbar bewusstlose Frau mithilfe des mehrfach um den Hals geschlungenen Elektrokabels an der Türklinke aufgehängt, um einen Selbstmord vorzutäuschen. Die Beschaffenheit der Wohnungseinrichtung ließ den Schluss zu, dass er irgend etwas gesucht hatte. Ob tatsächlich etwas fehlte, ließ sich zunächst nicht feststellen, da keine näheren Angehörigen vorhanden waren und die Nachbarn nicht so genau Bescheid wussten.

Nach dieser Sachlage nahm die Kriminalpolizei, allerdings mit mehreren Tagen Verzug, die Ermittlungen auf und leitete die Suche nach dem Täter ein. Aber trotz des Einsatzes eines außergewöhnlich großen Personenkreises und umfangreicher Spurensuche fehlten jegliche Hinweise auf den Täter. Sogar ein zur damaligen Zeit keineswegs üblicher Aufruf in der örtlichen, dann auch in der überregionalen Presse führte nur dazu, dass einige Hellseher und ein Pendler ihre Hilfe anboten. Einer schrieb sogar, dass er den Täter mithilfe des siderischen Pendels ermittelt hätte. Nähere Angaben wollte er aber erst nach Bezahlung seiner Bemühungen machen. Aber auch das brachte nichts. Nach mehreren Monaten musste das Ermittlungsverfahren eingestellt werden. Es blieb ein ungeklärter Mord.

Mehrere Jahre später, ich war inzwischen von Jena nach Rostock und von dort nach Leipzig berufen worden, besuchte mich ein früherer Doktorand und erzählte mir, dass er als Psychiater die Begutachtung eines Tatverdächtigen in einem Mordfall durchzuführen habe. Wie der Zufall spielt, fiel im Gespräch der Name des kleinen Ortes, in dem seinerzeit der noch ungeklärte Mord geschehen war. Wir sprachen darüber, und es stellte sich heraus, dass der jetzige Tatverdächtige der Nachbarsohn der damals Getöteten war. Der Gedanke lag nahe, ihn mit dem damaligen Ereignis in Verbindung zu bringen.

Die daraufhin in dieser Richtung wieder aufgenommenen Ermittlungen führten zum Erfolg. Der junge Mann gestand auch diesen Mord. Er hatte damals in der Wohnung der Nachbarin Geld gesucht und war von ihr überrascht worden. Da sie ihn kannte und er vermutete, dass sie ihn anzeigen würde, hatte er sie getötet. Die Beute betrug lediglich knapp 80 Mark.

Auch der Tatvorgang hatte sich wie von uns angenommen vollzogen: Der Mann schlug das Opfer erst nieder und erdrosselte es dann mit dem Elektrokabel, einer Bügeleisenschnur, die er im Nachbarzimmer gefunden hatte, und hängte es schließlich an der Türklinke auf.

Übrigens: Der zweite Mord, bei dem mein ehemaliger Doktorand als Gutachter fungierte, wäre sicherlich nicht passiert, wenn der erste Mord aufgeklärt und der Täter verurteilt worden wäre.

Wirklich nur ein Unfall?

Ein schöner Vormittag: Die auch sonntags notwendigen Arbeiten in der Landwirtschaft waren fast getan. Lediglich zwei junge Männer, Angestellte des Gutes, mussten noch die Kühe im Stall versorgen. Es ging allmählich auf den Mittag zu. Die beiden Freunde unterhielten sich bei der Arbeit über ihre Pläne für den Nachmittag. Wenn alles getan wäre, wollten sie schnell noch das gute Sonntagsessen einnehmen und dann mit dem Bus in die Stadt fahren, wo beide mit ihren Freundinnen verabredet waren. Zunächst beabsichtigten sie, gemeinsam ins Freibad zu gehen. Anschließend sollte in einem Gartenlokal Kaffee getrunken werden. Abendbrot war im Restaurant »Zur Sonne«, wo man besonders gut und preiswert aß, vorgesehen. Den Abend hatten die beiden nicht voll ausgeplant. Sie wollten sehen, wo etwas los ist. Es gab schließlich mehrere Lokale in der Stadt, in denen man tanzen konnte.

Aber erst musste die Arbeit beendet werden. Jeder versorgte eine Seite des Kuhstalls. Karl war als Erster fertig. »Ich gehe schon mal vor. Ich muss noch beim Chef vorbei«, rief er seinem Freund Herbert zu. »Ist in Ordnung, ich bin auch gleich fertig«, antwortete Herbert. Karl verließ den Stall. Auf dem Weg zur Unterkunft musste er durch eine alte, jetzt leer stehende Werkhalle. Die früher hier stehenden Maschinen waren ausgeräumt, nur die Transmissionswelle, über die die Maschinen angetrieben worden waren, befand sich noch an der Decke, und zwei alte Transmissionsriemen aus Leder hingen frei herunter. Die Riemen bildeten etwa in Kopfhöhe eine frei hängende Schlaufe. Als Karl durch diese Halle ging und die Transmissionsriemen erblickte, kam ihm die Idee, seinen Freund Herbert tüchtig zu erschrecken. Er wollte sich mit dem Kopf in eine solche Schlaufe hängen, die Zunge herausstrecken und so tun, als ob er tot sei und sich aufgehängt hätte. Er freute sich bereits im Voraus gewaltig auf das entsetzte Gesicht des Freundes.

Karl suchte sich einen Riemen aus, der so hing, dass man ihn beim Eintreten in die Halle sofort sehen musste. Dann hängte er sich mit dem Kinn so hinein, dass der Lederriemen rechts und links am Kinn hochstieg, über beide Schläfen verlief und dann nach oben zur Transmissionswelle ging. Es war ziemlich anstrengend, sich so in die Schlinge zu hängen, dass der ganze Körper nur mit dem Kinn gehalten wurde. Der Rand des Lederriemens verlief an der Halsvorderseite etwas oberhalb des Kehlkopfes. Abgesehen von der Anstrengung, den Körper mit dem Kinn zu halten, sah Karl keinerlei Probleme bei diesem »Scherz«. Die Gefahr des unfreiwilligen Erhängens bestand seiner Meinung nach offenbar nicht, da ja die Schlinge nicht um den Hals ging, sondern nur unter dem Kinn verlief. Er dachte wahrscheinlich nur: »Hoffentlich kommt Herbert bald. Lange halte ich diese Stellung nicht aus.« Gebannt starrte er auf die Tür, um rechtzeitig die Zunge herauszustrecken und den Eindruck eines Erhängten zu machen, wenn die Tür aufgehen würde und Herbert hereinkäme.

Als der Freund die Halle betrat und Karl mit heraushängender Zunge im Transmissionsriemen hängen sah, bekam er im ersten Moment tatsächlich einen heftigen Schreck. Dann sah er aber, dass Karls Kopf ja nur mit dem Kinn in der Schlinge hing. Ein Scherz also!

»Mach keinen Quatsch, Karl. Mit so was scherzt man nicht. Das kann auch mal ins Auge gehen.« Und es war schon ins Auge gegangen. Als Karl auf Herberts Worte nicht reagierte, ging dieser zu ihm und stieß ihn an. Durch den Stoß fiel Karl aus der Schlinge auf den Boden und blieb bewegungslos liegen. Da Herbert immer noch an einen Scherz glaubte, meinte er: »Na, ja, dann bleib' eben liegen. Ich gehe schon mal zum Essen.« An der Tür drehte er sich noch einmal um und sah, dass Karl noch völlig unverändert in der gleichen arg unbequemen Haltung am

Boden lag. Ihm dämmerte, dass es sich doch um kein Spiel handelte. Da war etwas passiert. Er lief zurück und beugte sich zu dem am Boden Liegenden und schüttelte ihn. Nichts tat sich. Keine Atmung! Er fühlte den Puls. Nichts! Er öffnete das Hemd und legte das Ohr auf die Herzgegend. Nichts! Er machte Wiederbelebungsversuche, wie er es als Rettungsschwimmer gelernt hatte. Ohne jeden Erfolg. Hier musste ein Arzt her. Er lief fort und holte Hilfe.

Der Arzt war sehr schnell zur Stelle. Aber auch er konnte nur noch den Tod feststellen. Aber warum war der Tod eingetreten? Der Hals war doch weder umschlungen noch zusammengepresst. Die Luftröhre konnte gar nicht verschlossen sein. Wieso war nach so kurzer Zeit der Tod eingetreten? Stimmten denn die Angaben des Arbeitskollegen Herbert? War vielleicht doch ein Streit vorausgegangen? Alles Fragen, die jetzt auftauchten und eine Anwort verlangten.

Vom Staatsanwalt wurde deshalb eine gerichtliche Leichenöffnung angeordnet. Am nächsten Tag führten wir die Sektion durch. Die Lage des Strangwerkzeugs konnte anhand der Abschürfungen und Eintrocknungen am Hals eindeutig rekonstruiert werden. Sie bestätigte die Angaben des Arbeitskollegen. Es war tatsächlich nur das Kinn in der Schlinge gewesen. Jedoch fanden sich an der Vorderseite des Halses strichförmige Eintrocknungen, die darauf hinwiesen, dass die eine Kante des Transmissionsriemens doch gegen die Halsvorderseite gedrückt hatte.

Es war eindeutig, dass der Tod durch Ersticken eingetreten war. Diese Art der Strangulation ist durchaus geeignet, den Tod herbeizuführen. Durch den Druck auf die Vorderseite des Halses wird zwar nicht die Luftröhre zusammengepresst, aber die großen Blutgefäße, die das Gehirn mit sauerstoffreichem Blut versorgen. Es kommt dann sehr schnell zur Bewusstlosigkeit. Ist bei Eintritt der Bewusstlosigkeit das Strangwerkzeug, in diesem Fall der Transmissionsriemen, so fixiert, dass es auch ohne aktive Mithilfe des Betreffenden in dieser Lage bleibt, so tritt nach einiger Zeit der Tod ein.

Andere Todesursachen konnten ausgeschlossen werden. Für einen vorausgegangenen Streit gab es keinerlei Anhaltspunkte. Das ganze Geschehen war tatsächlich als Unfall zu werten.

In diesem Zusammenhang muss man wissen, dass die Strangulation, d. h. die Umschnürung des Halses durch ein Strangwerkzeug, keinesfalls immer den Tod durch Ersticken herbeiführt, weil die Atemwege durch die Strangulation verschlossen werden.

Viel schneller als der Sauerstoffmangel in der Lunge tritt der Sauerstoffmangel im Gehirn auf, der dadurch hervorgerufen wird, dass die vorn seitlich an beiden Seiten des Halses verlaufenden großen Halsgefäße durch den Druck von außen verschlossen werden und kein sauerstoffreiches Blut mehr zum Gehirn transportieren können. Die Blutmenge, die noch durch die Nackengefäße fließt, reicht nicht aus, um das Gehirn in dem notwendigen Maß mit Sauerstoff zu versorgen. Das Gehirn reagiert auf die mangelnde Sauerstoffversorgung zunächst mit Bewusstlosigkeit und – wenn der Sauerstoffmangel weiter besteht bleibt – mit dem Absterben. Das war auch im vorliegenden Fall eingetreten. Die Kante des relativ starren Lederriemens hatte vorn auf den Hals gedrückt, die großen Halsgefäße verschlossen und den Sauerstoffmangel im Gehirn bewirkt. Die Lage des Kopfes in der Schlinge des Treibriemens war so unglücklich, dass sie sich auch nach Eintritt der Bewusstlosigkeit nicht veränderte, wodurch die Drosselung der Blutzufuhr bestehenblieb. Aus diesem Grunde ging die Bewusstlosigkeit dann über in den Tod.

Tod im Grenzgebiet

Eines Morgens im Jahr 1954, ich war gerade ins Institut gekommen, erhielt ich einen Anruf von einem Volkspolizeikreisamt im Harz. Es wurde eine gerichtliche Sektion angefordert. Ein Mann war im Grenzgebiet unter mysteriösen Umständen tot aufgefunden worden. Die Sektion sollte die Todesursache klären. Ich sagte noch für den gleichen Tag zu.

Nach meiner Zusage sagte aber der zuständige Leiter der Kriminalpolizei, damals kurz K-Leiter genannt, dass der Tote in der Fünf-Kilometer-Sperrzone wohne, dort auch aufgefunden worden sei und die Leiche sich in der Friedhofskapelle des kleinen Dorfes befände. Wir müssten also in die Sperrzone fahren.

Im Jahr 1952 wurden in der DDR so genannte neue Grenzsicherungsmaßnahmen an der innerdeutschen Grenze angeordnet und die Fünf-Kilometer-Sperrzone sowie der 500-Meter-Grenzstreifen eingerichtet. Um in die Fünf-Kilometer-Zone zu reisen, benötigte man eine Sondergenehmigung, ebenso für das Betreten des 500-Meter-Streifens. Diese Genehmigung wurde zunächst nur von der Besatzungsmacht, also von den Russen, erteilt. Es musste normalerweise ein Antrag auf Einreise mit entsprechender Begründung gestellt und an die zuständige Kommandantur gerichtet werden. Die Genehmigung wurde nur in seltenen Fällen und auch nur unter bestimmten Bedingungen erteilt.

Auch in unserem Fall musste sich der K-Leiter umgehend mit der sowjetischen Kommandantur in Verbindung setzen, um unserer Arbeitsgruppe eine Einreisegenehmigung zu besorgen. Ich sagte ihm rasch die benötigten Personalien und die Daten meines Pkw durch.

Nachdem das Sektionsinstrumentarium eingeladen war, ging die Fahrt los. Kurz nach Mittag waren wir an Ort und Stelle. Ich meldete mich im Volkspolizeikreisamt beim K-Leiter, der mich mit einem etwas betretenen Gesicht begrüßte und mir mit großem Bedauern mitteilte, dass wir umsonst gekommen seien. Die sowjetische Kommandantur habe für heute keine Genehmigung zur Einreise ins Grenzgebiet erteilt, weil das gegen die Vorschriften verstoße.

Laut Vorschrift müsse der Antrag sechs Wochen vor der geplanten Einreise gestellt werden. Wir könnten also frühestens in sechs Wochen die Einreisegenehmigung erhalten. Die Einwände der Kriminalisten, dass der Todesfall umgehend aufgeklärt werden müsse und nicht Wochen aufgeschoben werden könne, fruchtete nichts. Der zuständige sowjetische Offizier ging trotz der ihm dargelegten Situation nicht von seiner unsinnigen Wartezeit ab. Vorschrift war eben Vorschrift.

Während ich mich noch mit dem K-Leiter über die Sturheit des sowjetischen Offiziers empörte und bereits unverrichteter Dinge wieder nach Hause fahren wollte, mischte sich der in der Nähe stehende Kraftfahrer des K-Leiters unvermittelt in das Gespräch ein: »Herr Doktor, wenn Sie sich trauen und bereit sind, ohne Genehmigung in die Sperrzone zu fahren, ich weiß einen Weg, wo bisher noch niemals Kontrollen durchgeführt wurden. Sie können ja hinter mir herfahren. Aber auf eigenes Risiko.«

Nach kurzem Überlegen ging ich auf den Vorschlag ein, nachdem auch der K-Leiter, ein Major, sagte, dass er sicherheitshalber mitfahren wolle. Er fuhr mit seinem Wagen vorn, ich hinterher. Es ging durch dichtes Waldgebiet auf Wegen, die gerade noch für einen Pkw befahrbar waren. Ich hoffte, dass der Wagen durchhielt und keine Panne eintrat, da die Ersatzteillage in jenen Jahren mehr als katastrophal war. Aber hinsichtlich unseres Zwecks, ohne Genehmigung ins Sperrgebiet zu kommen, war der Weg gut gewählt. Wir sahen auf der ganzen Fahrt nicht einen Russen und kamen nach einer knappen Stunde im betreffenden Dorf an.

Die Leiche eines etwa 50jährigen Mannes lag in der Leichenhalle des kleinen Dorffriedhofes. Wir erfuhren, dass der Mann seit etwa einer Woche verschwunden gewesen war. Eine sofort eingeleitete Suchaktion war zunächst erfolglos geblieben. Vor zwei Tagen jedoch hatten Dorfbewohner die Leiche in einem alten, ausgetrockneten und deshalb nicht mehr benutzten Brunnen außerhalb des Ortes gefunden.

Es war unklar, wie und warum der Tote in den gar nicht so tiefen Brunnen gekommen war. Und woran war er gestorben? Dass er hineingestürzt war und dabei tödliche Verletzungen erlitten hatte, war unwahrscheinlich. Ertrunken konnte er in einem Brunnen ohne Wasser auch nicht sein. Schließlich: Warum war er nicht wieder herausgeklettert? An der Brunneninnenwand befanden sich noch relativ gut erhaltene Steigeisen, die ein Herausklettern problemlos ermöglicht hätten. So blieb die Vermutung, dass er womöglich vorher schon getötet und die Leiche, um sie zu verbergen, in den Brunnen geworfen worden war.

Wir machten uns also an die Arbeit. Außer ein paar oberflächlichen strichförmigen Hautabschürfungen, die zweifellos zu Lebzeiten entstanden waren, fanden sich keinerlei Verletzungen. Auch an den inneren Organen waren krankhafte Veränderungen nicht zu erkennen. Im Gegenteil, die Organe und vor allem die Blutgefäße sahen aus wie bei einem wesentlich jüngeren Mann. Einige Befunde allerdings sprachen für einen Erstickungstod. Aber es blieb zunächst offen, wodurch dieser herbeigeführt worden sein sollte.

Die Atemwege waren frei, Strangulationszeichen fanden sich nicht. Für eine Behinderung der Atembewegungen sprach auch nichts, da die Männer, die den Toten geborgen hatten, die Brunnenöffnung als weit schilderten und berichteten, dass der Verunglückte nirgendwo eingeklemmt gewesen war. Ein Ersticken unter weicher Bedeckung kam aus der Fundsituation heraus auch nicht in Betracht. Das wäre nur dann denkbar, wenn es vorher stattgefunden hätte und nach eingetretenem Tod die Leiche in den Brunnen geworfen worden wäre. Dagegen sprach wiederum, dass kein Erwachsener sich ohne massive Abwehr ein Kissen oder einen anderen weichen Gegenstand auf die Atemöffnungen drücken lässt, wenn er bei Bewusstsein ist. Aber Abwehrverletzungen fanden wir nicht.

Um die Situation besser beurteilen zu können, beschloss ich, mir den Fundort persönlich anzusehen. Wir fuhren also aus dem Dorf heraus zu dem Brunnen, der sich bei einer alten Scheune in unmittelbarer Nähe der Grenze befand. Es handelte sich um einen aus Feldsteinen gemauerten, etwa eineinhalb Meter im Durchmesser großen und nahezu drei Meter tiefen Brunnen, der völlig trocken war. Am Brunnenrand befanden sich die Reste einer Winde, mit der offenbar früher die Schöpf-

eimer heruntergelassen worden waren. An der Brunneninnenwand waren Steigeisen eingelassen, die einen recht stabilen
Eindruck machten. Sie wurden von den Männern, die die Leiche geborgen hatten, auch problemlos benutzt.

Bei genauem Hinsehen fiel mir auf, dass unmittelbar über
dem Brunnenboden ein Stein aus der Brunnenwand entfernt
worden war. Der entfernte Stein lag etwa einen halben Meter
daneben. Es schien da eine kleine Höhle zu sein. Schon wollte
einer der Polizisten hinabklettern. Ich hinderte ihn daran, weil
mir der Verdacht gekommen war, dass am Grund des Brunnens
möglicherweise giftige Gase bzw. Kohlendioxid vorhanden sein
könnte. Mit einem Drägerröhrchen wurde dann die Luft am
Brunnengrund geprüft und erbrachte tatsächlich den Nachweis
von Kohlendioxid in einer nicht unerheblichen Konzentration.
Damit war die Todesursache klar. Der 50jährige Mann war an
einer Kohlendioxidvergiftung gestorben bzw. am Sauerstoffmangel erstickt, da die Atemluft vom Kohlendioxid verdrängt
wird.

Schließlich gelang es auch aufzuklären, warum der Verunglückte in den Brunnen hinabgestiegen war. In der kleinen
Höhle am Brunnenboden fand sich eine in Ölpapier eingehüll-
te und eingefettete Pistole, die wahrscheinlich noch aus dem
Zweiten Weltkrieg stammte und die der Verstorbene dort versteckt hatte oder verstecken wollte.

Die Rückfahrt aus dem Grenzstreifen verlief ebenso problemlos wie die Hinfahrt: Russen waren weit und breit nicht zu
sehen.

Die Leiche im Bach

In einem malerischen und etwas einsam gelegenen Tal des Thüringer Waldes wurde in einem kleinen Gebirgsflüsschen die Leiche einer jungen Frau aufgefunden. Sie lag an einer Stelle, wo der Fluss eine Biegung machte, etwas versteckt unter einer großen überhängenden Baumwurzel. Der Fluss war zu diesem Zeitpunkt an dieser Stelle weder sehr tief noch sehr reißend; man konnte bequem stehen.

Wie die Ermittlungen ergaben, handelte es sich um ein junges Mädchen aus dem Nachbarort, das seit zwei Tagen verschwunden war.

Äußerlich wies die Tote bis auf eine kleine Platzwunde an der Stirn und ein paar Hauteintrocknungen um den Mund keine nennenswerten Verletzungen auf. Da die Todesursache und auch die Umstände, wie die Frau ins Wasser gekommen war, völlig unklar waren und eine Straftat nicht ausgeschlossen werden konnte, wurde eine gerichtliche Leichenöffnung angeordnet und unser Institut verständigt.

Nach etwa drei Stunden Fahrt erreichten wir unser Ziel, einen kleinen Dorffriedhof, wo in der Leichenhalle die Tote aufgebahrt wurde. Es war ziemlich kalt in dem Raum, der Winter lag noch nicht lange zurück. Eine Möglichkeit zum Heizen bestand nicht. Für solche Fälle führten wir stets eine Flasche Spiritus mit, der in einer Porzellanschüssel verbrannt wurde und so etwas Wärme in den Raum brachte. So konnten wir wenigstens die Hände ein wenig wärmen und geschmeidig halten.

Bei der äußeren Besichtigung fand sich neben der Platzwunde an der rechten Stirnseite eine deutliche Schwellung an der rechten Wange, die bläulich verfärbt und blutunterlaufen war. Um den Mund herum entdeckten wir einige bräunlich rote Hauteintrocknungen. Hände und Füße wiesen eine deutliche Waschhautbildung auf, ein Zeichen, dass die Tote schon mindestens einen Tag oder auch etwas länger im Wasser gelegen hatte.

Auffällig waren die Fingernägel, die an der rechten Hand teilweise abgebrochen waren. Unter zwei noch intakten Fingernägeln konnten wir etwas abgeschürfte Haut sichern. Der Schlüpfer war ausgezogen und fand sich nicht bei der Leiche. An der Innenseite beider Oberschenkel zeigten sich geringe Unterblutungen. Da sich die Frage nach einem Geschlechtsverkehr stellte, wurden Abstriche aus der Scheide gemacht und später im Institut untersucht, die, das sei hier schon vorweggenommen, positiv waren.

Bei der Inspektion der Mundhöhle ergab sich ein überraschender Befund. Tief im Rachen fanden sich zwei fest hineingeschobene Taschentücher, wovon eines ein Monogramm aufwies. Nur mit Mühe waren diese fest zusammengewickelten Tücher zu entfernen. Da sich außerdem deutliche Zeichen des Erstickens – Punktblutungen in den Bindehäuten sowie unter dem Herz- und Lungenüberzug – fanden, war die Todesursache klar: Tod durch Ersticken infolge Verschluss der Atemwege. Hinweiszeichen auf ein Ertrinken ergaben sich nicht.

Somit konnte folgendes Geschehen als Ergebnis der Sektion festgestellt werden:

Die junge Frau hatte vor ihrem Tod Schläge gegen Kopf und Gesicht erhalten. Dann war offenbar der Versuch gemacht worden, sie zu vergewaltigen. Dagegen musste sie sich massiv gewehrt und den Täter gekratzt haben, wovon die abgebrochenen Fingernägel und die Hautpartikel unter den Fingernägeln zeugten. Da sie vermutlich um Hilfe rief, dürfte ihr der Täter zunächst den Mund zugehalten haben, wofür die Hauteintrocknungen um den Mund sprachen. Da das offenbar nicht ausreichte, schob er ihr mit großer Gewalt seine Taschentücher als Knebel in den Mund. Hieran war die junge Frau letzten Endes auch gestorben.

Da eines der beiden Taschentücher ein Monogramm aufwies, wurde noch während der Sektion die Ermittlung des Besitzers und die Fahndung nach ihm aufgenommen. Sie war erfolgreich. In dem kleinen Ort konnte der mutmaßliche Eigentümer der Taschentücher deshalb so schnell gefunden werden, weil er der Einzige war, zu dem die beiden Monogrammbuchstaben passten.

Er konnte noch während der Sektion festgenommen werden. Sowohl im Gesicht als auch an den Händen und Unterarmen wies er relativ frische Kratzverletzungen auf. Nach Abschluss der Obduktion wurde er der Leiche gegenübergestellt. Nach anfänglichem Leugnen brach er vor der Leiche zusammen und gestand die Tat.

Nach seinen Schilderungen ergab sich folgendes Bild von der Vorgeschichte und dem Verlauf der Tat: Er hatte sich schon lange für die junge Frau interessiert und mehrfach ohne Erfolg versucht, mit ihr in Kontakt zu kommen. Dann traf er sie zufällig auf der Straße zwischen den beiden Dörfern. Er kam mit ihr ins Gespräch und hatte den Eindruck, dass sie sich ihm gegenüber keineswegs ablehnend verhielt. Als er ihr wegen des am Straßenrand noch liegenden Schnees den Arm anbot, hakte sie sich bei ihm ein. Durch diese körperliche Berührung wurde er sexuell erregt. An einer einsamen Stelle drückte er sie dann an sich und küßte sie. Als er ihr aber mit der einen Hand zwischen die Beine fasste und den Schlüpfer herunterziehen wollte, wehrte sich die junge Frau heftig. Er nahm aber diese Abwehr nicht ernst und versuchte weiter, an ihr Geschlechtsteil zu greifen. Schließlich warf er sie zu Boden und wollte ihre Beine spreizen. Die junge Frau kratzte ihn daraufhin heftig im Gesicht und schrie laut um Hilfe. Um diese lauten Hilferufe zu unterbinden, hielt er ihr zunächst mit einer Hand den Mund zu. Sie versuchte, die Hand wegzuschieben und schrie weiter.

Um das anhaltende Schreien zu unterbinden, drückte er ihr zunächst ein Taschentuch auf den Mund. Als es ihm auch dadurch nicht gelang, das Schreien völlig auszuschalten, drückte er ihr zunächst ein zweites Taschentuch auf und dann beide Tücher in den Mund, bis nur noch ein Röcheln zu hören war und sie sich nicht mehr wehrte. Danach führte er den Geschlechtsverkehr durch.

Nachdem es bei ihm zum Samenerguss gekommen war, wurde ihm bewusst, dass seine Handlung eine echte Vergewaltigung war. Er fürchtete, dass die junge Frau ihn anzeigen werde, wenn sie wieder zu sich kommt. Deshalb drückte er der Bewusstlosen die beiden Taschentücher so tief in den Rachen, wie er nur konnte. Zuletzt warf er ihren Körper in den neben der Straße fließenden Bach und schob ihn noch unter eine überhängende Wurzel, um ein schnelles Auffinden der Frau auszuschließen. Er ging nach Hause, nachdem er sich eine plausible Erklärung für die ihm vom Opfer beigebrachten Kratzer im Gesicht und an den Händen ausgedacht hatte. Dass sein Taschentuch ein Monogramm aufwies und ihn verraten würde, hatte er außer Acht gelassen.

Das Geständnis wurde noch dadurch untermauert, dass

Blutgruppengleichheit in dem in der Scheide der Toten gesicherten Sperma und seinem Speichel nachgewiesen werden konnte.

Als der Täter die Anklageschrift erhielt und erfuhr, dass er wegen Mordes angeklagt werden sollte, widerrief er kurzfristig sein Geständnis. Bald danach bekannte er sich aber aufgrund der ihm vorgehaltenen Fakten wieder zu seiner Tat. Er wurde wegen Mordes zu einer lebenslangen Freiheitsstrafe verurteilt und nahm das Urteil sofort an.

Ein natürlicher Tod?

Wir wurden zu einer Sektion in eine größere Stadt gerufen. Während wir noch mit der Untersuchung der Leiche im Sektionsraum beschäftigt waren, kam der Leiter der Morduntersuchungskommission (MUK) und bat uns, eine weitere Leiche zu sezieren. In diesem Fall existierten einige etwas eigenartige Gerüchte, die an einem natürlichen Tod, der auf dem Totenschein angegeben war, zweifeln ließen. Die Leichenfeier hatte schon stattgefunden. Die Kremation sollte noch am gleichen Tag erfolgen. Es war also Eile geboten, und wir begaben uns nach Beendigung der laufenden Obduktion umgehend auf den Friedhof.

Bisher war folgender Sachverhalt, der im Wesentlichen aus den Angaben der Ehefrau des Toten stammte, bekannt: Der ältere Mann – seit längerer Zeit herzkrank – war vor einigen Tagen zwar plötzlich, aber nicht ganz unerwartet gestorben. Am Abend vor seinem Tod klagte er über starke Herzschmerzen und Atemnot. Er konnte nicht schlafen, worauf ihm seine Frau eine Schlaftablette gab.

Gegen Morgen war er immer noch nicht eingeschlafen und klagte weiterhin über starke Herzbeschwerden. Er bekam kaum noch Luft. Die Ehefrau zog sich daraufhin an und suchte einen Arzt auf, der sofort mit ihr zum Kranken zurückkehrte. Er konnte aber nur noch den Tod feststellen und bescheinigte auf dem Totenschein, den Angaben der Frau über die Vorgeschichte der Erkrankung folgend, einen akuten Herztod, also eine natürliche Todesart. Beim hohen Alter des Mannes schien das auch wahrscheinlich zu sein. Einer Beerdigung stand nichts mehr im Wege. Soweit der Bericht der Ehefrau.

Und jetzt spielte der Zufall wieder einmal eine wichtige Rolle. Der zuständige Abschnittsbevollmächtigte der Volkspolizei (ABV) hielt sich in der Gaststätte auf, in der auch der Tote regelmäßig verkehrt hatte. Wirtin und Stammtischbrüder des Verstorbenen debattierten eifrig über das traurige Ereignis und verkündeten lauthals, auf keinen Fall an einen Herztod zu glauben. Am Abend vor seinem Tod sei er noch in der Gaststätte gewesen und habe mit ihnen Skat gespielt. Von Unwohlsein und Herzbeschwerden sei keine Rede gewesen. Die Wirtin wollte sogar Anzeige erstatten, weil sie ebenso wie die Skatfreunde der Meinung war, dass bei diesem Tod die Ehefrau ihre Hand mit im Spiel hatte.

Der ABV hielt das zunächst für das übliche Stammtischgerede und maß ihm keine besondere Bedeutung bei. Als er aber am Nachmittag wegen einer anderen Angelegenheit bei der Kriminalpolizei im Kreisamt zu tun hatte, hörte er zufällig, wie zwei Kriminalisten den Namen des Toten erwähnten. Sie sprachen über eine etwas eigenartige Anzeige, die der Verstorbene

Gewaltsames Ersticken

einige Tage vor seinem Tod bei der Kriminalpolizei erstattet hatte. Sie richtete sich gegen Unbekannt wegen Verwüstungen in seinem Schrebergarten. Unbekannte hatten die Pflanzen herausgerissen, junge Bäumchen abgeknickt und offensichtlich auch Säure über die Pflanzen gegossen.

Auf die Frage, ob er hinsichtlich des oder der Täter einen Verdacht habe, äußerte er die Vermutung, dass seine Ehefrau dahinter stecken könnte. Sie sei krankhaft eifersüchtig und habe ihn auch schon deswegen verprügelt. Zum Beweis wies er eine an sich unbedeutende oberflächliche Verletzung an der linken Hand vor, die ihm seine Frau durch den Schlag mit einem Lineal beigebracht habe.

Daraufhin berichtete der ABV den Kriminalisten von den Verdächtigungen, die er gehört hatte. Sicherheitshalber wurde beschlossen, eine gerichtliche Sektion bei der Staatsanwaltschaft zu beantragen.

Bei der äußeren Besichtigung der Leiche waren außer der in Abheilung befindlichen oberflächlichen Verletzung an der linken Hand noch drei Einstichstellen an der Außenseite des rechten Oberschenkels zu erkennen, typische Injektionsverletzungen von intramuskulären Spritzen. Lage und Aussehen deuteten darauf hin, dass sie von einer Fachkraft, einem Arzt oder einer Schwester, gesetzt worden waren. Das ließ den Schluss zu, dass der Verstorbene offenbar doch in ärztlicher Behandlung gewesen war.

Die Leichenöffnung selbst zeigte zwar dem Alter entsprechende Organveränderungen, auch am Herzen, aber diese waren nicht so schwer wiegend, dass er daran hätte sterben müssen. Die Blutgefäße, insbesondere die Herzkranzgefäße, befanden sich für sein Alter sogar in einem relativ guten Zustand.

Zu unserer großen Überraschung entdeckten wir jedoch einen sehr auffälligen Befund an der Luftröhre. Deren oberer Teil war bis zu der Teilungsstelle in die beiden Lungenflügel mit einer weißlichen Masse ausgefüllt. Es sah wie Tabletten aus, die sich an ihren Randpartien durch den Schleim schon etwas aufgelöst hatten. Sie waren wie in einem Tablettenröhrchen übereinander gestapelt. Außerdem fanden sich auch noch Hinweiszeichen auf einen Erstickungstod.

Die im Institut durchgeführte chemisch-toxikologische Untersuchung der in der Luftröhre gefundenen Masse ergab, dass es sich tatsächlich um Tabletten handelte, und zwar um ein stark wirkendes Schlafmittel. Im Mageninhalt und in der Leber ließen sich nur geringe Mengen dieses Mittels nachweisen, alle anderen Organe waren frei davon. Die Mengen in Magen und Leber waren so minimal, dass der Tod sicherlich nicht dadurch verursacht worden war. Vielmehr war der Tod durch Ersticken infolge des Verschlusses der Luftröhre eingetreten.

Wie aber gelangten die Tabletten in die Luftröhre? Der Verstorbene konnte sie schwerlich selbst dorthin gebracht haben. Zwar kann man sich beim Schlucken von Tabletten auch einmal verschlucken und dabei eine Tablette in die Luftröhre bekommen. Durch den sofort einsetzenden Husten- und Würgereiz wird aber die Tablette in den meisten Fällen schnell wieder herausbefördert.

In unserem Fall handelte es sich aber nicht nur um eine Tablette, sondern es waren mindestens zehn Tabletten übereinander gestapelt. Sie mussten auf eine andere Art und Weise in die Luftröhre geraten sein.

Ein Beibringen durch fremde Hand kommt nur dann in Frage, wenn der Betreffende bewusstlos ist. Für eine solche Annahme gab es aber zunächst keinen Grund. Jedoch wurden jetzt auf einmal die Einstichstellen am rechten Oberschenkel interessant. Wir hatten sie gesichert und sowohl für eine mikroskopische als auch chemisch-toxikologische Untersuchung vorbereitet.

Die Ermittlungen hatten nämlich inzwischen ergeben, dass der Verstorbene in letzter Zeit bei keinem Arzt gewesen war, so dass die Einstiche kaum von einer ärztlichen Behandlung herrühren konnten. Es stellte sich ferner heraus, dass die Ehefrau seit einigen Jahren in der Krankenpflege tätig war. Sie hatte mehrfach krebskranke Frauen bis zu ihrem Tode gepflegt und ihnen auch Spritzen verabreicht.

Die chemische Untersuchung erbrachte an den Einstichstellen Reste von Morphium. Auch in den inneren Organen konnte Morphium nachgewiesen werden. Der Tote hatte also offenbar kurz vor seinem Tod drei Injektionen mit Morphium erhalten. Damit war auch erklärlich, warum er beim Hineinbringen der Tabletten in die Luftröhre keine Abwehrreaktionen gezeigt hatte. Neben der Tatsache, dass er durch die Morphiumspritzen wahrscheinlich bewusstlos oder zumindest stark benommen war, kam hinzu, dass Morphium auch den Husten- und Würgereflex unterdrückt. Die Morphiuminjektionen erfolgten wahrscheinlich mit Einwilligung des älteren Mannes, denn es ließen sich keinerlei Spuren finden, dass er sich hiergegen zur Wehr gesetzt hätte.

Die unmittelbar nach der Obduktion durchgeführten Ermittlungen ergaben, dass der Verstorbene in letzter Zeit nie ernstlich krank gewesen war. Lediglich wegen eines Nasenfurunkels stand er ein Jahr zuvor in ärztlicher Behandlung, ohne dabei aber irgendwelche Herzbeschwerden zu erwähnen. Auch bestätigten sämtliche befragten Freunde und Bekannten, dass er für sein Alter von 68 Jahren noch sehr rüstig gewesen sei und niemals über irgendwelche Beschwerden geklagt habe. Immer wieder wurde in diesen Aussagen hervorgehoben, dass der Verstorbene des öfteren Streit mit seiner Frau gehabt habe und von ihr vor allem aus Eifersucht geschlagen worden sei.

Die inzwischen verhaftete Ehefrau gab nach einigem Zögern dann auch zu, dass es in letzter Zeit sehr viel Reibereien mit ihrem Mann gegeben hatte. Sie habe angenommen, dass ihr Mann ein intimes Verhältnis mit einer früheren Arbeitskollegin unterhielt. Er sei des öfteren ohne Grund sehr spät nach Hause gekommen. Auch habe sie diese Arbeitskollegin häufig im Garten ihres Mannes gesehen. Wenn sie ihm deswegen Vorhaltungen machte, habe er energisch ein solches Verhältnis bestritten, ohne dass sie ihm glaubte. Welcher Mann gebe schon einen Seitensprung zu?

Die Ehefrau fuhr in ihrer Aussage fort: »Am Abend vor seinem Tod ist mein Mann wieder einmal sehr spät nach Hause gekommen. Als ich ihm erneut Vorhaltungen wegen seines Verhältnisses mit der Arbeitskollegin machte, stritt er wie üblich alles ab. Er wollte mir einreden, zum Skatspielen in der Gaststätte gewesen sein. Das habe ich ihm aber nicht geglaubt und für eine seiner üblichen Ausreden gehalten.

Nachdem er sich hingelegt hatte, klagte er über sehr heftige Kopfschmerzen und starke Übelkeit. Weil er nicht einschlafen konnte, gab ich ihm auf eigenen Wunsch eine Schlaftablette. Dann legte ich mich schlafen. Als ich am nächsten Morgen gegen fünf Uhr wach wurde, musste ich feststellen, dass mein Mann immer noch nicht schlief. Er klagte weiterhin über Übelkeit. Als ich ihm eine weitere Schlaftablette gab, musste ich an den Vorabend denken. Ich war nach wie vor fest davon überzeugt, dass er wieder mit seiner Kollegin zusammen gewesen war. Mir lief die Galle über und ich beschloss, ihn zu töten. Wenn ich meinen Mann schon nicht haben soll«, unterbrach sie ihre Darstellung bei der Vernehmung, »so soll ihn eine andere erst recht nicht haben.«

Sie steckte ihm dann zehn Schlaftabletten in den Mund und half mit dem Finger nach, damit diese tief in den Rachen gelangten. Den Mund hatte sie vorher mit zwei Fingern durch seitlichen Druck auf die Wangen geöffnet. »Das ganze hat doch etwas länger gedauert«, ergänzte sie, »da ich nach jeder Tablette den Finger noch einige Zeit im Mund gelassen habe. Ich hoffte, dass die Tabletten in den Magen rutschen und eine Schlafmittelvergiftung herbeiführen. Das sollte alles nach einem Selbstmord aussehen. Nach dem Einführen der Tabletten hat er noch einige Male heftig geatmet, dann war alles aus. Danach überfiel mich doch Angst und ich schob noch zwei Spalttabletten hinterher, weil ich dachte, die könnten ihm noch helfen. Er bewegte sich aber nicht mehr.«

Nach den Einstichstellen am rechten Oberschenkel befragt, stritt sie zunächst ab, ihrem Mann überhaupt irgendwelche Einspritzungen gemacht zu haben. Später gab sie dann aber zu, ihm etwa acht Tage zuvor wegen Übelkeit auf seinen Wunsch hin Morphium gespritzt zu haben. Das Morphium hatte sie als schwarzen Bestand noch von ihrer früheren Krankenpflege zurückbehalten.

In einer weiteren Vernehmung machte sie jedoch andere Angaben und behauptete, ihr Mann habe sich die Einspritzungen kurz vor seinem Tode in ihrer Gegenwart selbst gemacht. Dann wiederum versuchte sie die Einstichstellen dadurch zu erklären, dass ihr Mann zuckerkrank sei und sich spritzen müsse. Diese Behauptung war aber offensichtlich unwahr und wurde von ihr auch wieder fallen gelassen. Sie verwickelte sich immer mehr in Widersprüche.

Die Beibringung der Schlaftabletten in Tötungsabsicht gab sie zwar zu, bestritt aber energisch, die Morphiumeinspritzungen erst kurz vor seinem Tod gemacht zu haben. Die bei der Sektion gefundenen Einstichstellen waren jedoch ganz frisch und konnten unmöglich von einer angeblich acht Tage zurückliegenden Injektion herrühren.

Bei dieser Darstellung blieb sie auch in der Hauptverhandlung. Auch hier bestritt sie zunächst energisch, überhaupt jemals Morphiumampullen besessen zu haben. Erst als ihr durch Zeugenaussagen das Gegenteil bewiesen wurde, wiederholte sie hartnäckig die Version von den acht Tage zurückliegenden Injektionen. Offenbar war für sie der Vorwurf, illegal Morphium besessen zu haben, schwerwiegender als der Vorwurf des Mordes.

Das Gericht verurteilte sie wegen Mordes an ihrem Ehemann zu lebenslänglichem Zuchthaus. Sie nahm das Urteil sofort an.

Kapitel 4

Ertrinken

Ertrinken hat mit dem Ersticken vieles gemeinsam. Genau ge-
nommen handelt es sich um ein Ersticken in einem flüssigen
Medium, sodass in beiden Fällen ähnliche Veränderungen auf-
treten. Es kommen aber noch einige hinzu, die allein durch das
Ertrinkungsmedium hervorgerufen werden. Sie zeigen sich zum
Teil auch dann, wenn der Körper nach dem Tode ins Wasser
gerät. Diese müssen von den Veränderungen unterschieden wer-
den, die nur auftreten, wenn Kreislauf und Atmung noch funk-
tionieren, die sich also nur zu Lebzeiten ausbilden.

Beim Tod durch Ertrinken handelt es sich in der Mehrzahl
der Fälle um einen Unfall. Selbstmorde von Nichtschwimmern
kommen ebenfalls vor.

Tötungen durch Ertränken sind verhältnismäßig selten. Zu-
meist sind es Neugeborene, die unmittelbar oder kurze Zeit
nach der Geburt ertränkt werden oder in einen mit Wasser ge-
füllten Eimer geboren werden und dort ertrinken. Erwachsene
zu ertränken, ist wesentlich schwieriger und meist nur dann
möglich, wenn sie, aus wie auch immer gearteten Gründen, zur
Gegenwehr nicht fähig sind. Gelegentlich werden Bewusstlose in

der Annahme ins Wasser geworfen, dass sie tot sind. Es ist dann zu prüfen, ob der oder die Täter annehmen konnten oder mussten, dass der Betreffende noch lebte oder ob sie ihn in Tötungsabsicht ins Wasser geworfen oder den möglichen Tod billigend in Kauf genommen haben.

Ein Polizistenmord

Polizeimeister Müller ging an einem milden Sommerabend Streife im Park. Der Mond im zweiten Drittel spendete zwar ziemlich viel Licht, verschwand aber zeitweilig hinter den Wolken, wodurch es dann im Park recht dunkel wurde. Noch eine Stunde, dann ging Müllers Dienst zu Ende.

Es war bisher ein ruhiger Abend, keinerlei Zwischenfälle. Müller dachte an den bevorstehenden Urlaub. Er hatte dieses Jahr einen Ferienplatz in einem Polizeiheim an der Ostsee bekommen. Vor Jahren war er schon einmal dort gewesen und wusste, dass es sich um ein gut ausgestattetes Heim handelte und dass der Ort einen wunderbaren Strand hatte. Die Kinder freuten sich und würden sich dort wohl fühlen. Sie kannten die Ostsee noch nicht und waren sehr neugierig auf das große Wasser. Seit Wochen redeten sie schon von der weiten Reise und suchten fast jeden Tag neue Spielsachen aus, die sie mitnehmen wollten. Immer wieder erklärte er ihnen geduldig, dass nicht alles in den Trabant hineinpasst, weil auch noch anderes Gepäck mitgenommen werden muss. Aber am nächsten Tag begann das Spiel aufs Neue. Und doch spielten sie es immer wieder gern, er selbst, seine Frau, und die Kinder, denn die Freude auf den Urlaub wurde dadurch nicht nur wachgehalten, sondern von Tag zu Tag gesteigert. So in angenehme Gedanken versunken, ging Müller seinen gewohnten Streifengang durch den Park.

In letzter Zeit hatte es einige Beschwerden gegeben, weil Jugendliche abends im Park Passanten angepöbelt hatten. Deshalb war seit einiger Zeit dieser Streifengang angesetzt. Normalerweise gingen sie zu zweit. Aber sein Kollege hatte sich kurzfristig krank gemeldet, sodass er heute allein war. Was sollte schon passieren? Bisher war es doch auch immer ruhig gewesen, wenn sie Streife gegangen waren.

Gerade verschwand wieder einmal der Mond hinter den Wolken. Müller kam an einem großen Rhododendronbusch vorbei, als er plötzlich hinter dem Busch ein Rascheln hörte. Er wollte sich umdrehen und feststellen, was los war, da bekam er einen heftigen Schlag auf den Kopf und brach bewusstlos zusammen.

Aus dem Gebüsch drangen drei junge Männer auf ihn ein, der eine hielt noch die Eisenstange in der Hand, mit der er zugeschlagen hatte. Die beiden anderen beugten sich über den am Boden Liegenden. Der eine trat ihm heftig in die Lendengegend, aber der Polizist zeigte keinerlei Reaktion.

»Der hat genug, nimm ihm die Pistole ab«, sagte der eine. Ein anderer beugte sich über das regungslose Opfer und zog ihm die Pistole aus dem Koppel. »So, der erste Schritt ist getan«, meinte der mit der Eisenstange. »Die Pistole haben wir. Jetzt noch den Banküberfall, dann kann es in den Westen abgehen. Aber was machen wir mit dem Polizisten? Der muss hier verschwinden. Wenn er zu früh gefunden wird, wird das mit dem Banküberfall nichts mehr.«

»Wir schmeißen ihn in die Elster. Wenn wir ihm ein paar Klamotten in die Tasche stecken, geht er erst einmal unter. Sollte er dann später gefunden werden, sind wir schon längst über alle Berge«, schlug der Zweite vor. Aber der mit der Eisenstange äußerte Bedenken: »Aber wenn er noch gar nicht tot ist? So fest habe ich nicht zugeschlagen. Der ist sicherlich nur bewusstlos.«

»Der wird schon tot sein. Deine Schläge kenne ich, die sind nicht von schlechten Eltern. Du mit deiner Bullenkraft. Er bewegt sich doch gar nicht mehr. Und wenn er nicht ganz hin ist, so gibt ihm das Wasser den Rest. Besser, er verschwindet ganz, dann können wir uns in Ruhe absetzen. Pakt mal mit an und schleppt ihn mit zum Fluss«, bestimmte der Dritte, der offenbar so etwas wie der Anführer war.

Die beiden anderen fassten mit an. Zu dritt trugen sie den scheinbar leblosen Körper des Polizisten über die Wiese und durch die Büsche zum Fluss. Dort suchten sie nach einigen großen und schweren Steinen, mit denen sie den Körper beschweren könnten. Es war gar nicht so einfach, auf die Schnelle und in der Dunkelheit geeignete zu finden. Schließlich hatten sie eine ausreichende Anzahl zusammengetragen und füllten die Taschen und die Hose damit.

Als sie glaubten, das Gewicht reiche aus, um den regungslosen Körper unter Wasser zu ziehen und ihn am Grund zu halten, warfen sie ihn mit Schwung in den Fluss. Er ging auch sofort unter.

»So, jetzt aber weg hier. Wir müssen schnell zum Bahnhof, sonst erreichen wir den Zug nicht mehr. Und die schöne Bank wartet vergeblich auf unseren Besuch und verpasst die Gelegenheit, ihr Westgeld los zu werden. Die anderen Banken haben ja keine Devisen. Also los, Jungens, beeilt euch«, kommandierte der Anführer. Die Gruppe marschierte zum Bahnhof des kleinen Städtchens, nachdem sich der Anführer die Pistole hatte geben lassen. Dort stellten sie fest, dass sie sich die falsche Abfahrtszeit gemerkt hatten. Bis der Zug fuhr, blieb ihnen noch reichlich Zeit.

»Komm, wir gehen in die Kneipe, ich gebe einen aus«, schlug der Anführer vor, und die drei begaben sich in die Bahnhofsgastwirtschaft. Der Boss bestellte für jeden ein Bier und einen doppelten Korn. Einer schlug ein Spielchen vor. Sie ließen sich Karten geben und begannen, einen Skat zu kloppen.

In der Zwischenzeit wurde auf dem Polizeirevier die Rückkehr von Müller erwartet. Er hatte allen erzählt, dass er seiner Frau versprochen hatte, an diesem Tag pünktlich Schluss zu machen. Deshalb hätte er längst zurück sein müssen. Aber da es erst eine halbe Stunde über die Zeit war, machten sich die Kollegen noch keine Sorgen. Vielleicht hatte er einen Bekannten getroffen. Als er aber nach einer Stunde immer noch nicht von seinem Streifengang zurückgekehrt war, beschloss der Diensthabende, zwei Kollegen loszuschicken. Sie sollten seinen Streifenweg abgehen und nach ihm suchen.

Die beiden Polizisten machten sich auf den Weg. Es war alles ruhig und nichts Auffälliges zu finden. Doch plötzlich erblickten sie in der Nähe des Rhododendronbusches etwas am Wegesrand. Der eine Polizist leuchtete mit der Taschenlampe hin. War das nicht Müllers Funkgerät? Warum hatte er es nicht benutzt, wenn er Hilfe brauchte? Er konnte es doch nicht verloren haben.

Sie leuchteten die Umgebung ab. Da, waren das nicht Blutstropfen? Der eine fasste mit dem Finger hin. Tatsächlich, es war

Blut. Auf der Wiese dicht neben dem Weg befand sich eine Blutlache. Von dort ließen sich Blutspuren über die Wiese in Richtung Fluss verfolgen. Sie verloren sich nach einer Weile, waren aber nach intensivem Suchen in der Nähe eines größeren Gebüsches wieder zu finden und führten durch das Gebüsch hindurch direkt zum Flussufer.

Im Ufersand entdeckten die Polizisten wieder eine größere Blutlache. Nach ihrem Kollegen Müller hielten sie jedoch vergeblich Ausschau. Sie leuchteten das Flussufer ab und fanden hinter Steinen und Geröll eine Polizeimütze, in der Müllers Name stand. Wie kam sie hier hin? Hatte Müller jemanden verfolgt? Die beiden Polizisten suchten das Ufer flussabwärts weiter ab. Nach etwa 200 Metern stießen sie am Ufer auf einen Körper. Entsetzlich! Müller! Er lag auf dem Bauch und hatte am Hinterkopf eine große Platzwunde. Er bewegte sich nicht und reagierte nicht auf Anrufen oder Anstoßen. Er schien tot zu sein. Der eine Polizist rief über Funk das Revier an. Ein Arzt wurde verständigt. Er konnte aber auch nur den Tod feststellen. Die Kleidung des Toten war völlig durchnässt, in den Hosentaschen befanden sich einige Steine. Offensichtlich war ein Verbrechen geschehen. Sofort wurde die zuständige Mordkommission verständigt, die noch in der Nacht ihre Tätigkeit aufnahm.

Die Kriminalisten suchten als Erstes im Scheinwerferlicht die Umgebung der Fundstelle ab. Dann nahmen sie die Stelle auf dem Weg unter die Lupe, wo der Überfall vermutlich stattgefunden hatte. Hier fanden sie nicht weit entfernt eine Eisenstange, an der auch Blut zu erkennen war, vermutlich das Tatwerkzeug. Schließlich machten sie einen zweiten wichtigen Fund: ein kleines Armkettchen mit einer Platte, auf der ein Name stand. Es konnte von einem der Täter stammen.

»Den kenne ich,« sagt einer der Polizisten, als er den Namen erfuhr, »der ist doch erst vor zwei Wochen aus dem Knast gekommen.«

Sofort wurde die Adresse festgestellt, und zwei Polizisten suchten die in der Nähe gelegene Wohnung auf. Aber der Gesuchte war nicht da. Als die Polizisten schon wieder gehen wollten, schaute ein Nachbar, der von dem lauten Klopfen offenbar wach geworden war, zur Tür heraus. Als er erfahren hatte, wen die Polizisten suchten, sagte er: »Den habe ich vor etwa einer Stunde mit zwei Kumpels beim Skatspielen in der Bahnhofswirtschaft gesehen.«

Sofort begaben sich einige Kriminalisten dorthin und fanden den Gesuchten und seine Begleiter tatsächlich in der Gaststätte. Sie hatten reichlich getrunken und spielten immer noch Skat. Sie wurden vorläufig festgenommen und zur Vernehmung auf das Kreisamt gebracht.

Zunächst bestritten sie, mit der Tötung des Polizisten irgend etwas zu tun zu haben. Sie wollten den ganzen Abend in der Gaststätte Skat gespielt haben. Erst als die Dienstpistole des Polizeimeisters bei einem von ihnen entdeckt wurde, gaben sie zu, den Polizisten am Flussufer gefunden zu haben. Er sei aber schon tot gewesen. Die Pistole hätten sie ihm abgenommen, weil sie fürchteten, dass Kinder sie in die Hände bekommen könnten. Bei dieser Darstellung blieben sie zunächst, auch als ihnen vorgehalten wurde, dass sie die Polizei hätten informieren müssen.

Noch in der Nacht erfolgte die gerichtliche Leichenöffnung. Dabei fand sich eine etwa acht Zentimeter lange Platzwunde am Hinterkopf und darunter eine massive Zertrümmerung des Schädelknochens. Knochensplitter waren in das Gehirn eingedrungen und hatten zu umfangreichen Gewebszerstörungen geführt, ohne jedoch den Tod herbeigeführt zu haben. Dagegen sprachen ausgeprägte Ertrinkungszeichen. Der Getötete war durch den Schlag auf den Kopf zwar mit Sicherheit bewusstlos, aber nicht tot. Er wurde noch lebend in den Fluss geworfen und ertrank dann.

An der am mutmaßlichen Tatort gefundenen Eisenstange waren die Fingerabdrücke eines der drei Festgenommenen nachgewiesen worden. Er gab dann auch zu, den Schlag auf den Kopf geführt zu haben. Der Polizist sei sofort zusammengebrochen, habe sich nicht mehr bewegt, aber noch geatmet. Danach hätten sie den Bewusstlosen in den Fluss geworfen, damit er ertrinkt. »Der hätte uns ja verraten können«, sagte er aus, »vielleicht hat er uns doch gesehen. Wir wollten eben auf Nummer sicher gehen.«

Am nächsten Tag ergänzte er diese Aussage durch ein umfassendes Geständnis, dem sich dann die beiden anderen nach anfänglichem Zögern letztlich anschlossen.

Die drei Täter waren vorbestraft. Aus den Geständnissen ging hervor, dass sie vor einigen Tagen beschlossen hatten, gemeinsam in den Westen Deutschlands zu flüchten. Um sich den Neuanfang zu erleichtern, wollten sie sich durch den Bankeinbruch Devisen verschaffen. Sie unterlagen der Illusion, ein neues Leben auf Verbrechen begründen zu können.

Nachdem der Überfall auf den Polizisten so reibungslos verlaufen war, verfielen sie in Leichtsinn, der ihnen zum Verhängnis wurde.

Zwei tote Kinder

Das Jahr ging langsam dem Ende zu. In der zweiten Novemberhälfte waren die Tage schon sehr kurz. Die Dämmerung setzte früh ein, und auch das Wetter entsprach der Jahreszeit. Die Tage waren trübe und nasskalt, ein unangenehmer Wind, der sich zeitweise zum Sturm steigerte, pfiff durch die Straßen der kleinen Stadt. Die Menschen liefen mit hoch geschlagenen Mantelkragen herum und versuchten, so schnell wie möglich wieder nach Hause zu kommen.

An einem solchen Tag saß der Fahrer des Lkw mit der Aufschrift »Konsum« hinter seinem Lenkrad und starrte auf das graue Band der Landstraße. Er überlegte, ob er schon das Licht einschalten sollte oder nicht. Nachdem er Ware in die Kaufhalle gebracht hatte, handelte es sich um seine letzte Fahrt. Er freute sich schon auf einen gemütlichen Abend zu Hause, zumal er in der Kaufhalle eine Flasche Wein gekauft hatte, die er mit seiner Frau am Abend in Ruhe trinken wollte.

Während er seinen Gedanken nachhing, sah er plötzlich im trüben Licht der Abenddämmerung eine heftig winkende Frau am rechten Straßenrand stehen. Obwohl es im Augenblick nicht regnete, war ihr Kleid total durchnässt und klebte am Körper; die Haare hingen strähnig herab und Wasser tropfte auf den Boden. Die Frau benötigte ganz offensichtlich Hilfe. Der Lkw-Fahrer hielt sofort an und stieg aus. Die Frau stürzte auf ihn zu und rief: »Helfen Sie meinen Kindern. Meine Kinder ertrinken, wenn keiner hilft.« Dabei zeigte sie auf den kleinen Fluss, der die Wiese neben der Straße durchquerte. Kurz vor der Stelle, wo der Lkw hielt, führte eine Straßenbrücke über das Flüsschen. Der Fahrer schaute in die angegebene Richtung, sah aber zunächst nichts Auffälliges. Bei genauem Hinsehen entdeckte er in Ufernähe zwei kleine, dunkle Figuren, scheinbar regungslos. Er sprang sofort die Böschung hinunter und lief über die Wiese auf die Stelle zu, wo er die Körper gesehen hatte. Tatsächlich, die Frau hatte recht: Zwei kleine Kinder, vielleicht vier und sechs Jahre alt, schwammen mit dem Gesicht nach unten in dem höchstens knietiefen Flüsschen.

Der Mann sprang sofort ins Wasser und zog die beiden Körper heraus. Sie bewegten sich nicht und schienen nicht zu atmen. Der Kraftfahrer legte sein Ohr auf die Brust der Kinder, konnte aber keinen Herzschlag wahrnehmen. Er entsann sich seines Erste-Hilfe-Kurses und begann sofort mit der Wiederbelebung, mit Mund-zu-Mund-Beatmung und mit der Herzmassage. Nichts tat sich. Die Frau stand weinend und jammernd daneben; sie zitterte vor Kälte, beteiligte sich aber nicht an den Wiederbelebungsmaßnahmen. Als sich nach zehn Minuten noch kein Erfolg zeigte, sagte der Fahrer: »Wir laden die Kinder jetzt ein und fahren sie sofort in das Krankenhaus. Vielleicht kann ihnen dort noch geholfen werden.«

Er holte Decken aus dem Wagen, wickelte die Kinder ein und gab auch der Frau eine Decke zum Umhängen, die sie dankbar annahm. Auf der Fahrt erkundigte er sich, wie die Kinder in den Fluss gekommen seien. Zunächst wollte die Frau nichts sagen, sondern fing wieder an zu weinen. Schließlich erzählte sie, dass die Kinder am Ufer gespielt hätten und dann, als sie einmal kurz weggesehen habe, in den Fluss gestürzt seien. »Aber der Fluss ist doch nicht tief, die Kinder hätten dort doch noch stehen können«, wandte der Kraftfahrer verständnislos ein. »Und wieso spielen die Kinder denn um diese Zeit am Fluss? Es ist doch kalt und wird bald dunkel.« Die Frau stotterte verlegen etwas von »spazieren gehen« und »frische Luft schnappen«. »Sie sind ins Wasser gefallen. Vielleicht sind sie im Wasser umgefallen. Ich war wie gelähmt, ich konnte doch nichts tun. Hoffentlich können die Ärzte ihnen noch helfen«, fügte sie hinzu.

Nach kurzer Zeit erreichten sie das Krankenhaus des kleinen Städtchens. Ärzte und Pflegepersonal nahmen die Wiederbelebungsversuche wieder auf, aber erfolglos. Sie konnten nur noch den Tod feststellen.

Da es sich ganz offensichtlich um nicht natürliche Todesfälle handelte, wurde vom Krankenhaus entsprechend der damals geltenden Leichenschauanordnung die Kriminalpolizei verständigt, die auch sofort kam. Die Frau, es war die Mutter der Kinder, wurde eingehend zum Ablauf des Geschehens befragt. Ihre bisherige Darstellung war sehr zweifelhaft, denn sie konnte nicht angeben, wie und warum die Kinder zum Spielen an das Flussufer gekommen waren. Außerdem verwickelte sie sich bei ihrer Schilderung in erhebliche Widersprüche.

Nach einer eindringlichen Belehrung gestand sie unter heftigem Weinen, dass sie sich gemeinsam mit den Kindern ertränken wollte. Zunächst habe sie die erbärmlich schreienden Kinder ins Wasser geworfen. Diese seien aber nicht untergegangen, weshalb sie ihre Köpfe unter Wasser gedrückt habe, so lange, bis sie sich nicht mehr gerührt hätten. Danach wollte sie sich selbst ertränken. Sie habe den Kopf mehrfach unter Wasser gehalten, sei aber nicht in der Lage gewesen, sich umzubringen. Deshalb sei sie wieder aus dem Wasser gestiegen und habe verzweifelt versucht, Hilfe zu holen.

Als Grund für ihren Selbstmord gab sie an, dass sie am Tag zuvor bei einem Ladendiebstahl in der Kaufhalle erwischt und

Anzeige gegen sie erstattet worden sei. Da sie wegen des gleichen Deliktes schon vorbestraft war, hätte sie diesmal mit einer Haftstrafe rechnen müssen. In diesem Fall hätte sie als allein stehende Frau nicht gewusst, wo die Kinder, die sie auf keinen Fall in ein Heim geben wollte, untergebracht werden sollten. Deshalb und weil sie nicht wollte, dass die Kinder eine Diebin zur Mutter hätten, habe sie sich entschlossen, mit den Kindern in den Tod zu gehen.

Die Ermittlungen bestätigten die Vorstrafen und die erneute Anzeige wegen eines Ladendiebstahls.

Die Obduktion der Kinder ergab als Todesursache eindeutig »Ertrinken«, wobei sie sowohl im Nacken als auch an beiden Händen und Unterarmen blutunterlaufene Stellen, Kratzer und Hautabschürfungen aufwiesen. Das Sektionsergebnis bestätigte die letzte Darstellung der Mutter, die wegen Totschlags zu einer mehrjährigen Freiheitsstrafe verurteilt wurde.

Der Fall, den ich im Folgenden schildere, zeigt, wie wichtig gerade bei Wasserleichen eine exakte Identifizierung ist. Das gilt umso mehr, wenn der Tod schon vor längerer Zeit eingetreten ist und erhebliche Leichenerscheinungen vorhanden sind, die ein Wiedererkennen durch eine einfache Besichtigung erschweren oder gar unmöglich machen.

Wer ist die Tote?

In der Nähe eines kleinen Dorfes wurde am Ufer eines Baches, der verhältnismäßig langsam durch die Wiesen floss, eine weibliche Leiche gefunden. Sie lag zwar mit dem Körper und den Beinen auf dem Land, mit dem Kopf aber im Wasser, sodass als Todesursache ein Ertrinken angenommen wurde. Warum sie ausgerechnet mit dem Kopf ins Wasser des kleinen Baches geraten war, obwohl sie mit dem Rumpf auf festem Boden lag und leicht den Kopf hätte herausheben können, war vorerst nicht zu erklären. Die Leichenerscheinungen sprachen dafür, dass sie schon einige Zeit tot war, mindestens mehrere Tage, wenn nicht gar ein oder auch zwei Wochen.

Da zunächst nicht bekannt war, um wen es sich bei der Toten handelte, wurden alle Vermisstenvorgänge der letzten Zeit durchgesehen. Im Kreisgebiet lag nur eine Vermisstenmeldung vor, wobei es sich um eine von ihrem Vater vor drei Wochen als verschwunden gemeldete 35jährige Frau handelte.

Der Vater wurde daraufhin in die Leichenhalle gebracht, um die Tote zu identifizieren. Nach einem kurzen Blick auf die Leiche bestätigte er, dass es sich mit größter Wahrscheinlichkeit um seine Tochter handele.

Damit schien der Fall geklärt zu sein und wurde zu den Akten gelegt. Doch zu früh, wie sich bald zeigte. Nach etwa drei Wochen traf nämlich ein Brief der angeblich toten Tochter ein, in dem sie ihren Eltern mitteilte, dass sie wegen einiger Diebstähle zu einer mehrmonatigen Haftstrafe verurteilt worden sei und ihre Strafe jetzt absitze. Wer war dann aber die Tote? Um das zu klären, wurde die inzwischen schon beigesetzte Leiche auf Anordnung der Staatsanwaltschaft wieder exhumiert und wir mit der Sektion beauftragt.

Im Ergebnis der Sektion stellte sich trotz der schon weit fortgeschrittenen Fäulnis heraus, dass es sich um eine wesentlich ältere Frau handelte, die schätzungsweise über 70 Jahre alt war und erhebliche altersbedingte Organveränderungen aufwies. Wahrscheinlich war sie noch wesentlich älter. Weiter fanden sich eine deutliche Blutung unter der Kopfschwarte im Bereich der rechten Stirn und an der dieser Blutung entsprechenden Stelle des Frontalhirns ebenfalls eine geringe Blutung unter der Hirnhaut.

Da aber keine Vermisstenanzeige über eine Frau in diesem Alter vorlag, auch nicht in den Nachbarkreisen, wurde in den regionalen Zeitungen eine Mitteilung über den Leichenfund veröffentlicht und die Bevölkerung um Hinweise gebeten.

Erst jetzt, nach dem Zeitungsaufruf, meldeten sich die Angehörigen und teilten mit, dass ihre bereits etwas verwirrte Großmutter seit mehreren Wochen verschwunden war. Sie hatten sich wegen der dringenden Arbeiten in der Erntezeit nicht die Zeit genommen, nach der alten Frau zu suchen bzw. ihr Verschwinden anzuzeigen, zumal die Greisin schon mehrmals für einige Tage fortgelaufen und immer wieder von selbst nach Hause gekommen war.

Bei der Obduktion fanden sich Operationsveränderungen, die eine eindeutige Identifizierung ermöglichten. Auch die Kleidung und der Ehering, der bei der ersten Gegenüberstellung nicht abgenommen worden war, bestätigten ohne jeden Zweifel die Identität. Ein Verbrechen konnte ausgeschlossen werden. Die alte Frau war offenbar beim Überqueren des Baches gestolpert und im Bach mit dem Kopf auf einen Stein gefallen. Dadurch hatte sie eine Gehirnerschütterung erlitten und war in bewusstlosem Zustand ertrunken.

Der Fall verdeutlicht, dass vor allem bei schon fortgeschrittenen Leichenveränderungen eine einfache Gegenüberstellung zur Identifizierung nicht immer ausreicht, zumal die Besichtigung im vorliegenden Fall nicht sehr intensiv war. Der Vater der jungen Frau gab zu, wegen der ungewohnten Umgebung in der Leichenhalle und aus Scheu vor der Leiche nur flüchtig hingesehen zu haben. Er sei froh gewesen, schnell wieder aus der Leichenhalle herauszukommen. Sicherlich hätte in dieser Situation die Identität noch durch andere Untersuchungen, insbesondere durch eine sofortige Leichenöffnung, untermauert werden müssen. Zwar konnten wir bei der verspäteten Sektion trotz inzwischen weiter fortgeschrittener Leichenveränderungen die Tote eindeutig identifizieren. Unser Erfolg wurde jedoch durch die klaren Identifizierungsmerkmale und deutlichen Altershinweise begünstigt.

Der dargestellte Fall unterstreicht die Bedeutung einer gerichtlichen Sektion bei allen unklaren Todesfällen.

Im nächsten Fall deutete die gesamte Auffindungssituation der Leiche zunächst ziemlich eindeutig auf ein Tötungsdelikt hin. Vom Täter jedoch fehlte jede Spur. Auch das Tötungsmotiv war noch unbekannt. Natürlich musste auch hier, obwohl alles klar zu sein schien, zur endgültigen Aufklärung eine gerichtliche Leichenöffnung durchgeführt werden.

Die Tote im Seesack

Aus einem Stausee wurde die Leiche einer jungen Frau geborgen. Die Fundsituation deutete zunächst auf ein Verbrechen hin. Die Leiche befand sich in einem großen Seesack, der oben zugeschnürt war und in dem sich außer der Leiche noch drei

Ziegelsteine befanden. Badende hatten den Sack in Ufernähe an der Wasseroberfläche schwimmend gefunden und die Polizei verständigt. Nach der Bergung des Sackes durch die Feuerwehr entdeckte man die Leiche. Alles sah nach einem Verbrechen aus, die Staatsanwaltschaft ordnete eine gerichtliche Sektion an.

Bei der Obduktion ergab sich als Todesursache eindeutig »Ertrinken«. Des weiteren fanden sich oberflächliche Schürfverletzungen an den Schultern und eine Platzwunde am Hinterkopf. Der Hals wies an beiden Seiten Hautabschürfungen auf, die nicht ganz einfach zu deuten waren. Sie waren etwas flächenhaft und sahen nicht nach typischen Würgemalen aus. Wir konnten aber auch nicht sicher ausschließen, dass sie durch Würgen oder Drosseln entstanden waren.

Als wir am Fundort eintrafen, war die Identität der Frau bereits bekannt. Sie wohnte im Nachbardorf und lebte jetzt allein. Allerdings hatte sie vor längerer Zeit einen Freund gehabt, von dem sie sich aber vor mehreren Wochen getrennt hatte. Sie galt als depressiv.

Zum Glück für uns war die Bergung durch Fachleute vorgenommen worden und der Seesack nicht aufgeschnürt, sondern von unten durch Aufschneiden geöffnet worden. Dadurch konnten die obere Verschnürung und insbesondere der Knoten, die nicht verändert worden waren, von uns noch untersucht werden.

Der Sack war auf eine Weise zugezogen und der Knoten so ausgeführt worden, dass alles durchaus auch vom Sackinneren aus hätte geschehen können. Bei einer Besichtigung der Uferstelle in der Nähe des Fundortes zeigte sich eine leicht flach abfallende Beschaffenheit des Seeufers. Allerdings lagen einige größere Steine in diesem Bereich, sowohl außerhalb als auch im Wasser. Sowohl die Platzwunde am Hinterkopf als auch die Hautabschürfungen an den Schultern waren kaum unterblutet. Sie hätten ihrer Beschaffenheit nach auch nach dem Tode entstanden sein können.

Da sich bei der Sektion ein typischer Ertrinkungsbefund gezeigt hatte, war die Frau zweifellos lebend ins Wasser geraten und dann ertrunken. Die Platzwunde am Hinterkopf, die sehr oberflächlich war und kaum zu einer ernsthaften Beeinträchtigung geführt haben dürfte, konnte auch entstanden sein, als der Sack ins Wasser gerollt wurde.

Unter Berücksichtigung aller bis zum Zeitpunkt unmittelbar nach der Sektion bekannten Befunde und Umstände entschied ich mich trotz der Auffindungssituation dafür, mit größter Wahrscheinlichkeit einen Selbstmord anzunehmen. Die Frau hatte sich nach meiner Überlegung wahrscheinlich am Ufer selbst in den Sack begeben, diesen von innen zugebunden und sich dann in den See gerollt. Hierbei konnte sie durchaus mit dem Kopf an einen Stein gestoßen sein und sich die Platzwunde bzw. die Hautabschürfungen zugezogen haben. Allerdings war dadurch noch nicht geklärt, wodurch die Abschürfungen und Eintrocknungen an den beiden Seiten des Halses entstanden waren. Hier musste noch etwas anderes vorgefallen sein.

Zwei Tage später wurde meine Selbstmord-Hypothese bestätigt, als der frühere Freund mit der Post einen Abschiedsbrief von der jungen Frau erhielt. Hierin teilte sie ihm ihr Vorhaben mit, wobei sie als Grund anführte, die Trennung von ihm nicht verkraften zu können. Sie kündigte auch an, mit Hilfe des Seesacks, der von ihrem Freund stammte, ins Wasser zu gehen. Sie hatte dieses außergewöhnliche Vorgehen gewählt, weil sie eine gute Schwimmerin war und befürchtete, sich ansonsten durch Schwimmbewegungen zu retten. Auch die Kopfwunde und die bis dahin rätselhaften Veränderungen am Hals fanden durch den Abschiedsbrief eine Erklärung. Sie hatte nämlich zu Hause bereits einen Selbstmordversuch durch Erhängen gemacht, bei dem jedoch der Strick gerissen war. Sie war auf den Boden aufgeschlagen und hatte sich eine Wunde am Kopf zugezogen.

Kapitel 5

Tod durch Dolche und Äxte (Scharfe Gewalt)

Stich-, Schnitt- und Hiebverletzungen werden unter dem Begriff der scharfen Gewalt zusammengefasst. Sie spielten in der DDR insofern eine größere Rolle, als sie mit Werkzeugen – Messer, Dolche und auch Hiebwerkzeuge wie Äxte und Beile – durchgeführt werden konnten, die relativ leicht zu beschaffen waren. Schusswaffen dagegen standen nur einem begrenzten Personenkreis zur Verfügung.

Verletzungen durch scharfe Gewalt kamen sowohl bei Unfällen als auch bei Selbstmorden und Morden vor.

In den fünfziger Jahren begegneten uns relativ häufig Schnitt- und auch Stichverletzungen bei Verkehrsunfällen, da viele ältere Fahrzeuge noch nicht mit Sicherheitsglas ausgestattet waren. Bei Kollisionen zersprangen die Scheiben, insbesondere die Windschutzscheibe, wobei scharfe, mitunter dolchähnliche, äußerst spitze Glasscherben entstanden, die schwere Stich- und Schnittverletzungen hervorriefen. Sie erschwerten mitunter erheblich die Feststellung, ob eine solche Verletzung durch den Unfall selbst hervorgerufen worden oder vorher als Folge einer tätlichen Auseinandersetzung entstanden war. Nur die genaue

Untersuchung der Wunde und des Stichkanals konnte in solchen Fällen weiterhelfen.

Das Gleiche galt auch für die Beurteilung von Schnittwunden, da Glasscherben so scharf wie ein Messer sein und auch Verletzungen wie durch ein Messer hervorrufen können. Der im Folgenden geschilderte Fall hat uns zunächst viel Kopfzerbrechen bereitet und konnte nur durch die gemeinsame Beurteilung sämtlicher Ermittlungsergebnisse geklärt werden.

Mord oder Unfall?

Auf einer Landstraße, die durch ein größeres und dichtes Waldgebiet führte, wurde ein Pkw älteren Baujahrs im Straßengraben gefunden. Mit der rechten Frontseite war er offensichtlich zunächst gegen einen ziemlich dicken Baum gefahren, wobei der rechte Kotflügel abgerissen, die Vorderachse nach hinten verschoben und der Kühler aufgerissen wurde. Durch den Anprall hatte sich der Wagen offensichtlich gedreht, war dann in einem beinahe rechten Winkel zur Straße in den Graben gefahren, wobei wahrscheinlich noch weitere Beschädigungen an der Front des Wagens verursacht wurden. Auch die Windschutzscheibe war zu Bruch gegangen, sodass sich mehrere scharfe und dolchähnliche Glassplitter im Wageninneren befanden. Einige Glassplitter lagen im Motorraum, da auch die Motorhaube teilweise abgerissen worden war, weitere rechts neben dem Wagen auf dem Boden.

Im Fahrzeug saß der Fahrer, ein junger Mann, über das Lenkrad gebeugt. Er war bewusstlos, hatte tiefe Schnittwunden im Gesicht und blutete stark. Zu seinen Füßen hatte sich eine große Blutlache gebildet. Neben ihm saß eine junge Frau mit einer tiefen Stichwunde an der rechten Halsseite. Wie es schien, war die große Halsschlagader durchtrennt worden. Die Frau war tot, offenbar verblutet. Der Sitz und die Verkleidung der rechten Tür waren stark blutdurchtränkt. Zu Füßen der Frau lagen mehrere dolchähnliche Glassplitter, die alle blutverschmiert waren. Einer, der wie ein etwa 12–15 Zentimeter langer Dolch aussah, war von der Spitze an bis zur Mitte mit Blut beschmiert, während die obere Hälfte kein Blut aufwies. Es sah so aus, als ob dies der Splitter gewesen war, der die Halswunde verursacht hatte.

Der junge Mann wurde ins nächste Krankenhaus gebracht und ärztlich versorgt. Trotz aller Bemühungen starb er aber nach zwei Tagen, ohne das Bewusstsein wiedererlangt zu haben. Die bei der ärztlichen Versorgung entnommene Blutprobe ergab einen Alkoholgehalt von 1,3 Promille.

Nach den ersten Ermittlungsergebnissen handelte es sich um einen alkoholbedingten Verkehrsunfall, da sich sonst keine Erklärung für das Abkommen von der Fahrbahn finden ließ. Die Unfallstelle lag an einer gerade und glatt verlaufenden Landstraße, die zur mutmaßlichen Unfallzeit wenig befahren war. Die technische Überprüfung des Fahrzeugs ergab keinerlei Hinweise auf einen Defekt an der Lenkung oder sonst irgend einem anderen Teil, durch das der Unfall hätte verursacht werden können.

Als Todesursache des Fahrers erwies sich bei der Sektion ein Schädelbasisbruch mit einer schweren Hirnblutung sowie eine massive Brustkorbquetschung mit Rippenserienbrüchen und deutlichen Bluteinatmungsherden in der Lunge.

Die Todesursache bei der Frau war die Stichverletzung an der rechten Halsseite, durch die – wie bereits vermutet – die große Halsschlagader durchtrennt worden war. Die inneren Organe waren ausgesprochen blass und blutarm, sodass am Verblutungstod kein Zweifel bestand. Allerdings zeigte sich bei genauerer Untersuchung der Hautwunde, dass hier andeutungsweise eine so genannte Schwalbenschwanzbildung zu erkennen war.

Bei der Schwalbenschwanzbildung handelt es sich um eine doppelte Ausziehung der Stichverletzung an einem oder beiden Wundwinkeln, die dadurch zustande kommt, dass das Stichinstrument beim Herausziehen etwas gedreht wird und dadurch eine etwas andere Stellung als beim Einstich hat. Dieses Verdrehen kann sowohl durch eine Bewegung des Opfers nach erhaltenem Stich als auch durch eine Veränderung der Handhaltung des Täters zustande kommen. Ihr Aussehen erinnert an einen Schwalbenschwanz, daher die Bezeichnung.

Bei einschneidigen Instrumenten ist diese Schwalbenschwanzbildung an einem Wundwinkel vorhanden, bei zweischneidigen Instrumenten findet sie sich hingegen an beiden Wundwinkeln. Im geschilderten Fall fanden wir eine solche Ausprägung an einem Wundwinkel, wie sie eben bei einem einschneidigen Instrument auftritt. Da aber der dolchähnliche Glassplitter, der zunächst als Verursacher der Wunde angesehen wurde, ganz eindeutig zweischneidig war, bereitete uns die Erklärung für das Zustandekommen einer solchen einseitigen Schwalbenschwanzbildung einige Schwierigkeiten.

Zwar konnten wir die erwähnte Drehung beim Herausfallen des Splitters nicht sicher ausschließen, aber ich hielt es doch für etwas unwahrscheinlich, dass rein zufällig eine so typische

Schwalbenschwanzbildung entstanden sein sollte. Zumindest waren diese Zweifel Grund genug, den Stichkanal genauer zu untersuchen und mit einem Röntgenkontrastmittel auszugießen. In der angefertigten Röntgenaufnahme zeigte sich dann, dass die Spitze des Stichkanals keineswegs mit der Form des Glassplitters übereinstimmte, sondern an ein Küchenmesser erinnerte. Allerdings war im Fahrzeug kein Messer oder etwas ähnliches gefunden worden. Ferner blieb offen, wer der jungen Frau die Stichverletzung beigebracht haben sollte. Und warum? Alles Fragen, die sich zunächst nicht beantworten ließen.

Inzwischen waren die Ermittlungen in der Wohnumgebung und am Arbeitsplatz der beiden Toten weiter fortgesetzt worden. Freunde der beiden berichteten, dass sie schon seit längerer Zeit zusammenlebten und vorhatten, demnächst zu heiraten.

Allerdings sollte es nach Aussage eines Wohnungsnachbarn in letzter Zeit des öfteren heftige Auseinandersetzungen gegeben haben, die wegen der Lautstärke, in der sie geführt wurden, teilweise von ihm mitgehört werden konnten. Wie sich daraus entnehmen ließ, wollte die junge Frau sich von ihrem Freund trennen, da sie einen anderen Mann kennen gelernt hatte, mit dem sie zusammenziehen wollte. Doch ihr bisheriger Freund habe sie immer wieder beschworen, sich doch alles noch einmal zu überlegen und bei ihm zu bleiben.

Auch im Betrieb des jungen Mannes wusste man, dass es zu Hause Spannungen gab. Einem Arbeitskollegen hatte er erzählt, dass er eine Trennung von seiner Freundin nicht überleben würde. Lieber würde er sich und auch sie umbringen. Der Arbeitskollege hatte aber diese Bemerkungen nicht ernst genommen und sie für allgemeines Gerede gehalten.

Jetzt, nach dem tödlichen Unfall, bekamen sie aber ein anderes Gewicht. Es war durchaus die Möglichkeit denkbar, dass es sich gar nicht um einen Unfall handelte, sondern um einen Mord und anschließenden Selbstmord.

Weil der junge Mann eingesehen hatte, dass seine Freundin die Trennung vollziehen würde und sich nicht mehr umstimmen ließ, konnte er den Entschluss gefasst haben, sie zu töten und sich anschließend selbst umzubringen. Dann musste allerdings die Tötung seiner Freundin eine Strecke vor dem Unfallort erfolgt sein, denn am Unfallort selbst war trotz intensiven Suchens kein Stichinstrument gefunden worden.

Nach den neuen Ermittlungen wurde die Fahrstrecke zurückverfolgt, um nach geeigneten Stellen zu suchen. Denn der mutmaßliche Täter hatte sicherlich nach der Lage der Stichwunde nicht im Fahren zugestochen, sondern mit großer Wahrscheinlichkeit dazu unter irgend einem Vorwand angehalten. Und das wahrscheinlich nicht unmittelbar am Straßenrand, sondern möglicherweise in einem Waldweg oder einem anderen geeigneten Ort, wo er nicht befürchten musste, dass jemand hinzukam.

Nach intensiver Suche fanden sich an der Einmündung eines Waldweges etwa zwei Kilometer zurück Reifenspuren, die von dem Unfallwagen stammen konnten. Daraufhin wurde die ganze Umgebung äußerst gründlich abgesucht und nach einiger Zeit in einem Gebüsch tatsächlich ein Küchenmesser gefunden, das in der Form durchaus geeignet war, die Stichwunde und den Stichkanal verursacht zu haben.

Bei der genauen Untersuchung im Labor entdeckten wir nach Entfernung der Griffschalen Blut an der Klinge. Die weitere Analyse ergab, dass es sich um Menschenblut mit der gleichen Blutgruppe handelte wie bei der Toten. Wir lagen mit unserer Annahme einer vorsätzlichen Tötung durch den jungen Mann vor dem Unfall offensichtlich durchaus richtig. Abermals bestätigt wurde unsere Vermutung, als der Messergriff auf Fingerabdrücke untersucht wurde. Am unteren Ende einer Griffschale befand sich ein noch recht gut auswertbarer Fingerabdruck, der eindeutig von dem jungen Mann stammte. Nachdem er seine Freundin ermordet hatte, war er etwa zwei Kilometer später mit dem Wagen gegen einen Baum gefahren. Die Ermittlungen legten nahe, dass er den Unfall, den er beinahe noch überlebt hätte, in selbstmörderischer Absicht selbst verursacht hatte.

Nicht selten bin ich gefragt worden, wie ich als Gerichtsmediziner den ständigen Umgang mit Toten, die auf tragische Weise ums Leben gekommen sind, verkrafte. Auch die Frage, wie ich mit dem Leid der Hinterbliebenen, das ich tagtäglich kennen lerne, fertig werde und ob der ständige Umgang mit Tod und Leid nicht abstumpfe, interessierte viele.

Natürlich belasten die einzelnen Vorgänge den Obduzenten in jedem Fall mehr oder weniger stark. Bei mir war das immer besonders dann der Fall, wenn es sich um Kinder handelte, vor allem dann, wenn diese Kinder im Alter der eigenen waren. Ich stellte dann immer Vergleiche mit den eigenen Kindern her und erwog die Möglichkeiten, dass ihnen etwas ähnliches passieren könnte.

Aber da man sich zunächst auf die Lösung des Falles konzentrieren muss, kann man sich die ganze Tragik des Einzelfalles, das Leid, das der Vorfall bei den Angehörigen hervorruft, nicht ständig in vollem Umfang klar machen. Oft stellt sich das Bewusstsein der ganzen Tragik eines Vorfalls erst später ein.

Zum anderen sind die einzelnen Fälle in ihrer Auswirkung sehr unterschiedlich. Es gibt aber immer wieder einige, die sind in ihrer Gesamtheit so dramatisch, dass sie einen noch lange Zeit beschäftigen und bedrücken. Mich berührte ein Fall besonders stark, in dem ein Kind ums Leben kam.

Ein Doppelmord

Es waren die ersten warmen Tage im Jahr nach einem langen und strengen Winter. Die Sonne hatte bereits an Kraft gewonnen und wärmte zeitweilig bereits ganz schön. Man konnte vorübergehend auf einen Mantel verzichten und auch schon kurzzeitig im Freien in der Sonne sitzen. Mehrere Gastwirte in der südthüringischen Kreisstadt hatten deshalb Stühle und Tische herausgestellt. Einige Gäste wagten es, ein Kännchen Kaffee und ein Stück Torte im Freien zu sich zu nehmen.

Frau W. bedauerte es, an diesem schönen Tag im Haus sitzen zu müssen. Sie war dazu gezwungen, weil ihre vierjährige Tochter mit einem fieberhaften Infekt das Bett hüten musste. Deshalb konnte sie die Kleine nicht in den Kindergarten bringen. Der herbeigerufene Arzt hatte zunächst Bettruhe verordnet. Es blieb abzuwarten, was das Kind ausbrütete.

Während morgens die Temperatur bei der Kleinen noch recht hoch war, ließ sie am Nachmittag etwas nach. Das kleine Mädchen schlief ein, die Atmung war ruhig, und Frau W. beschloss, diese Zeit zu nutzen, um einige dringend benötigte Kleinigkeiten in der nahe gelegenen Kaufhalle einzukaufen. Leider hatte sie niemanden, den sie bitten konnte, auf das Kind aufzupassen, aber diese kurze Zeit würde es wohl mal gehen. Das Mädchen schlief ja ganz ruhig und fest, und weit war es nicht bis zur Kaufhalle, die in diesen frühen Nachmittagsstunden sicherlich auch leer sein würde, sodass sie schnell wieder zurück sein könnte. Frau W. zog sich einen Mantel an, nahm die Einkaufstasche und ging los.

Es war so, wie sie vermutet hatte. Die Kaufhalle war leer, es waren kaum Kunden da und sie hatte schnell alles zusammen, was sie brauchte. Dann eilte sie sofort wieder nach Hause und hoffte, dass die Kleine nicht aufgewacht sei und sich allein in der Wohnung nicht geängstigt habe.

Frau W. lief schnell die Treppen zum ersten Stockwerk hoch und bekam, als sie die letzten Stufen erreicht hatte, einen mächtigen Schreck: Die Korridortür stand offen, obwohl sie diese, als sie ging, zugeschlagen hatte. Das wusste sie genau. Sollte ihr Mann aus Sorge um die Kleine vorzeitig nach Hause gekommen sein? Frau W. rannte in die Wohnung und ging sofort ins Kinderzimmer. Das Bett war leer. Wo war das Kind? Frau W. rief ihren Namen, lief durch alle Räume. Nichts, das Mädchen blieb verschwunden.

Da fiel ihr auf, dass der Teppich im Flur fehlte. Und als sie genauer hinsah, entdeckte sie auf dem Fußboden eine Blutlache und Bluttropfen, die ins Treppenhaus führten, hinab bis in den Keller. Beim Hinaufgehen waren sie ihr gar nicht aufgefallen. Voller Angst ging sie dieser Tropfspur nach und fand im Kellergang, nur oberflächlich hinter einem Holzstoß versteckt, den zusammengerollten Teppich, aus dem Blut herauslief. Und sie sah die Haare ihres Kindes aus dem einen Ende der Teppichrolle heraushängen.

Mit zitternden Händen und unvorstellbarer Angst rollte sie den Teppich auseinander und fand darin den kleinen Körper ihrer Tochter, voller Blut, ohne jede Bewegung.

Vor Entsetzen schrie Frau W. auf und bekam einen Weinkrampf. Nachbarn in der Parterrewohnung hörten das, kamen in den Keller gestürzt und entdeckten die Mutter mit ihrem leblosen Kind. Ein Hausbewohner eilte zum Telefon und verständigte einen Arzt und die Polizei.

Der Arzt war bereits nach wenigen Minuten da, konnte aber nur den Tod des kleinen Mädchens feststellen. Er bemerkte Schnittverletzungen am Hals und an den Unterarmen. Kurze Zeit später erschien auch die Polizei am Ereignisort. Sie sicherte alle Spuren, ohne einen Hinweis auf den Täter zu finden. Was nur war das Motiv für diesen grauenhaften Mord?

Ein Raubmord schied aus, da in der Wohnung nichts fehlte. Hinweise für ein Sittlichkeitsverbrechen ergaben sich ebenfalls nicht. Unklar blieb auch, wie der Täter in die Wohnung gekommen war. Für ein gewaltsames Eindringen sprach nichts. Der Täter musste entweder einen Schlüssel gehabt haben oder vom Kind in die Wohnung hineingelassen worden sein. Fragen über Fragen, auf die es zunächst keine Antwort gab.

Während die Ermittlungsarbeiten noch liefen, kam eine Bewohnerin aus dem gegenüberliegenden Haus ganz aufgeregt angelaufen und berichtete, dass die Wohnung der im oberen Stock wohnenden älteren Mitbewohnerin offen stehe und alles voller Blut sei. Sofort begaben sich einige Kriminalisten hinüber und fanden die Korridortür im dritten Stock weit offen. Als sie in den Flur blickten, sahen sie massive Blutspuren an den Wänden, auf dem Boden und sogar an der Decke. Am Ende des Flurs lag die Wohnungsinhaberin, eine ältere Frau, in einer großen Blutlache. Bei genauerer Betrachtung entdeckten sie eine tiefe Schnittverletzung am Hals und Schnittverletzungen an beiden Handgelenken, wie man sie in typischer Weise bei Selbstmördern findet.

Es stellte sich die Frage, ob hier möglicherweise ein Selbstmord vorlag oder ob ein solcher nur vorgetäuscht werden sollte. Auffällig war die Ähnlichkeit der Verletzungen mit denen des Kindes, bei dem ein Selbstmord auf jeden Fall ausschied. Die Kriminalisten fragten sich, ob zwischen den beiden Ereignissen irgendwelche Zusammenhänge bestehen und wenn ja, welche. Möglich wäre, dass die alte Frau das Kind getötet und dann in ihrer Wohnung Selbstmord begangen hatte. Aber für diese Annahme gab es erst recht kein Motiv, da keinerlei Beziehungen zwischen den beiden bestanden. Außerdem war kaum vorstellbar, dass diese alte und gebrechliche Frau das in den Teppich gewickelte Kind in den Keller getragen haben könnte.

Die erste Befragung der Mitbewohner ergab überhaupt keinen Anhaltspunkt für ein Selbstmordmotiv der alten Dame. Im Gegenteil, sie wurde als recht lebenslustig geschildert. Die Spurensicherung, die Befragung der Nachbarn und die Suche nach möglichen Tatzeugen lief bis in die späten Abendstunden und musste zunächst ohne ein konkretes Ergebnis abgebrochen werden.

Die Staatsanwaltschaft ordnete für den nächsten Tag eine gerichtliche Obduktion beider Leichen an. Wir fuhren am frühen Morgen los und waren gegen Mittag am Ort des Geschehens. Die erste Besichtigung der beiden Leichen, bei der älteren Frau vor allem die Beschaffenheit der Verletzungen, zeigte, dass ein Selbstmord auszuschließen war. Bei dem Kind sprach bereits das Alter dagegen.

Bei der Frau fand sich ein tiefer, bis auf die Wirbelsäule gehender Schnitt an der Vorderseite des Halses. Luftröhre und Speiseröhre waren durchtrennt, ebenso die beiden großen Arterien, die das Gehirn mit Blut versorgen. Weiter wiesen beide Handgelenke tiefe, bis auf den Knochen gehende Schnitte auf, die auf beiden Seiten die Arterien völlig durchtrennt und zu hohem Blutverlust geführt hatten. Die zahlreichen Blutspuren in der Wohnung stammten eindeutig von der Wohnungsinhaberin, ihre massive Form war durch die Art der stark blutenden Verletzungen mit Durchtrennung mehrerer Schlagadern ohne weiteres zu erklären. Die Spuren an der Decke des Flurs zeigten das typische Bild einer spritzenden arteriellen Blutung und ließen in Verbindung mit den anderen Spuren erkennen, dass die alte Frau zumindest die ersten Verletzungen unmittelbar an der Korridortür erhalten hatte. Sie muss dann zurückgegangen oder -gedrängt worden sein und war am Ende des Korridors zusammengebrochen. Die Verletzungen sowohl am Hals als auch an den Handgelenken waren mit einem offenbar sehr scharfen Instrument beigebracht worden.

Im Gegensatz zu Selbstmordverletzungen, die auf den ersten Blick ähnlich aussehen können, fehlten die so genannten Probierschnitte, die man fast immer bei Selbstmorden findet. Es handelt sich dabei um oberflächliche, parallel zur tief gehenden eigentlichen Verletzung verlaufende Schnittversuche, die der Selbstmörder sich beibringt, gewissermaßen als Probe und vielleicht auch, um die Schärfe des Messers auszuprobieren. Sie verlaufen deshalb parallel, weil sie mit der gleichen

Hand und aus der gleichen Stellung heraus beigebracht werden.

Da die Korridortür völlig unbeschädigt war und auch das Türschloss keine Hinweise auf ein gewaltsames Öffnen zeigte, musste angenommen werden, dass die Wohnungsinhaberin die Tür selbst geöffnet hatte. Da die Tür über einen Spion verfügte und die Frau somit sehen konnte, wer davor stand, war weiter zu vermuten, dass sie die Einlass begehrende Person gekannt haben musste.

Die Befragungen der Nachbarn ergaben, dass die Mieterin, die eine Etage unter der Getöteten wohnte, sich in letzter Zeit etwas auffällig verhalten hatte. Sie hatte mehrfach geäußert, dass sie sich ständig beobachtet, verfolgt und bedroht fühle, darunter vor allem von der über ihr wohnenden Mieterin. Diese Schilderung legte den Verdacht auf das Vorhandensein einer Geisteskrankheit, einer paranoiden Schizophrenie, nahe. Wenn dieser Verdacht zutreffend war, kam sie unter Berücksichtigung von Wahnideen sehr wohl als Täterin in Betracht. Aber sollte sie auch das Kind getötet haben? Und warum? Zu diesem Kind hatte sie doch gar keine Beziehungen, ja sie kannte es kaum, wie die Nachbarn versicherten. Es erschien auch unter Berücksichtigung ihrer Wahnideen als unwahrscheinlich, dass sie sich durch das kleine Mädchen bedroht gefühlt haben sollte.

Noch am gleichen Nachmittag wurde Haftbefehl gegen sie erlassen, der jedoch zunächst nicht vollstreckt werden konnte, weil sie nicht zu Hause war. Aber die Ermittler fanden schnell heraus, dass sie sich mit einer Freundin in einem Café der Innenstadt aufhielt, wo sie, ohne Widerstand zu leisten, festgenommen wurde.

Bei der Vernehmung gab sie schon nach kurzer Zeit beide Tötungen zu und schilderte die Tathergänge in allen Einzelheiten.

Frau S., das erste Opfer, hatte sich offenbar trotz des schönen Wetters mittags etwas hingelegt. Sie war 64 Jahre und gönnte sich ihren Mittagsschlaf. Wenn es später, am Nachmittag, immer noch schön sein sollte, wollte sie einen kleinen Spaziergang in die Stadt machen, da sie wegen des bisherigen schlechten Wetters bereits mehrere Tage nicht aus dem Haus gekommen war. Zur gewohnten Zeit, gegen 16 Uhr, wurde sie wach. Womöglich wollte sie sich gerade noch einmal ausstrecken und dann aufstehen. Da klingelte es. Da sie niemanden erwartete, erhob sie sich erstaunt und blickte durch den Spion an der Korridortür. Sie erkannte ihre etwa 45jährige Mitbewohnerin aus der Etage unter ihr, zu der sie, wie alle anderem im Haus auch, kaum Kontakte pflegte. Bisher war sie der unerwarteten Besucherin weitgehend aus dem Weg gegangen, weil diese mitunter launisch war und manchmal grundlos herumschimpfte. Aber vielleicht brauchte sie jetzt Hilfe, wollte sich etwas leihen oder etwas fragen?

Frau S. öffnete die aus Sicherheitsgründen stets verschlossene Korridortür und wollte die Nachbarin gerade fragen, was los sei, da drang diese mit einem Rasiermesser auf sie ein und schrie: »Das sollen Sie mir büßen!« Sie packte die Ahnungslose mit der linken Hand an den Haaren und schnitt ihr mit der rechten Hand, in der sie das aufgeklappte Rasiermesser hielt, die Kehle durch.

Beim Zurückweichen brach Frau S. am Ende des Flurs zusammen. Blut spritzte im Rhythmus des Herzschlags aus der großen Wunde bis zur Decke. Auch die Täterin wurde davon getroffen, sodass sie kaum etwas sehen konnte. Sie wischte sich mit dem Handrücken das Blut aus dem Gesicht.

Als die Täterin die alte Frau stark blutend vor sich liegen sah, kam ihr der Gedanke, einen Selbstmord vorzutäuschen. Bei mehreren früheren Aufenthalten in einer psychiatrischen Einrichtung hatte sie erfahren, dass sich Selbstmörder bevorzugt die Pulsadern durchschneiden. Deshalb beugte sie sich nieder und brachte der Sterbenden an jedem Handgelenk einen tiefen Schnitt bei. Anschließend verließ sie die Wohnung und ging zurück in ihre eigenen Räume.

Da sie sich mit einer Freundin in der Stadt treffen wollte, musste sie sich erst von dem Blut reinigen und auch die Kleidung wechseln. Danach verließ sie das Haus und sah, als sie aus der Haustür trat, ein kleines Mädchen aus einem Fenster in der ersten Etage des gegenüberliegenden Hauses herausschauen. Plötzlich schoss ihr der Gedanke durch den Kopf: »Das Kind hat alles gesehen. Es wird dich verraten. Du musst es auf jeden Fall beseitigen.«

Diese Annahme entbehrte jeder Grundlage, weil das Fenster, aus dem das Kind auf die Straße blickte, viel tiefer lag, als die Tatwohnung. Außerdem befanden sich deren Fenster auf der Rückseite des Hauses, sodass das Kind gar nichts gesehen haben konnte. Dennoch setzte sich der einmal gefasste Gedanke bei ihr als Wahngebilde geradezu zwanghaft fest. Die Unmöglichkeit ihrer Annahme war ihr auch später nicht klarzumachen.

Die Frau begab sich in das gegenüberliegende Haus und klingelte an der Wohnungstür. Das Kind öffnete ahnungslos, wurde von der Frau in die Wohnung gedrängt, gepackt und durch einen Halsschnitt getötet. Wiederum verfiel die Täterin auf die Idee, einen Selbstmord vorzutäuschen. Sie brachte auch dem zweiten Opfer tiefe Schnitte an beiden Handgelenken bei, wobei die eine Hand fast abgetrennt wurde und nur noch an einer Hautbrücke hing. Doch dann glaubte sie, dass es besser ist, die Leiche zu verstecken, damit die Mutter denken sollte, das Kind sei weggelaufen.

Um den toten Körper nicht offen durch das Treppenhaus transportieren zu müssen, wickelte sie ihn in den Flurläufer ein, trug ihn in den Keller und versteckte ihn dort hinter einem Holzstapel. Dann verließ sie unverzüglich das Haus und begab sich zum Treff mit ihrer Bekannten, ohne die in Flur und Treppenhaus reichlich vorhandenen Blutspuren zu beachten. Mit der Bekannten verbrachte sie den ganzen Nachmittag, ohne sich in irgendeiner Weise auffällig zu benehmen.

Als nach ihrer Festnahme weiter zur Person ermittelt wurde, stellte sich heraus, dass ihre Geisteskrankheit schon seit mehreren Jahren bestand und auch bekannt war. Sie war bereits früher mehrfach und für längere Zeit in einer psychiatrischen Einrichtung eingewiesen gewesen und behandelt worden. Da sich ihr Zustand aber immer wieder gebessert hatte – eine Schizophrenie tritt in Schüben auf –, war sie wieder nach Hause entlassen worden. Ein erneuter Schub erreichte offenbar zur Tatzeit einen Höhepunkt und steigerte sich ins Unerträgliche. Er bewirkte, dass sie sich von der später Getöteten ununterbrochen verfolgt fühlte: im Hause, auf der Straße, ja bis in ihre Gedankenwelt hinein.

Obwohl die Kranke seit einem Jahr in dem Haus lebte, kannten die Nachbarn deren Vorgeschichte nicht. Sie vermochten deshalb auch deren auffälliges Verhalten nicht angemessen zu beurteilen.

Da die Täterin aufgrund ihrer Geisteskrankheit nicht schuldfähig war, wurde sie in eine geschlossene psychiatrische Anstalt eingewiesen.

Mord ohne Leiche

Anfang der fünfziger Jahre waren die Verhältnisse im Nachkriegsdeutschland äußerst kompliziert und verworren. Die beiden deutschen Staaten, die als Folge des verlorenen Krieges entstanden waren, existierten erst wenige Jahre. Einen geregelten Grenzverkehr zwischen ihnen gab es nicht; insbesondere war der Wechsel des Wohnsitzes von einem Land in das andere mit großen Schwierigkeiten verbunden. Wie groß diese waren, hing allerdings davon ab, in welche Himmelsrichtung man wollte. Während sich der Weg von West nach Ost meist als unkompliziert erwies, war das umgekehrt – aus politischen Gründen, aber vielfach auch wegen der besseren Lebensbedingungen im Zielgebiet viel häufiger beabsichtigt – keineswegs der Fall. Wie allgemein bekannt, genehmigten die ostdeutschen Behörden entsprechende Anträge in den meisten Fällen nicht. Das führte zu den zahlreichen illegalen Grenzübertritten, die in der DDR unter Strafe standen. Jeder, der von Ostdeutschland nach Westdeutschland wechseln wollte, musste demzufolge die Vorbereitungen und den Grenzübertritt in aller Heimlichkeit betreiben. So wurde das Verlassen der DDR in den meisten Fällen erst dann bemerkt, wenn es bereits vollzogen war und die Betreffenden sich aus dem Westen meldeten. War jemand plötzlich verschwunden und kam nicht mehr zur Arbeit oder nach

Hause, so musste man eben auch an eine so genannte Republikflucht denken.

Ein solcher Fall schien vorzuliegen, als an einem Tag im Frühjahr 1951 ein Mann bei der Polizei seine Frau, seine Schwiegermutter und seine neunjährige Tochter als vermisst meldete. Sie waren nach seinen Angaben seit über einer Woche nicht nach Hause gekommen. Irgendwelche Angaben über ihren Verbleib konnte er nicht machen, vermutete aber, dass sie sich nach dem Westen abgesetzt hätten, da seine Frau immer wieder einmal davon gesprochen habe und ihn ebenfalls zur Flucht bewegen wollte. Seine Frau habe argumentiert, dass sie als Flüchtlinge aus den ehemaligen Ostgebieten sowieso neu anfangen müssten, was in Westdeutschland aufgrund der wesentlich besseren Lebensverhältnisse leichter möglich sei.

Er selbst sei aber darauf nicht eingegangen, da er sich in der DDR sehr wohl fühle, als Platzwart eine gute Arbeit habe und auch wohnungsmäßig gut untergekommen sei. Er wohne in einem kleinen Häuschen direkt am Sportplatz, den er zu betreuen habe.

Eine Vermisstenmeldung wurde aufgenommen und dann gewartet, ob sich die Frau melden würde. Das geschah jedoch nicht. Statt dessen tauchten in der Bevölkerung der Kleinstadt Gerüchte auf, die besagten, dass das Verschwinden der drei Personen nicht mit rechten Dingen zugegangen sei. Zwischen den Eheleuten habe es schon seit längerer Zeit Streit gegeben, wobei der Mann seine Frau auch des öfteren geschlagen habe. Einige Nachbarn hatten in den Tagen nach dem Verschwinden der drei Personen angeblich beobachtet, dass nachts dicker, schwarzer Rauch aus dem Schornstein des Hauses am Sportplatz aufstieg.

Diese Gerüchte und die Tatsache, dass von den verschwundenen Personen auch nach Wochen keinerlei Lebenszeichen vorlag, waren für die Behörde Grund genug, eine Hausdurchsuchung beim Platzwart durchzuführen. Da diese aber nichts erbrachte, wurde der Vorgang vorläufig eingestellt und geriet zunächst in Vergessenheit.

Erst einige Jahre später geriet der Platzwart erneut ins Blickfeld der Polizei. Er war immer noch auf dem Sportplatz tätig und wohnte auch noch in dem gleichen Haus, allerdings mit einer neuen Lebensgefährtin an der Seite. Aufmerksam wurde man deshalb auf ihn, weil ein ehemaliger KZ-Insasse ihn als einen der im KZ tätigen SS-Leute erkannt hatte und ihn beschuldigte, als Blockführer an schweren Menschenrechtsverletzungen, Folterungen und Tötungen von Häftlingen beteiligt gewesen zu sein.

Daraufhin wurde der Platzwart vernommen und, als sich die Vorwürfe bestätigt hatten, festgenommen. Bei den weiteren Ermittlungen kam auch die vor Jahren eingestellte Vermisstensache wieder zum Vorschein. Bei der Überprüfung dieser Angelegenheit wurde festgestellt, dass von den drei vermissten Personen immer noch kein Lebenszeichen vorlag, obwohl inzwischen mehrere Jahre vergangen waren. Der jetzt in anderer Angelegenheit Beschuldigte wurde daraufhin erneut zu den damaligen Vorgängen vernommen. Hierbei verwickelte er sich in einige Widersprüche und gestand schließlich nach weiteren Ausflüchten in die Enge getrieben, den Tod der drei Familienangehörigen verschuldet zu haben.

Nach seiner Darstellung sollte es am Abend des angeblichen Verschwindens einen heftigen Streit mit seiner Frau gegeben haben. Hierbei sei es auch zu Tätlichkeiten gekommen. Er habe seiner Frau aus Wut über ungerechtfertigte Beschuldigungen eine kräftige Ohrfeige gegeben, worauf sie durch den Schlag nach hinten gefallen und die äußerst steile und schmale Kellertreppe hinabgestürzt sei. Dabei habe sie die hinter ihr auf der Kellertreppe stehende Schwiegermutter und Tochter mit nach unten gerissen. Am Fuß der Treppe seien dann alle drei Personen bewegungslos liegen geblieben. Er habe sofort nach ihnen gesehen und den Tod aller drei Personen zweifelsfrei festgestellt. Aus Angst, zur Rechenschaft gezogen zu werden, habe er die drei Leichen noch in der gleichen Nacht im Keller vergraben. Wie wir bereits wissen, erstattete er nach mehreren Tagen die Vermisstenmeldung, nachdem er zuvor das Gerücht von der beabsichtigten Republikflucht in die Welt gesetzt hatte.

Nach diesen wenig glaubwürdigen Aussagen über die angeblichen Todesfälle der drei Personen wurde ich mit dem Fall vertraut gemacht und gebeten, zu den Angaben über den angeblichen Unfallhergang Stellung zu nehmen. Vor allem sollte ich mich dazu äußern, ob man nach dem Zeitraum von mehreren Jahren noch Teile der Leichen auffinden könnte.

Letzteres stand außer Frage, da man zumindest Teile der Skelette vergrabener Toter auch nach langer Zeit im Boden auffinden kann. Den Todessturz der drei Personen in der geschilderten Art und Weise hielt ich ebenso wie die Kriminalisten für sehr unwahrscheinlich. Wir wurden also beauftragt, bei den Ausgrabungen im Keller des Hauses mit anwesend zu sein und auf Spuren von Leichenteilen oder Hinweise darauf zu achten. Außerdem sollten wir eine genaue Untersuchung des gesamten Hauses, insbesondere aber des angeblichen Tatortes, der Kellertreppe, vornehmen.

Hierbei fanden sich an der hölzernen Umrandung der Kellertreppenöffnung zahlreiche kleine schwärzliche Punkte, die möglicherweise sehr alte Blutspritzer sein konnten. Die erste Untersuchung vor Ort ergab auch eine positive Vorprobe auf Blut, die sich allerdings später im Labor als falsch herausstellte. Es waren keine Blutspritzer, sondern ganz gewöhnlicher Fliegendreck, der mitunter wie Blut eine positive Benzidinreaktion ergibt.

Das Aufgraben des Kellerbodens, der aus fest gestampfter Erde bestand, zunächst an der Stelle, die uns der Beschuldigte bezeichnete, und als dort nichts gefunden wurde, im ganzen Kellerbereich, führte zu keinerlei Ergebnis. Keine Skelettteile weit und breit. Der Boden machte auch nicht den Eindruck, in den letzten Jahren schon einmal aufgegraben worden zu sein. Die Angaben des Beschuldigten waren also falsch.

Als ihm das Ergebnis der Untersuchungen mitgeteilt wurde, änderte er seine Aussage ab. Er habe die Leichen zuerst zerstückelt, dann die Weichteile im Keller vergraben und die Knochen im Kessel der Zentralheizung verbrannt.

Als ich ihm vorhielt, dass eine völlige Verbrennung im genannten Kessel wohl kaum möglich sei, gab er an, die Knochen vor dem Verbrennen zunächst mit einem Beil weitgehend zerkleinert zu haben. Die Asche, in der sich tatsächlich noch Knochenreste befanden, habe er in einen nahe beim Haus gelegenen Teich geworfen.

Obwohl mehrere Jahre vergangen und im Winter bei Schneeschmelze mehrmals Überschwemmungen aufgetreten waren, wurde das Wasser des Teiches abgelassen, um nach eventuell noch vorhandenen Knochenresten suchen zu können. Es wurden zwar einige Knochen gefunden, diese erwiesen sich aber ganz eindeutig als Tierknochen. Erneut änderte der Beschuldigte seine Aussage ab und erklärte jetzt, die Leichen weder zerstückelt noch verbrannt, sondern auf seinem oberhalb des Hauses gelegenen Acker vergraben zu haben.

Da der Beschuldigte nach so langer Zeit die genaue Stelle angeblich nicht mehr genau bezeichnen konnte, wurde eine Gruppe Bereitschaftspolizei angefordert und mit dem Umgraben des gesamten Ackers beauftragt. Als die Arbeit fast abgeschlossen war, ohne dass etwas gefunden wurde, widerrief der Beschuldigte abermals seine Aussage. Jetzt wollte er die Leichen nicht vergraben, sondern in einem alten und halb verfallenen Bergwerksstollen versteckt haben.

Obwohl wir kaum noch an einen Erfolg glaubten, wurden wir diesmal tatsächlich fündig. Wir stießen tief im Stollen auf drei Skelette, die noch verhältnismäßig gut erhalten waren. Alle drei wiesen schwere, offensichtlich von einem Beil herrührende und mit hochgradigen Zertrümmerungen der Schädelknochen einhergehende Hiebverletzungen auf. An einigen dieser Knochenverletzungen waren auch nach so vielen Jahren noch deutliche Schartenspuren zu erkennen.

Bei Schartenspuren handelt sich um Spuren, die beim Durchtrennen der Knochen an den Rändern der Durchtrennungsstelle entstehen und die durch die Beschaffenheit der Schneide eines Beils verursacht werden. Durch den früheren Gebrauch des Beils sind Scharten entstanden, die sich im Knochenrand widerspiegeln und für jedes einzelne Hiebinstrument typisch sind. Es sind also individuelle Spuren, die sich in günstigen Fällen einem ganz bestimmten Werkzeug zuordnen lassen.

Als im Anwesen des Platzwarts nach einem Beil gesucht

wurde, fand sich in einem Schuppen tatsächlich ein stark ver-
rostetes, offenbar lange nicht benutztes Beil. Die intensive
Untersuchung der Schneide ergab einige Stellen, wo die Schartenspuren mit denen an den Knochenverletzungen übereinstimmten. Erst jetzt fand sich der Beschuldigte bereit, den wah-
ren Hergang der Tat zu schildern.

Danach hatte es an dem besagten Abend tatsächlich einen
heftigen Streit mit seiner Frau und mit seiner Schwiegermutter
gegeben. Beide hielten ihm vor, fremd zu gehen. Obwohl die
Vorwürfe zutrafen, hatten sie ihn so in Wut versetzt, dass er
mit dem Beil zunächst auf seine Frau einschlug, die sofort zusammenbrach. Weil die Schwiegermutter daraufhin laut um
Hilfe schrie, erschlug er sie ebenfalls mit dem Beil. Dann kam
die kleine Tochter hinzu, erblickte die beiden Frauen am Boden
liegend und ihn noch mit dem Beil in der Hand daneben ste-
hend und sagte: »Du hast Mutti und Oma erschlagen. Du bist
ein böser Mann.« Aus Angst, verraten zu werden, tötete er auch
sie.

Wie sich später herausstellte, war der eigentliche Grund für
die Ermordung der drei Personen das damals schon bestehen-
de Verhältnis mit seiner späteren Lebensgefährtin und die Wei-
gerung seiner Frau, in eine Scheidung einzuwilligen.

*Gerade bei Stichverletzungen wird nicht selten behauptet, dass
es sich um Notwehr gehandelt habe und der Angriff nur mit
Hilfe einer Stichwaffe abgewehrt werden konnte. Angegeben
wird ferner, dass das Opfer in die Stichwaffe hineingelaufen
oder -gefallen sei.*

*Der Wahrheitsgehalt solcher Behauptungen muss natürlich
überprüft werden. Hierzu können das Aussehen der Verletzun-*

gen und der Verlauf des Stichkanals Hinweise geben. Beide müssen deshalb besonders unter dieser Fragestellung untersucht werden.

War es Notwehr?

In der alten verräucherten Kneipe am Hafen herrschte viel Betrieb. Alle Tische waren besetzt, nur einzelne Stühle noch frei. Hin und wieder ging ein Gast, dafür kamen aber immer wieder neue hinzu. Die meisten Besucher saßen jedoch schon seit Stunden zusammen und fühlten sich trotz des Lärms und trotz des Qualms offenbar wohl. Immerhin musste man schon sehr laut reden, um sich mit seinen Tischnachbarn unterhalten zu können.

Vorwiegend Männer waren Gäste dieses Etablissements, in dem ausschließlich Bier und Schnaps getrunken wurde. Die wenigen Frauen saßen überwiegend an der Theke und unterhielten sich mit den Männern dort. Bei den meisten erkannte man auf den ersten Blick den Zweck ihres Aufenthaltes gerade in dieser Kneipe.

Obwohl die Prostitution in der DDR offiziell verboten war, hieß das natürlich nicht, dass es sie nicht gab: Sie wurde halt inoffiziell betrieben. Die Hafenkneipe war einer der Orte, wo die Kontakte gesucht und geknüpft wurden und wo die Frauen ihre Freier fanden. Das war zwar bekannt, wurde aber stillschweigend geduldet.

An diesem Abend lief das Geschäft nicht so richtig, obwohl eine ganze Menge Betrieb im Lokal war. Martha M. hatte bereits den vierten Versuch gestartet, ohne dass einer der Männer anbeißen wollte. Sie musste aber dranbleiben, denn ohne Geld durfte sie dem »schönen Ede«, ihrem Freund und Zuhälter, diesmal nicht unter die Augen treten. Dieser hatte in den letzten Tagen mehrmals heftig getobt, sie beschimpft und behauptet, dass sie sich keine Mühe geben würde, um endlich anständig Geld nach Hause zu bringen. Heute musste sie so lange arbeiten, bis das Geld stimmen würde.

Wieder hatte Martha einen jungen Mann herausgefischt, der als Freier infrage kam. Er schien nicht abgeneigt und lud sie erst einmal zu einem Glas Bier ein. Sie fanden auch einen Tisch, der gerade frei geworden war. Die Verhandlungen liefen ganz gut, da wurde plötzlich die Tür der Gaststätte aufgerissen, und der »schöne Ede« stürmte herein, blickte sich im Lokal um, kam auf ihren Tisch zu und redete unwirsch auf sie ein: »Ich habe dich schon überall gesucht. Wo bist du denn heute nur geblieben? Wir waren doch verabredet und wollten heute Abend gemeinsam etwas unternehmen.«

Tatsächlich hatte sie ganz vergessen, dass sie den heutigen Abend gemeinsam verbringen wollten. Das Geschäft mit dem Freier war damit natürlich geplatzt. Der junge Mann trank schnell sein Bier aus, zahlte und verschwand.

Martha und ihr Freund setzten sich noch auf ein Glas Bier an einen anderen Tisch zu ein paar Bekannten, dann verließen sie ebenfalls das Lokal und gingen in die Wohnung von Martha, in der sich der »schöne Ede« seit einiger Zeit einquartiert hatte. Obwohl Ede noch mehrere Mädchen »laufen hatte«, war Martha gegenwärtig seine Favoritin, bei der er wohnte und mit der er schlief, zumindest meistens.

Martha verfügte in einem Altbau über eine Einraumwohnung mit einer kleinen Küche. Etwas primitiv war das Ganze schon, aber immerhin etwas Eigenes, unabdingbar für ihr Geschäft. In dem einen Zimmer, Wohn-, Schlaf- und »Arbeitszimmer« zugleich, stand außer einem Tisch mit ein paar Stühlen in der Ecke eine Couch, auf der die Freier bedient wurden und auch Martha und Ede schliefen.

Bereits auf dem Heimweg überschüttete Ede Martha mit Vorwürfen, weil sie noch keinen Pfennig verdient hatte, als er in die Kneipe kam. Zu Hause angekommen, spitzte sich die übliche Auseinandersetzung wegen des Geldes zu. Diesmal begnügte sich Ede nicht mit Schimpfworten, sondern wurde auch tätlich, schlug auf Martha ein und warf mit Gegenständen nach ihr. Und Martha wehrte sich: Er bekam ihre Schuhe an den Kopf.

Nach einiger Zeit verflog sein Zorn, und er beruhigte sich. Die beiden gingen gemeinsam ins Bett, wo es zweimal zum Geschlechtsverkehr kam. Dann, nach einer kleinen Erholungspause, flammte der Streit erneut auf, und Ede drohte, sie zu verlassen und auszuziehen, wenn sie in Zukunft nicht mehr Geld abliefern würde.

Als sie mit einem wütenden »Na, dann geh doch« reagierte, machte er ernst, stand auf und ging in die Küche, um seine Sachen zu packen. Martha erhob sich ebenfalls und warf ihm einen Schuh hinterher. Er revanchierte sich mit einem Blumentopf, der sie auch traf und zu Bruch ging. In diesem Moment gelang es ihm, in die kleine Küche zu entkommen, wo er seine ganzen Habseligkeiten aufbewahrte, die im Wesentlichen aus dem Wasch-, Rasier- und Zahnputzzeug bestanden und in einem kleinen Pappköfferchen untergebracht waren.

Als Martha erkannte, dass es ihrem Freund mit dem Ausziehen ernst war, bekam sie es doch mit der Angst zu tun. Sie war ihm trotz aller Streitereien hörig und wollte ihn auf gar keinen Fall verlieren. Als er darüber hinaus mit Bestimmtheit erklärte, noch am gleichen Abend zu einer anderen Frau zu ziehen, die ebenfalls für ihn als Prostituierte tätig war, sah sie rot. Martha hielt die Küchentür von außen zu und wollte ihn nicht herauslassen. Sie versuchte, ihn in der Küche einzusperren, um ihn so lange am Verlassen der Wohnung zu hindern, bis er es sich wieder anders überlegt hätte. Allerdings gelang es ihr nicht, die Tür zuzuschließen.

Nach Marthas späterer Aussage hatte Ede plötzlich ein großes Küchenmesser in der Hand und bedrohte sie damit. Er versuchte, auf sie einzustechen, aber Martha konnte ihm das Küchenmesser entwinden und stach nun ihrerseits durch die um einen Spalt geöffnete Tür auf ihn ein, worauf er von ihr abließ, sich zum Küchentisch schleppte und auf einen Stuhl setzte. Dann fiel sein Oberkörper auf den Tisch, und er bewegte sich nicht mehr. Unter dem Tisch bildete sich eine große Blutlache. Martha erschrak gewaltig und schrie auf: »Das habe ich nicht gewollt. Mach keinen Quatsch, komm heraus, wir wollen uns wieder vertragen.« Aber er rührte sich nicht.

Marthas Angst steigerte sich, zumal sie keine Atmung mehr feststellen und auch den Puls nicht fühlen konnte. Offensichtlich war Ede tot. In ihrer Angst zog sie sich schnell einen Mantel über das Hemd, lief zu einer Freundin und erzählte ihr die ganze Geschichte. Diese empfahl ihr nach kurzer Beratung, gemeinsam zur Polizei zu gehen.

Auf dem Polizeirevier schilderte Martha noch einmal den Tathergang und behauptete dabei, ihren Freund nur aus Notwehr getötet zu haben, nachdem er zuerst auf sie eingestochen und sie am Gesäß verletzt habe. Als Beweis wies sie einen größeren Blutfleck im Hemd in der Gesäßgegend vor. Wiederholt beteuerte sie, dass sie sich nur wehren, ihn aber auf gar keinen Fall töten wollte.

Sofort begaben sich zwei Polizisten in die Wohnung, um sich von der Richtigkeit der Angaben zu überzeugen. Ohne etwas zu verändern, versiegelten sie die Wohnung und benachrichtigten die Kriminalpolizei, die auch sofort kam und den Toten in der beschriebenen Lage am Tisch vorfand.

Am Morgen wurde außer dem Staatsanwalt auch die Gerichtsmedizin verständigt, und ich begab mich ebenfalls an den Tatort. Dort erblickte ich ein arg verwüstetes Zimmer, in dem überall Wurfgeschosse herumlagen: Es waren nicht nur ein, sondern mehrere Blumentöpfe zu Bruch gegangen, Pflanzen und Erde lagen weit verstreut auf dem Boden, die Scherben eines Blumentopfes hingen samt Inhalt noch in der Gardine. Das Bett war zerwühlt, Kissen, die offensichtlich ebenfalls als Wurfgeschosse benutzt worden waren, verteilten sich malerisch im Zimmer.

Die Küchentür stand halb offen, und man sah den Toten mit dem Oberkörper auf dem Küchentisch liegen, mit dem Rücken zur Tür. Auf dem Tisch fand sich eine große Blutlache, das Blut war auf den Boden heruntergetropft und hatte dort ebenfalls eine sehr große Blutlache gebildet. In dieser lag ein großes Brotmesser, das offenbar aus der Stichwunde im Oberkörper herausgefallen war. Die Totenstarre war bereits eingetreten.

Die Leiche wurde im Institut seziert, wobei sich im Bereich der rechten Schulter vorn eine große Stichwunde mit einer deutlichen einseitigen Schwalbenschwanzbildung zeigte. Diese war folglich von einem einschneidigen Instrument verursacht worden, womit das Brotmesser infrage kam. Außerdem fand sich noch eine Stich-Schnittverletzung am rechten Unterarm, die offenbar entstanden war, als der Tote den Unterarm zur Abwehr vor den Körper gehalten hatte.

Der Stichkanal von der Brustwunde aus führte tief in den Brustkorb Richtung Herz, das aber nicht erreicht wurde. Jedoch war ein großes arterielles Gefäß durchtrennt worden, wodurch der Verblutungstod eingetreten war. Der Stichkanal hatte etwa die gleiche Länge wie die Messerklinge. Somit war das Messer bis zum Heft in den Körper hineingestoßen worden. Die Verletzung am Arm hingegen erwies sich nur als oberflächlich und ziemlich bedeutungslos.

Für die Rekonstruktion des Tatgeschehens war die Anordnung der Blutspuren an der Innenseite der Tür und an der Wand in der Küche von Bedeutung. Es handelte sich hierbei um zahlreiche Blutspritzer aus der blutenden Arterie im Schulterbereich. Entsprechend dem Pulsschlag waren die Blutspuren an Tür und Wand angeordnet und ließen den Weg des schwer verletzten Mannes erkennen. Ganz offensichtlich hatte er den Stich erhalten, als er hinter der halb geöffneten Tür stand. Dann war er, sich mit den Händen abstützend, an der Wand entlanggegangen, hatte sich auf den Stuhl gesetzt und war am Tisch zusammengebrochen. Die Angaben der Täterin in dieser Frage stimmten also im Großen und Ganzen.

Etwas anders verhielt es sich mit ihren Aussagen zur angeblichen Notwehr und der zuvor erhaltenen Stichverletzung ins Gesäß. Als ich mir diese Verletzung ansah, stellte ich zwar fest, dass das Hemd an dieser Stelle einen großen Blutfleck aufwies, aber keine Beschädigung zeigte. Das Textilgewebe war völlig intakt und die Verletzung darunter mit Sicherheit keine

Stichverletzung. Es handelte sich um eine unregelmäßige, oberflächliche und kratzerartige Hautverletzung, die wahrscheinlich von einem als Wurfgeschoss benutzten und zerbrochenen Blumentopf herrührte. Das gab die Täterin letztendlich nach einiger Zeit auch zu.

Martha M. wurde wegen Körperverletzung mit Todesfolge verurteilt, da ihr eine Tötungsabsicht nicht nachgewiesen werden konnte.

Kapitel 6

Mit Hammer und Keule (Stumpfe Gewalt)

Die häufigste Verletzungsart, die der Gerichtsmediziner zu beurteilen hat, ist die Einwirkung von stumpfer Gewalt. Man versteht darunter die Gewalteinwirkung durch flächenhafte oder auch kantige Gegenstände, durch die Hand oder auch die Faust. Gewalteinwirkung durch Schläge fällt ebenso darunter wie die durch den Sturz aus der Höhe. Bei Unfällen jeder Art, bei Schlägereien und bei Stürzen, spielt diese Art der Verletzung eine wesentliche Rolle. Obwohl das Aussehen derartiger Verletzungen eine unendliche Vielfalt bietet, gibt es doch eine ganze Reihe von Merkmalen, die wichtige Rückschlüsse auf die Entstehungsweise einer solchen Verletzung und auch auf das mögliche Werkzeug oder den verursachenden Gegenstand zulassen.

Das zu erkennen und in das Gesamtbild einer Handlung einzuordnen, ist eine der wesentlichen Aufgaben des Gerichtsmediziners. Manche wichtige Veränderung einer Verletzung ist nur bei einer sehr genauen Untersuchung, mitunter auch mithilfe einer Lupe oder eines Stereomikroskops, zu erkennen. Und doch sind es gerade diese manchmal für das Todesgeschehen völlig unbedeutenden und nichtigen Verletzungen, die eine genaue Re-

konstruktion des Tat- oder Unfallgeschehens zulassen oder über-
haupt erst ermöglichen.

Ein Sexualmord

Vor dem Wohnungsamt in G. hatte sich eine kleine Warte-
schlange gebildet und sie wuchs noch weiter. Der junge Mann,
der eben hineingerufen worden war, hielt den ganzen Betrieb
auf. Es schien irgendwelche Probleme zu geben. Aber man
wartete geduldig, denn man wollte die Angestellten nicht ver-
ärgern, bei denen schließlich jeder Anwesende etwas erreichen
wollte. Der eine sorgte sich um eine größere Wohnung, der
Nächste um einen Wohnungstausch, während wieder andere
überhaupt erst einmal eine Wohnungszuweisung im Auge
hatten. Beim herrschenden Wohnungsmangel musste man die-
jenigen, die die wenigen vorhandenen Wohnungen verteilten,
unbedingt bei guter Laune halten. Davon weiß fast jeder ge-
lernte DDR-Bürger ein Lied zu singen.
    Endlich ging die Tür auf, und der junge Mann kam mit zu-
friedener Miene heraus, weil er offenbar erreicht hatte, was er
wollte.
    Es handelte sich um Karl R., der erst vor wenigen Tagen über
die grüne Grenze aus der Bundesrepublik in die DDR gekommen war und sich als politischer Flüchtling bei den zuständigen Behörden gemeldet hatte. Letzteren gegenüber hatte er
erklärt, dass er mit den kapitalistischen Verhältnissen in Westdeutschland nicht einverstanden sei, weshalb er sich entschlossen habe, ein sozialistisches Deutschland mit aufzubauen.

Natürlich war er den Staatsfunktionären mit dieser Einstellung hoch willkommen. Er wurde mit offenen Armen aufgenommen, bekam als gelernter Schlosser sofort eine Arbeitsstelle und hatte auch auf dem Wohnungsamt keine Probleme. Ihm wurden in einem Vorort von G. in einem Haus, das drei Personen bewohnten, zwei möblierte Zimmer zugewiesen.

Mit sich und der Welt zufrieden zog er mit seinen paar Sachen dort ein und stellte fest, dass die Bewohner sehr nette Leute waren: Eine junge Frau mit ihrer Tochter wohnte im Parterre, im Obergeschoss neben ihm noch die Großmutter. Das Haus lag in einer aufgelockerten Wohnsiedlung im Grünen und war noch recht gut erhalten. Besser hätte er es gar nicht treffen können, zumal sich hier offenbar ein Familienanschluss anbahnen ließ, denn die junge Frau hatte ihm sofort angeboten, auch für ihn einzukaufen und zu kochen.

Karl beglückwünschte sich innerlich zu seinem Entschluss, in die DDR überzusiedeln und hier ein neues Leben anzufangen, zumal bisher alles wunderbar geklappt hatte. Zwar war die politische Begründung für seinen Schritt etwas an den Haaren herbeigezogen, weil ihn Politik im Grunde überhaupt nicht interessierte. Vielmehr hatte er in der Bundesrepublik in letzter Zeit erhebliche Schwierigkeiten gehabt und wurde wegen mehrerer Eigentumsdelikte von der Kriminalpolizei mit Haftbefehl gesucht. Wenn sie ihn erst einmal festgenommen hätten, wäre er bei seinem Vorstrafenregister wohl sobald nicht wieder aus dem Knast herausgekommen. Da bot sich die Flucht in die DDR, in der er ein von Grund auf neues Leben anfangen und mit seiner kriminellen Vergangenheit brechen wollte, geradezu an.

Da er sich darüber hinaus geschworen hatte, nur noch durch ehrliche Arbeit seinen Lebensunterhalt zu verdienen, suchte er bereits am nächsten Morgen seine neue Arbeitsstelle auf und stellte sich vor. Auch hier fand er alles in Ordnung und im Wesentlichen seinen Vorstellungen entsprechend. Der erste Tag verlief sehr gut, und als er abends nach Hause kam, brachte er seinen Mitbewohnerinnen einen Blumenstrauß mit, um sich gleich gut einzuführen. Die junge Frau war etwa in seinem Alter, ihre Tochter 12 Jahre alt. Auch die Großmutter zeigte sich noch recht rüstig und besorgte im Wesentlichen den Haushalt, da ihre Tochter arbeiten ging.

Die Frauen freuten sich über die Blumen und luden ihn sofort zum Abendessen ein. Sie freuten sich außerdem darüber, dass jetzt ein Mann im Haus war, denn es fielen immer wieder einige kleinere Reparaturen und andere Arbeiten an, die zu erledigen ihnen Schwierigkeiten bereitete. Und der neue Hausbewohner versicherte ihnen auch, dass er als Handwerker das gern übernehmen würde. So etwas sei für ihn keine Belastung, sondern mache ihm Spaß.

Die nächsten Wochen und Monate verliefen sehr harmonisch, man kam sich näher, und schon bald entwickelte sich zwischen Karl R. und der jungen Frau ein intimes Verhältnis. Ja, man dachte bereits an eine engere Bindung, an eine Heirat, an der vor allem die junge Frau großes Interesse zeigte, zumal sich ihr neuer Freund auch sehr gut mit ihrer Tochter verstand. So brachte sie immer wieder einmal das Gespräch auf eine mögliche Ehe.

Karl R. war zwar nicht völlig abgeneigt, aber eine feste Bindung kam ihm jetzt etwas zu schnell. Ihm gefiel der Zustand so, wie er war. Als einziger Mann im Haus ließ er sich verwöhnen und genoss die Pascha-Rolle. In den Gesprächen über eine mögliche festere Bindung, die auch die Oma wiederholt in

Mit Hammer und Keule (Stumpfe Gewalt)

Gang brachte, machte er Ausflüchte. Wenn die junge Frau gar zu hartnäckig beim ungeliebten Thema blieb, erklärte er, noch etwas Zeit zu brauchen, um sich in der DDR richtig einzuleben. Im Grunde habe er nichts gegen eine Heirat, wolle sie aber auf einen späteren Zeitpunkt verschieben.

So gingen die Monate ins Land, und nach der anfänglichen Euphorie hinsichtlich des neuen Lebensstils verfiel Karl R. schon bald wieder in den alten Schlendrian. Im Betrieb gab es immer wieder Auseinandersetzungen wegen seiner schlechten Arbeitsleistungen. Die Zahl der Fehlschichten nahm zu. Bald war er bekannt für seine Unpünktlichkeit und den Pfusch, den er mitunter ablieferte. Man drohte ihm mit Disziplinarmaß- nahmen bis hin zur fristlosen Entlassung, wenn sich sein Ver- halten nicht wesentlich ändern würde.

Auch zu Hause gingen ihm die immer häufiger geführten Diskussionen um eine baldige Eheschließung auf die Nerven. Hinzu kam, dass er sich ausgebeutet fühlte. Zwar hatte er den Frauen bei seinem Einzug zugesagt, bei der Instandhaltung des Hauses zu helfen. Als dann aber tatsächlich solche Aufgaben an ihn herangetragen wurden, verspürte er keine Lust oder hat- te angeblich andere Verpflichtungen.

Weil sich die Dinge aus seiner Sicht ungünstig entwickelten, überlegte er immer wieder, ob er nicht alles hinschmeißen und sich irgendwo anders etwas Neues suchen sollte. Er erwog auch, wieder nach Westdeutschland zurückzugehen und den im Osten missglückten Neuanfang dort unter anderem Namen in Angriff zu nehmen. So manches in der DDR – die Mangel- wirtschaft an erster Stelle – gefiel ihm nun doch nicht. Dass er in der Bundesrepublik mit Haftbefehl gesucht wurde, schien er zu verdrängen. Wenn er unter anderem Namen und in eine Gegend, wo er unbekannt war, zurückging, was sollte da schon passieren?

Als im Betrieb erneut eine heftige Auseinandersetzung stattfand und ihm ein Disziplinarverfahren angekündigt wurde, fasste er den Entschluss: »Ich haue wieder ab. Sollen sie hier doch ihren Mist alleine machen. So eine Schufterei kann ich auch anderswo haben. Und kriege dann dafür auch noch mehr Geld. Wenn alle Stricke reißen, gehe ich eben ins Ausland. Für wen soll ich mir hier ein Bein ausreißen? Aber bevor ich gehe, lege ich die Kleine noch um.«

Schon lange war er von dem Gedanken besessen, mit der zwölfjährigen Tochter, die ihm nicht aus dem Kopf ging, zu schlafen. Dieser Gedanke verfolgte ihn Tag und Nacht. Er wusste, dass Kinder eine besondere Anziehungskraft auf ihn ausübten, und rief sich auch seine Vorstrafe wegen sexuellen Missbrauchs von Kindern in Erinnerung. Aber was sollte da schon passieren, so redete er sich ein, wenn ich gleich danach verschwinde und keiner weiß, wo ich mich aufhalte. Vielleicht will die Kleine sogar, dass ich sie verführe. Sie hat ja schon öfter gesagt, dass sie mich gern hat. Und gut entwickelt war sie auch schon. So versuchte er seine geringen Skrupel zu zerstreuen. Das Hauptproblem bestand für ihn darin,' dass er kaum mit dem Mädchen allein war. Entweder waren Mutter oder Großmutter zugegen, oder das Kind befand sich in der Schule, sodass er auf eine passende Gelegenheit warten musste.

Endlich zeichnete sich eine solche ab. Das Kind musste wegen einer Erkältung einige Tage der Schule fernbleiben. Da die Mutter wie immer tagsüber arbeitete, ging es für ihn lediglich darum, die Großmutter für einige Zeit auszuschalten. Er beschloss, seinen Plan am nächsten Tag in die Tat umzusetzen: erst mit dem Mädchen schlafen, dann nach Westberlin abhauen. Abends im Bett bei mehreren Flaschen Bier überlegte er sich die Einzelheiten. Zuerst wollte er die alte Frau mit einem geeigneten Gegenstand bewusstlos schlagen. Das sollte von hinten geschehen, damit er nicht erkannt werden und der Verdacht auf einen Einbrecher fallen konnte. Er stand noch einmal auf, um sich von draußen einen für den Schlag auf den Kopf geeigneten Stein zu holen, den er auch auf einem vor dem Haus liegenden Sandhaufen fand. Diesen versteckte er im Nachttisch, trank noch eine Flasche Bier und schlief dann ein.

Am nächsten Morgen blieb er im Bett liegen. Als seine Vermieterin und Freundin ihn wecken wollte, sagte er ihr, dass er sich nicht wohl fühle und heute zu Hause bleiben müsse. Sie möge doch bitte in seinem Betrieb anrufen und ihn entschuldigen. »Nachher, wenn es mir etwas besser geht«, rief er ihr noch hinterher, »werde ich zum Arzt gehen und mich krank schreiben lassen.«

Als die Frau gegangen war und er gehört hatte, dass die Haustür zugeschlagen war, wartete er noch eine kleine Weile, stand dann auf und nahm den Stein aus dem Nachttisch. Er schlich sich leise in das Schlafzimmer der Großmutter, die noch im Bett lag. Bevor die alte Frau sich umdrehen konnte, schlug er ihr zweimal heftig mit dem Stein auf den Kopf. Die Frau fiel sofort in die Kissen zurück und rührte sich nicht mehr. Jetzt war der Weg frei zur Enkeltochter.

Karl R. ging die Treppe hinunter ins Wohnzimmer, wo die Kleine auf der Couch schlief. Das Kind war bereits wach und hatte ein Buch in der Hand. Er setzte sich auf den Rand der Couch, fing ein Gespräch an, erkundigte sich nach dessen Befinden und erzählte von seiner Arbeit. Dabei schob er die Hand unter die Decke und versuchte, den Bauch des Kindes zu streicheln. Die Kleine wehrte sich aber dagegen und schob seine Hand immer wieder weg. Als er versuchte, ihr zwischen die Beine zu fassen, fing sie an zu schreien.

In diesem Moment hörte Karl R. Geräusche aus dem Obergeschoss, die nur von der Großmutter stammen konnten. Diese war offenbar wieder zu sich gekommen und musste die Schreie des Kindes gehört haben. Schnell sprang er die Treppe hoch und schaute in das Schlafzimmer der Großmutter. Tatsächlich, er sah, dass sie auf dem Bettrand saß und sich den blutverschmierten Kopf hielt. Sie machte immer wieder den Versuch, auf die Beine zu kommen. Es gelang ihr aber nicht, und sie fiel auf das Bett zurück.

Karl R. musste sie nun endgültig ausschalten. Die Schläge mit dem Stein hatten offenbar nicht ausgereicht. Er suchte nach einem besser geeigneten Gegenstand, den er nach kurzer Suche im Nebenraum fand: ein altes eisernes Bügeleisen, eine so genannte Plätte. Das war genau das Richtige, um die alte Frau zu erschlagen. Er nahm es und schlug mit aller Kraft mehrfach auf den Kopf der Frau, die sofort umfiel und bewegungslos liegen blieb.

Schnell rannte er wieder nach unten zu dem immer noch schreienden Kind, das leicht die Nachbarn alarmieren konnte und deshalb ebenfalls irgendwie ruhig gestellt werden musste. Das einfache Zuhalten des Mundes reichte nicht aus, da das Kind weiter schrie und versuchte, ihm in die Hand zu beißen. Er nahm deshalb ein Taschentuch und steckte es ihm als Knebel in den Mund. Aber auch das brachte das Kind noch nicht zum Schweigen. Zwar waren die Schreie jetzt gedämpfter, aber

– wie ihm schien – immer noch zu laut. Er schob deshalb den Knebel noch fester in den Rachen, bis die Kleine keinen Laut mehr von sich gab. Dann hob er die Bettdecke hoch, legte sich auf das Mädchen und führte den Geschlechtsverkehr bis zum Samenerguss durch.

Erst nach dem Abklingen der sexuellen Erregung kam ihm so richtig zu Bewusstsein, was er angerichtet hatte: Er war zum Sexualverbrecher und zum Mörder geworden und musste auf jeden Fall so schnell wie möglich das Land verlassen.

Während er noch neben der Couch stand und seine Kleidung ordnete, bemerkte er, dass sich das Gesicht des Kindes blau färbte. Offensichtlich bekam es keine Luft und drohte zu ersticken. Es sollte nicht auch noch sterben. Deshalb versuchte er, dem Kind den Knebel wieder aus dem Mund zu ziehen. Es gelang ihm aber nicht, das Taschentuch mit den Fingern zu fassen. Erst als er aus dem Küchenschrank eine Kombizange holte, konnte er den Knebel aus dem Rachen ziehen. Das Kind atmete wieder, war aber noch tief bewusstlos. Höchste Zeit, sich aus dem Staub zu machen. Er schnappte seine wenigen, schon vorher zusammengepackten Sachen und verließ das Haus.

Nach einiger Zeit kam das Kind wieder zu sich und konnte trotz seines schlechten Allgemeinzustandes die Nachbarin verständigen, die sofort die Mutter anrief. Als diese nach Hause kam, lag ihre Tochter wieder benommen auf der Couch. Den Mord an der Großmutter hatte sie noch gar nicht bemerkt. Erst als die Mutter nach oben ging, um zu erfahren, warum die Großmutter der Enkeltochter nicht zu Hilfe gekommen war, entdeckte sie die Tote, verständigte sofort die Polizei und einen Arzt, der das Kind in ein Krankenhaus einwies.

Die Leiche der alten Frau wurde noch am gleichen Tag von uns seziert. Sie hatte am Kopf zwei Verletzungsbezirke, einen an der linken Schläfe. Hier zeigte sich eine unregelmäßige Platzwunde. Der darunterliegende Knochen wies keine Brüche auf. Ein zweiter Bezirk fand sich am Hinterkopf, der außer einer großen Platzwunde einen Lochbruch im Schädeldach, der die Form des Bügeleisens aufwies, umfasste. Ganz offensichtlich hatten die ersten Schläge mit dem Stein nur zu einer relativ kurzen Bewusstlosigkeit geführt, während der Schlag mit dem Bügeleisen auf den Hinterkopf tödlich war.

Die Suche nach dem Täter, den das missbrauchte Mädchen eindeutig benannt hatte, setzte sofort ein. Alle Grenzstationen wurden informiert und die Bahnhöfe überwacht. Ohne Erfolg. Es wurde schon befürchtet, dass der Täter die nicht allzu weit entfernte Zonengrenze erreicht und in einem unübersichtlichen Waldgebiet überwunden hatte.

Doch am nächsten Tag bemerkten einige Kleingärtner, dass in einer in der Nähe des Tatortes gelegenen Kleingartenanlage mehrere Lauben aufgebrochen und Lebensmittel gestohlen worden waren. Unverzüglich wurde die gesamte Anlage umstellt und durchsucht. Gegen Mittag wurde der Täter aufgespürt und festgenommen. Er hatte sich in einem Schuppen versteckt und wollte erst einmal die ersten Fahndungsmaßnahmen abwarten, um dann, wenn etwas Ruhe eingekehrt wäre, über Westberlin zu verschwinden.

Wegen Mordes und sexuellen Missbrauchs einer Minderjährigen wurde Karl R. zu lebenslangem Freiheitsentzug verurteilt.

Bei der Untersuchung von Verletzungen durch stumpfe Gewalt
spielen so genannte geformte Verletzungen eine wichtige Rolle.
Man versteht darunter Verletzungen, die aufgrund ihres Ausse-
hens und ihrer Beschaffenheit Rückschlüsse auf die Form des
verursachenden Gegenstandes zulassen. Die Feststellung des
Tatwerkzeugs bzw. Erkenntnisse über die Beschaffenheit des Ge-
genstandes, der die Verletzungen hervorgerufen hat, können der
erste Schritt zur Ermittlung des Täters sein. Deshalb ist bei der
Sektion die Suche nach derartigen Verletzungen eine wichtige
Aufgabe des Obduzenten. Es sind nicht immer große, ins Auge
fallende Verletzungen. Es können einfache Hautabschürfungen
oder auch Hauteintrocknungen sein, aber auch Knochenbrüche,
insbesondere Lochbrüche wie im voranstehend geschilderten
Fall der Knochendefekt durch das Bügeleisen, die Rückschlüsse
auf den verursachenden Gegenstand zulassen. Die folgenden
Fälle sollen die Bedeutung solcher Befunde zeigen.

Ein Raubmord

Der Krieg war erst wenige Jahre vorbei. Werner S. kehrte ziemlich spät aus sowjetischer Gefangenschaft zurück, und es fiel
ihm nicht leicht, sich wieder eine Existenz aufzubauen, zumal
er auch nicht mehr der Jüngste war und die Fünfzig bereits
überschritten hatte. Vor dem Krieg hatte er einen gut gehenden
Tabakladen betrieben. Aber das Haus, in dem sich das Geschäft
befunden hatte, war ein Opfer der Bomben geworden.

Es dauerte einige Zeit, bis er ein geeignetes Objekt für den
neuen Anlauf gefunden hatte. Aber danach gingen die Schwie-

rigkeiten erst richtig los. Obwohl die Bürokratie damals noch nicht das Ausmaß späterer Zeiten angenommen hatte, waren doch viele Behördengänge notwendig, um die erforderlichen Genehmigungen zu bekommen. Als es endlich soweit war, dass der Laden eröffnet werden konnte, erwies es sich als kompliziert, Ware in ausreichender Menge zu bekommen. Immerhin waren die Tabakkarten erst vor kurzem abgeschafft worden.

Das Geschäft lief gerade so, dass er sein Auskommen hatte. Obwohl er keine großen Reichtümer anhäufen konnte, reichte es ihm dennoch. Schließlich war er allein und konnte sich zumindest seine Zweizimmerwohnung einigermaßen komfortabel einrichten. So hätte er ganz zufrieden sein können, wenn da nicht ein Problem gewesen wäre: Er war homosexuell, damals noch ein Straftatbestand.

Vor dem Krieg, als die Homosexualität mit schweren Strafen bedroht wurde, hatte er seine Neigung weitgehend geheim halten können, obwohl er gelegentlich intime Beziehungen zu Männern unterhielt. Während der Kriegsgefangenschaft hatte sich die Situation geändert, da homosexuelle Betätigungen auch bei Heterosexuellen fast als normal galten, sodass er in dieser Zeit ohne Ängste sehr viele sexuelle Kontakte pflegen konnte.

Da ihm sein Sexualtrieb weiterhin zu schaffen machte, musste er sich erneut, möglichst ohne große Aufmerksamkeit zu erregen, nach entsprechenden Partnern umsehen. Schon bald machte er eine Gaststätte ausfindig, in der Homosexuelle und natürlich auch Strichjungen, die sich für eine schnelle Mark anboten, verkehrten. Werner S. wünschte sich zwar eine feste Verbindung, aber bisher hatte es noch nicht damit geklappt. So musste er sich immer wieder mit Zufallsbekannt-

schaften begnügen, die er mit Geld für ihr sexuelles Entgegenkommen entlohnte.

An einem Tag nach Ladenschluss und nach Abrechnung der
Tageseinnahmen suchte er wieder einmal besagte Gaststätte
auf, in erster Linie, um ein Bier zu trinken. Womöglich fand
sich aber auch ein Partner für den Rest des Abends oder auch
für länger, denn seine Suche nach einem ständigen Freund hatte er nicht aufgegeben. Er saß noch nicht lange an seinem
Tisch und hielt sich noch beim ersten Glas Bier auf, als zwei
junge Männer herantraten und fragten, ob sie sich zu ihm setzen dürften. Natürlich stimmte er zu, zumal der eine einen
sehr guten Eindruck machte und genau sein Typ war. Man kam
bald ins Gespräch, und die beiden jungen Leute erzählten ihm,
dass sie in der Landwirtschaft tätig seien. Eigentlich müsste
man mehr von »untergekrochen sein« sprechen, aber als ehemalige Soldaten, die noch keinen Beruf erlernt hatten, bliebe
ihnen in diesen Zeiten nicht viel anderes übrig.

Werner S. berichtete seinerseits, dass er trotz seines Alters
auch Soldat gewesen und in russische Kriegsgefangenschaft geraten sei. Er schilderte auch sein Ringen um eine neue Existenz
und seine Erfolge mit dem Tabakladen. Erfreut über das ange-
regte Gespräch, lud er die beiden jungen Männer zu einer Flasche Wein ein. Als diese geleert war, machte er den Vorschlag,
bei ihm zu Hause noch ein gutes Fläschchen in aller Ruhe zu
trinken. Die beiden gingen sofort auf diesen Vorschlag ein,
Werner S. zahlte, und zu dritt verließen sie die Gaststätte.

Am nächsten Morgen wunderten sich die Nachbarn, dass
Werner S., der sonst die Pünktlichkeit selber war, seinen Laden
nicht öffnete. Als sich auch nach einer Stunde noch nichts getan hatte, ging ein Nachbar, der mit ihm befreundet war, hoch

in die Wohnung, um nachzusehen, ob er unter Umständen krank sei. Aber weder auf Klingeln noch auf heftiges Klopfen erfolgte eine Reaktion. Daraufhin holte der Nachbar den Hausmeister und bat ihn, die Wohnung zu öffnen, da er befürchte, dass dem Tabakhändler etwas zugestoßen sei.

Als der Hausmeister die Wohnungstür geöffnet hatte und mit dem Nachbarn in den Korridor getreten war, erschraken sie über das Chaos: alle Zimmertüren geöffnet, die Zimmer selbst verwüstet, Stühle umgestoßen, Schränke geöffnet, Schubladen herausgerissen und ihr Inhalt auf dem Boden verstreut.

Im Wohnzimmer entdeckten die beiden den Wohnungsinhaber, der regungslos vor der Couch lag. Sein Kopf war blutverschmiert und lag in einer großen Blutlache. Ganz offensichtlich war er tot.

Ohne etwas anzurühren, verließen sie die Wohnung und verständigten die Polizei, die auch nach kurzer Zeit erschien und die Ermittlungen aufnahm. Die Spurensicherung stellte fest, dass sich noch weitere Blutspuren in der Wohnung befanden, vorwiegend als Wischspuren an Gegenständen, aber ganz vereinzelt auch als Tropfspuren.

Der Wohnungsinhaber war offenbar erschlagen worden, denn er hatte mehrere Platzwunden am Kopf. Der Tod musste schon vor mehreren Stunden eingetreten sein, da die Totenstarre bereits voll ausgeprägt war. In der Wohnung waren weder Geld noch Wertgegenstände zu finden. Sollten welche vorhanden gewesen sein, hatten der oder die Täter alles mitgenommen.

Hinweise auf die Täter gab es zunächst nicht. Offensichtlich war alles sorgfältig abgewischt worden, da Fingerabdrücke vollkommen fehlten. In der Küche stand eine Waschschüssel mit blutigem Wasser, was vermuten ließ, dass sich hier der oder die Täter die Hände gewaschen hatten.

Erste Ermittlungen ergaben, dass der Tabakhändler am Vorabend mit zwei jungen Männern, die er mit nach Hause nehmen wollte, die Gaststätte verlassen hatte. Der Wirt wusste zudem von der homosexuellen Neigung des Opfers. Natürlich bestand der Verdacht, dass die Begleiter von Werner S. die Tat verübt hatten. Aber wer waren sie, und wo waren sie zu finden? Alle Gäste, die sich am Vorabend in der Gaststätte aufgehalten hatten, wurden befragt, zunächst ohne Erfolg.

Aber dann meldete sich gegen Abend doch noch ein Gast, der am Nebentisch gesessen und gehört hatte, dass die Gesuchten in der Landwirtschaft arbeiteten. Eine umfangreiche und intensive Ermittlungsarbeit führte nach einigen Tagen zum Erfolg. Die beiden jungen Männer gaben auch sofort zu, mit dem Toten in der Gaststätte gewesen und anschließend mit in seine Wohnung gegangen zu sein. Dort hätten sie lediglich eine Flasche Wein getrunken und sich über den Krieg unterhalten. Mit seinem Tod wollten sie nichts zu tun haben. Als sie nach etwa zwei Stunden die Wohnung verlassen hätten, sei der Wohnungsinhaber noch wohlauf gewesen.

Die noch am Tage des Auffindens der Leiche durchgeführte gerichtliche Leichenöffnung ergab, dass der Tote mehrere Schläge auf den Kopf erhalten hatte. Schädelbrüche und Hirnblutungen waren die Folge und hatten den Tod verursacht. Vor allem im Bereich der rechten Schläfenseite fand sich ein massiver Zertrümmerungsbezirk, der aufgrund der umfangreichen Hirnzertrümmerung absolut tödlich war. Der massive Knochenzertrümmerungsbezirk ließ darauf schließen, dass die Schläge mit großer Wucht geführt worden waren.

Als besonders bedeutsam erwiesen sich zwei Schläge auf die rechte Wange, auf der sich in Form von Hauteintrocknungen der Abdruck des Werkzeugs zeigte. Es waren zwei etwa quadratische Abdrücke, die sofort den Verdacht erweckten, dass sie von der flachen Seite eines Hammers herrührten. Die Betrachtung mit der Lupe offenbarte, dass bei beiden Abdrücken genau an der gleichen Stelle eine ebenfalls gleich geformte Aussparung vorhanden war, die von einem Defekt an der Hammerrückseite stammen musste. Es handelte sich also um ein Individualmerkmal des Hammers. Da auch die Verletzungen an der rechten Schläfe für Schläge mit einem Hammer sprachen, war damit die mutmaßliche Tatwaffe bestimmt. Jetzt musste diese nur noch gefunden werden.

Die Mordkommission wurde von diesem Befund in Kenntnis gesetzt, fand aber in der Wohnung des Toten nichts dergleichen. Bei der Durchsuchung der Wohnung der beiden jungen Männer entdeckten die Kriminalisten zwar eine Werkzeugkiste mit einem Hammer, aber dieser entsprach weder der Größe des gefundenen Abdrucks, noch wies er den entsprechenden Defekt auf. Er war somit mit Sicherheit nicht das Tatwerkzeug.

Eine erneute Suche, die auch auf den Stall ausgedehnt wurde, war schließlich von Erfolg gekrönt: Unter der Futterkiste war ein Hammer der erforderlichen Größe versteckt, der auch einen entsprechenden Defekt aufwies. Eine genaue Untersuchung, insbesondere das Entfernen des Hammerstiels, führte zum Nachweis einer geringen Menge Blutes in der Stielöffnung. Die Blutgruppe entsprach der des Opfers.

Diese eindeutigen Ergebnisse bewogen die beiden Verdächtigen nun, ein Geständnis abzulegen. Sie schilderten den

Tathergang folgendermaßen: Wir gingen mit dem Tabakhändler in die Wohnung und tranken wie geplant eine Flasche Wein. Im Verlauf der Unterhaltung bot uns Herr S. an, sexuelle Handlungen durchzuführen, für die er uns auch bezahlen würde. Wir waren zunächst schockiert und lehnten ab. Als er aber sein finanzielles Angebot steigerte, sind wir aus Geldnot doch auf seine Wünsche eingegangen. Beim Bezahlen wollte er aber von seinem erhöhten Angebot nichts mehr wissen und rückte nur den zuerst genannten Betrag heraus. Daraufhin entbrannte ein heftiger Streit, in dessen Verlauf er uns aus der Wohnung werfen wollte.

Wir haben uns gewehrt und ihm angedroht, uns das versprochene Geld mit Gewalt zu holen. Als er nicht reagierte, sah einer von uns in der Küche einen Hammer liegen, nahm ihn und schlug in seiner Wut Werner S. mehrfach auf den Kopf, bis er zu Boden ging.

Danach kamen wir auf die Idee, nach weiterem Geld zu suchen. Allerdings haben wir nur etwas über 80 Mark gefunden, dann aber noch eine Taschenuhr, die uns wertvoll erschien, mitgenommen. Nach dem Durchsuchen der Wohnung bemerkten wir, dass der Niedergeschlagene noch stöhnte und röchelte. Da wir befürchteten, dass er uns eventuell identifizieren könnte, haben wir uns geeinigt, dass er sterben muss. Wir versetzten ihm noch einige kräftige Schläge auf den Kopf, bis er endgültig verstummte. Dann verließen wir die Wohnung und gingen nach Hause. Soweit das Geständnis.

Die beiden jungen Männer wurden wegen Mordes verurteilt.

Hilferufe aus dem Nachbarhaus

Frieda M. stand in der Küche und putzte Gemüse. Sie hatte am Morgen gleich nach dem Frühstück die Betten gemacht, war dann einkaufen gegangen, und nun wurde es Zeit, dass das Mittagessen auf den Tisch kam. Ihr Sohn Alfred aß an diesem Tag ausnahmsweise zu Hause. Da das selten vorkam, wollte sie ihm wenigstens etwas Anständiges vorsetzen.

Frieda M. bewohnte mit ihrem 16jährigen Sohn eine kleine Drei-Zimmer-Wohnung in einem Zweifamilien-Reihenhaus. Sie war froh, nach dem schrecklichen Krieg in diesem kleinen Städtchen eine Bleibe gefunden zu haben, nachdem sie zuvor aus den ehemaligen Ostgebieten hatte fliehen müssen. Ihr Mann war in Russland gefallen, sodass sie mit dem damals siebenjährigen Sohn allein zurückblieb. Der Zufall hatte sie hierher verschlagen, sie hatte Arbeit gefunden und diese Wohnung bekommen. Sie war einigermaßen zufrieden.

Der Sohn absolvierte eine Lehre als Dachdecker und hatte gerade Berufsschultag. Aber einige Stunden waren ausgefallen, sodass er bereits kurz nach 11 Uhr wieder zu Hause erschien. Sofort danach war er zu einem Freund gegangen, wollte aber zum Mittagessen wieder zurück sein. Da er auch am Nachmittag etwas vorhatte, musste das Essen pünktlich auf dem Tisch stehen.

Während sie noch mit dem Putzen des Gemüses beschäftigt war und ihren Gedanken nachhing, war ihr plötzlich so, als ob sie einen unterdrückten Hilferuf aus der Wohnung nebenan gehört hätte. Hatte da jemand gerufen, oder hatte sie sich getäuscht? Doch dann hörte sie deutlich, wie eine Frauenstimme um Hilfe rief. Kurz danach trat Stille ein.

Mit Hammer und Keule (Stumpfe Gewalt)

Ihr fiel ein, dass die Nachbarin, Frau H., in der Wohnung nebenan erst gestern aus der Lungenheilstätte zurückgekommen war, wo sie wegen einer schweren offenen Lungentuberkulose über ein halbes Jahr gelegen hatte. Nach dem ersten Aufenthalt vor zwei Jahren schien alles ganz gut ausgeheilt zu sein. Aber vor einem halben Jahr bekam sie ganz plötzlich einen Blutsturz und musste umgehend ins Krankenhaus gebracht werden. Anschließend kam sie dann in die Heilstätte.

Frieda M. machte sich deshalb nach den Hilferufen und der danach eingetretenen völligen Stille Sorgen. Vielleicht war der Frau etwas passiert, und sie brauchte Hilfe? Obwohl ihre Beziehungen in der Vergangenheit nicht sehr eng gewesen waren, entschloss sie sich, nach der Nachbarin zu sehen. Rasch band sie die Schürze ab, zog sich Straßenschuhe an und ging hinüber zum Nachbarhaus. Sie klingelte bei Frau H., aber es regte sich nichts. Da klingelte sie auch in der Parterre-Wohnung bei Familie T. Frau T. hatte aber nichts gehört und behauptete unwirsch, dass in der besagten Wohnung niemand sei. Das gemeinsam nachzuprüfen lehnte sie aus Zeitmangel ab.

Frieda M. begab sich, verärgert über die Unfreundlichkeit, in ihre Wohnung zurück. Aber die Hilferufe, die sie sich auf keinen Fall nur eingebildet hatte, ließen sie nicht zur Ruhe kommen. Warum nur behauptete Frau T., obwohl sie im gleichen Haus wohnte, aus dem die Rufe gekommen waren, nichts gehört zu haben? Womöglich hatte sie selbst etwas mit den Schreien zu tun?

Endlich beschloss Frieda M., vom Hof aus mit der Leiter über den Balkon in die Wohnung zu steigen und nachzusehen. Die Balkontür stand offen, und sie gelangte problemlos in die Wohnung, wo sie das Wohnzimmer leer vorfand. Sie rief den

Namen der Wohnungsinhaberin, erhielt aber keine Antwort. Daraufhin begab sie sich in den Flur, um auch in den anderen Zimmern nachzusehen. Kaum hatte sie die Tür geöffnet, da erblickte sie im Halbdunkel eine Gestalt auf dem Boden. Es war Frau H., die sich nicht rührte, auch nicht, als Frieda M. sie anrief und rüttelte. Erst danach bemerkte sie, dass das Gesicht der Nachbarin voller Blut war. Auch die Haare und die gesamte Kleidung waren stark blutverschmiert. Als sie sich ängstlich im Flur umsah, stellte sie fest, dass die Wände, der Fußboden und sogar die Decke ebenfalls Blutflecken aufwiesen.

Entsetzt wurde ihr bewusst, dass Frau H. offenbar tot war. Aber ein Arzt musste auf jeden Fall her, um den Tod ordnungsgemäß festzustellen und einen Totenschein auszustellen. Frieda M. lief zur nächsten Telefonzelle und verständigte einen Arzt, den sie auf der Straße erwartete. Allerdings hatte sie in ihrer Aufregung versehentlich die Haustür des Nachbarhauses geschlossen. Um wieder hineinzukommen, musste sie erneut bei der unfreundlichen Nachbarin klingeln, die zunächst auch dem Arzt den Zugang verweigern wollte, sich dann aber doch anders entschied.

Der Arzt stellte den Tod der Frau H. fest. Das viele Blut im Gesicht und in der Wohnung sowie die Mitteilung von Frieda M., dass Frau H. erst gestern aus der Heilstätte entlassen worden sei und bereits früher einmal einen Blutsturz erlitten hätte, veranlasste ihn, »Lungenblutung« als Todesursache auf dem Totenschein anzugeben und einen natürlichen Tod zu bescheinigen. Er fügte aber die Bemerkung hinzu, dass vielleicht »unterlassene Hilfeleistung« durch die Frau T. vorliegen könnte und es besser sei, die Polizei zu verständigen. Das tat er dann auch.

Die herbeigerufenen Kriminalisten hielten nach der Information über die Todesumstände die Einbeziehung eines Gerichtsmediziners für unerlässlich und beantragten über den Staatsanwalt eine gerichtliche Leichenöffnung, um die genaue Todesursache festzustellen und zu prüfen, ob bei sofortiger Hilfe noch eine Überlebenschance bestanden hätte.

Wir fuhren am nächsten Tag hin. Die Leiche war schon in die Leichenhalle auf den Friedhof gebracht worden, neben der sich auch ein kleiner Sektionsraum befand. Die Tote wies noch den gleichen Zustand wie bei ihrer Auffindung auf: Das gesamte Gesicht war mit einer ziemlich dicken Blutkruste überzogen; aus dem Mund floss noch eine geringe Menge Blut; auch Haare und Kleidung waren blutverschmiert.

Beim genauen Hinsehen im Rahmen der so genannten äußeren Besichtigung fiel mir zunächst eine besonders starke Blutdurchtränkung der Bekleidung in der Herzgegend auf. Als ich diesen Bezirk genauer inspizierte, stellte ich fest, dass die Kleidung nicht nur blutdurchtränkt war, sondern auch zahlreiche Stichverletzungen aufwies. Ferner fanden sich nach dem Abwaschen des Blutes im Gesicht noch mehrere Platzwunden sowohl im Bereich des Kinns als auch im Bereich der Stirn und des behaarten Kopfes. Das rechte Auge war zugeschwollen und unterblutet. Das Gesicht wies mehrere Hautabschürfungen auf.

Die Platzwunden am Kopf und am Kinn sahen alle ziemlich gleichförmig aus. Es handelte sich um oberflächliche Platzwunden, die eine längliche und an einer Seite spitz zulaufende Form aufwiesen. Es sah aus, als ob sie von einem Schlag mit einem größeren Meißel oder einem ähnlichen Gegenstand herrührten. Aber ein Meißel schied mit größter Wahrscheinlichkeit aus, da diese Platzwunden nur die Haut betrafen und die darunterliegenden Knochen völlig unversehrt waren.

Es musste vermutlich ein anderer, relativ langer und auch verhältnismäßig leichter Gegenstand gewesen sein, mit dem der Frau auf den Kopf geschlagen worden war. Auch im Bereich des Gehirns bzw. der harten Hirnhaut waren außer ein paar spärlichen Unterblutungen keine schwereren Verletzungen erkennbar. Wir rätselten, was das wohl für ein Gegenstand gewesen sein könnte, kamen aber zunächst zu keinem Ergebnis.

Die eigentliche Todesursache, die wir erst bei der weiteren Sektion ermittelten, ließ sich zudem nicht auf diese Verletzungen zurückführen. Im Bereich des Herzens fanden sich insgesamt 12 Einstiche, wobei die Einstichöffnungen mit durchweg einseitiger Schwalbenschwanzbildung für ein einschneidiges Instrument sprachen. Stichwunde und Stichkanal legten nahe, dass ein etwas größeres Taschenmesser die Tatwaffe gewesen sein könnte. Zwei Stiche hatten das Herz getroffen und die Herzhöhlen eröffnet. Es war zu einer massiven Blutung in den Herzbeutel gekommen, zu einer so genannten Herzbeuteltamponade, die die eigentliche Todesursache darstellte. Ein weiterer Stich hatte die Hauptschlagader unmittelbar an ihrem Abgang aus dem Herzen getroffen und eröffnet, wodurch eine stärkere Blutung sowohl nach außen als auch in die Brusthöhle hervorgerufen worden war.

Die Tathandlung ließ sich nun so rekonstruieren: Die Frau hatte zunächst mehrere Schläge mit einem längeren, nicht sehr massiven Gegenstand auf den Kopf erhalten, wodurch sie wahrscheinlich bewusstlos geworden oder zumindest benommen war. Anschließend wurde sie durch die Messerstiche in die Herzgegend getötet.

Nach der Rekonstruktion des möglichen Tathergangs blieb die Frage nach dem Täter völlig offen. Spuren eines gewaltsamen Eindringens in die Wohnung gab es nicht. Der Täter musste entweder einen Schlüssel besessen haben oder von der Bewohnerin hereingelassen worden sein. Als dritte Variante kam das Betreten der Wohnung über den Balkon und die offene Balkontür in Frage.

Aber was wollte er? Nach einem Diebstahl sah es nicht aus, denn in der Wohnung lag auf dem Nachttisch offen der Schmuck von Frau H. Auch andere Wertgegenstände schienen den Täter nicht interessiert zu haben.

Schließlich: wo hatte er die Tatwerkzeuge gelassen? Beim Taschenmesser konnte man vermuten, dass er es sicher wieder eingesteckt hatte. Aber das Schlagwerkzeug? Seine Identifizierung konnte uns vielleicht zum Täter führen.

Nach der Sektion wurde die gesamte Wohnung nochmals gründlich untersucht, darunter insbesondere die Besenkammer, die am Vortag nur flüchtig besichtigt worden war. Dabei fiel uns ein abgebrochener Besenstiel auf, dessen Bruchende in etwa den schrägen Verlauf aufwies, wie wir ihn auch in den Platzwunden vorgefunden hatten. Da am unteren Ende deutliche Blutspuren zu erkennen waren, handelte es sich womöglich um das Tatwerkzeug. Wir entnahmen Proben von den Blutspuren, um die Blutgruppe mit der der Getöteten zu vergleichen. Die Kriminalisten sandten den Besen ins Labor, um ihn nach Fingerabdrücken untersuchen zu lassen. In beiden Fällen erlangten wir brauchbare Ergebnisse: Die Blutgruppe ließ sich gut feststellen und stimmte mit der der Toten überein. Die Kriminalisten fanden auswertbare Fingerabdrücke, die nicht von der Toten stammten. Jetzt musste nur noch herausgefunden werden, wer diese Fingerabdrücke hinterlassen hatte.

Da sich gleich zu Beginn der Untersuchungen die im Parterre wohnende Frau durch ihr eigenartiges Benehmen verdächtig gemacht hatte, wurde sie gründlich überprüft. Es stellte sich heraus, dass sie wegen Diebstahls mehrfach vorbestraft war. Da sie sich bei ihren Aussagen zudem des öfteren in Widersprüche verwickelte, wurde sie zunächst vorläufig festgenommen, obwohl sie immer wieder behauptete, mit dem Tod der Frau H. nichts zu tun zu haben.

Zwei Tage später lag das Ergebnis der Untersuchung des Besenstiels vor und ergab, dass die vorläufig Festgenommene nicht der Verursacher der Fingerabdrücke war. Sie wurde aus der Haft entlassen, und die Suche nach dem Täter musste wieder von vorn beginnen.

Den Kriminalisten blieb nichts anderes übrig, als von allen Personen in der Umgebung der Frau H. Vergleichsfingerabdrücke zu nehmen, darunter – eigentlich nur der Vollständigkeit halber – auch die von Frieda M. und ihrem Sohn. Überrascht stellten sie beim Vergleich mit den Abdrücken auf dem Besenstiel fest, dass diese Abdrücke mit denen des Sohnes von Frieda M. übereinstimmten. Daraufhin wurde seine Kleidung, die er am Tage der Tat getragen hatte, untersucht, wobei sich noch reichlich Blutspuren vor allem an der Hose fanden, obwohl der Versuch gemacht worden war, sie auszuwaschen. In zwei Fällen ließen sich auch noch die Blutgruppeneigenschaften nachweisen, die mit denen der Toten übereinstimmten.

Mit diesen Ermittlungsergebnissen konfrontiert, legte der Sechzehnjährige ein umfassendes Geständnis ab. Er hatte zwar gehört, dass Frau H. aus der Heilstätte entlassen werden sollte, wusste aber nicht genau, wann. Da er glaubte, dass sie erst einige Tage später nach Hause kommen würde, war er über den Balkon in die Wohnung eingestiegen, um nach Geld zu suchen. Er hatte sich schon lange einen Diaprojektor gewünscht und benötigte das Geld sofort, weil ein derartiges Gerät gerade im Fotogeschäft vorrätig war.

Als er im Wohnzimmer nach Geld suchte, war er zu seinem Entsetzen von der Wohnungseigentümerin überrascht worden. In seinem ersten Schreck griff er nach dem erstbesten Gegenstand – dem Besen – und schlug damit zu. Nachdem dieser bereits beim ersten Schlag zerbrochen war, prügelte er mit dem abgebrochenen Stiel weiter auf die um Hilfe rufende Frau ein, bis diese verstummte und zu Boden fiel.

Erst danach wurde ihm bewusst, was er angerichtet hatte. Er führte sich auch vor Augen, dass die Frau ihn gesehen hatte und – da sie ihn kannte – sicherlich anzeigen würde. Bei seinem weiteren Verhalten ließ er sich nach eigener Aussage von Vorbildern aus billigen Kriminalschmökern, die er in großer Zahl verschlungen hatte, leiten. Wie dort oftmals geschildert, wollte auch er die unliebsame Zeugin kaltmachen, damit sie ihn nicht verraten könnte.

Er erinnerte sich an das Taschenmesser, das er immer bei sich trug. Da es ihm geeignet schien, stach er mehrmals mit aller Wucht auf die bewusstlose Frau ein, bis er glaubte, dass sie tot sei. Dann stellte er den zerbrochenen Besen in die hinterste Ecke der Besenkammer, ohne daran zu denken, dass er Fingerabdrücke hinterlassen haben musste.

Hektisch suchte er im Wohnzimmer nach Geld, wobei er lediglich 40 Mark fand. Da diese Summe aber für den Kauf des Diaprojektors ausreichte, begnügte er sich damit und verließ die Wohnung wiederum über den Balkon. Wegen der lächerlich geringen Summe von 40 Mark musste ein Mensch sterben.

Alfred M. wurde wegen Mordes angeklagt und zu einer mehrjährigen Jugendstrafe verurteilt.

Ein selbstverschuldeter Unfall?

Es war die Zeit der Maisernte. Auf dem Feld herrschte Hochbetrieb: Ununterbrochen fuhren Traktoren aufs Feld und brachten leere Anhänger, die mit dem geschnittenen Mais beladen werden sollten, und nahmen die inzwischen beladenen Hänger wieder mit zurück. Dieses Vorgehen hatte sich bestens bewährt und gewährleistete den optimalen Einsatz der Traktoren.

Am Nachmittag war der größte Teil des Getreides eingefahren, nur noch wenige Fuhren standen aus. Die meisten Feldarbeiter hatten sich bereits auf ein anderes Feld begeben, das als Nächstes abgeerntet werden sollte.

Zum selben Zeitpunkt lieferte der Traktorist Hans B. wiederum einen vollen Hänger auf dem Hof ab und gönnte sich danach eine kleine Pause, weil er seit den frühen Morgenstunden ununterbrochen im Einsatz war und bis dahin noch nichts gegessen hatte. Aber er beeilte sich, weil die Arbeit drängte und das schöne Wetter ausgenutzt werden musste. Ihm standen noch zwei Fuhren bevor, dann hätte er Feierabend und würde abgelöst.

Er setzte sich wieder auf seinen Traktor und fuhr aufs Feld hinaus, um einen weiteren beladenen Hänger zu holen. Der Brigadier winkte ihm noch zu und wünschte gute Fahrt. Doch diesmal verging mehr als eine Stunde, ohne dass Hans B. zurückgekehrt wäre. Der Brigadier wurde bereits unruhig und fragte nach ihm, bekam aber keine befriedigende Antwort. »Der Hänger wird noch nicht ganz beladen gewesen sein, da muss er halt warten«, meinte einer der Hofarbeiter. »Reg dich nicht auf, der Hans wird schon noch kommen«, fügte ein anderer hinzu.

Als aber nach einer weiteren Stunde immer noch nichts von Hans und seiner Fuhre zu sehen war, schickte der Brigadier einen Arbeiter mit dem Fahrrad aufs Feld: »Vielleicht ist was mit dem Traktor und er braucht Hilfe.«

Als der Mann nach kurzer Zeit an Ort und Stelle ankam, herrschte völlige Ruhe auf dem Feld. Er sah zwar hinter dem noch nicht geernteten und auf dem Halm stehenden Mais den Traktor und – nicht weit davon entfernt – den noch nicht angekoppelten, aber voll beladenen Hänger, doch sonst keinen Menschen weit und breit. Verblüfft fragte er sich, wo Hans B. und die anderen geblieben seien.

Er rief nach ihnen, aber keiner meldete sich. Da ging er auf den Traktor zu, um vielleicht dort den Grund für die unverständliche Stille zu finden. Er kam am Hänger vorbei, von dem er bisher nur die Rückseite gesehen hatte. Als er jetzt in den Bereich der Vorderseite mit der Anhängergabel kam, erblickte er etwas Fürchterliches: Da lag Hans B. mit völlig zertrümmertem Kopf, im Bereich des Schädeldaches eine große Platzwunde, die Haut aufgerissen. Der Kopf sah wie skalpiert aus. Darunter lag das ebenfalls völlig zertrümmerte Schädeldach frei. Gehirn war ausgetreten. Der Körper selbst befand sich in einer eigenartig verdrehten Stellung teils auf und teils unter der Gabel. Der eine Fuß schien in der Gabel verklemmt zu sein.

Bei einer derartig massiven Schädelverletzung musste Hans tot sein. Sicherheitshalber prüfte der Arbeiter jedoch seinen Puls: nichts. Allein konnte er hier nichts mehr machen. Deshalb rief er erneut mehrfach nach den Feldarbeitern, deren Abwesenheit er sich nicht erklären konnte. Als keine Reaktion erfolgte, fuhr er so schnell es ging auf den Hof zurück, um Hilfe zu holen.

Dort unterrichtete er den Brigadier von der Situation, der sich sofort mit einem Pkw aufs Feld begab, um sich selbst ein Bild zu machen. Aber auch er konnte nur feststellen, dass keinerlei Hilfe mehr möglich war, und informierte umgehend die Polizei.

Für die Kriminalisten und die Gerichtsmediziner ging es zu Beginn der Untersuchungen erst einmal darum herauszufinden, was überhaupt geschehen war. Dass es sich um einen Unfall handelte, schien einigermaßen klar zu sein. Aber wer hatte ihn verschuldet? Und wer war noch dabeigewesen?

Wir machten uns unverzüglich an die Arbeit, um unseren Beitrag zu den Antworten leisten zu können. Der Tote lag auf dem Rücken unter der Anhängergabel, der linke Fuß war in der Gabel eingeklemmt, der Kopf zertrümmert, offenbar zusammengedrückt. Der Hänger stand am Rande des noch nicht abgeernteten Maisfeldes. In diesem Feld war eine kreisförmige Fahrspur zu sehen, die offensichtlich der Traktor verursacht hatte, denn er stand auf dieser Spur. Er musste aus irgendeinem Grund im Kreis gefahren sein, und das offenbar mehrfach, wie die Spur erkennen ließ. Die kreisförmige Fahrspur führte zudem über den Kopf des Toten und über den vorderen Teil der Anhängergabel hinweg.

Damit stellten sich neue, konkretere Fragen: Wer hatte den

Traktor gefahren? Warum war er überhaupt im Kreis gefahren? War es womöglich doch kein Unfall? Wollte jemand den Traktoristen umbringen?

Die Untersuchung des Traktors ergab, dass der Schlüssel noch steckte, die Zündung eingeschaltet und der Rückwärtsgang eingelegt war. Beim Versuch, ihn anzulassen, sprang er aber nicht an. Wie sich herausstellte, war der Benzintank leer.

Bei der Untersuchung des Toten fiel mir auf, dass an der Vorderseite im Bauchbereich die Kleidung zerrissen war. Darunter befand sich auf der Haut ein Eintrocknungsbezirk, der eine ganz eigenartige Form hatte, eine so genannte geformte Verletzung durch einen stumpfen Gegenstand. Um welchen es sich handeln konnte, vermochte ich auf Anhieb nicht zu sagen. Es musste jedenfalls ein flächenhafter und auch kantiger Gegenstand gewesen sein, der mit mäßiger Gewalt gegen die Haut gepresst worden war. Möglicherweise war der Traktorist dadurch umgeworfen worden.

Als wir die Anhängerkupplung des Traktors untersuchten, fanden wir daneben an der Rückfront des Traktors eine Stelle, die genau die Form und Beschaffenheit aufwies, die für die Entstehung der Hautabschürfung bzw. Hauteintrocknung erforderlich war. Der Traktor war demzufolge rückwärts gefahren, sicherlich, um den Hänger anzukuppeln, wobei der Traktorist die Gabel des Anhängers hochgehalten hatte, um sie in die entsprechende Vorrichtung des Traktors einrasten zu lassen. Dabei war der Traktorist wahrscheinlich angefahren und umgeworfen worden. Zuletzt war der Traktor vermutlich über seinen Kopf hinweggefahren und hatte ihn getötet.

So könnte es gewesen sein. Nur, wer hatte den Traktor gefahren und sich nach dem Unfall aus dem Staub gemacht?

Wollte er vielleicht Hilfe holen oder war er in Panik geraten und einfach weggelaufen? Warum hatte der Traktorist den Traktor nicht selbst gefahren und einen Helfer die Gabel halten lassen, wie er das ansonsten immer handhabte?

Um bei der Klärung dieser Fragen voranzukommen, wurden alle Mitarbeiter des Gutes zusammengerufen, um sie zu befragen und um zu prüfen, ob eventuell einer fehlte. Aber es fehlte keiner. Und keiner wollte zum Zeitpunkt des Unfalls in der Nähe gewesen sein. Sie bestätigten sich ausnahmslos gegenseitig, schon auf dem anderen Feld gewesen zu sein.

Es gab keinen Grund, an dieser Aussage zu zweifeln. Aber wer hatte dem Traktoristen beim Ankuppeln geholfen? Als der mittlerweile ebenfalls am Unglücksort eingetroffene Staatsanwalt wiederum sehr eindringlich nach einer eventuell noch fehlenden Person fragte, drucksten einige der Traktoristen herum und erklärten schließlich, dass es eine Möglichkeit gebe, wie man das Ankuppeln auch allein bewerkstelligen könnte. Es sei zwar verboten, so zu verfahren, weil es gegen die Arbeitsschutzvorschriften verstößt, aber es werde gelegentlich doch praktiziert, wenn die Traktoristen allein sind und nicht auf einen Helfer warten wollen.

In diesem Falle lege der Traktorist beim Traktor den Rückwärtsgang ein, richte die Lenkung in Richtung auf den Anhänger aus und stelle den Gashebel auf Standgas. Dann lasse er den Traktor langsam rückwärts fahren, springe selbst schnell ab, laufe zur Anhängergabel, hebe sie an und warte, bis der Traktor herankomme. Dann führe er die Gabel in die Kupplung, springe wieder auf den langsam fahrenden Traktor auf und halte ihn an.

Wie sich herausstellte, hatten die meisten Traktoristen diese Methode schon mehrmals angewandt, um Zeit zu sparen, wenn kein Helfer da war. Da es bisher immer geklappt hatte, hielten sie es für ausgeschlossen, dass diese Ankupplungsmethode eine Gefahr darstellen sollte.

Ganz offensichtlich war Hans B. ebenso verfahren. Die erneute genaue Untersuchung der Kupplungsvorrichtung sowohl am Traktor als auch am Hänger bestätigte die Annahme: Sie zeigte nämlich deutliche Spuren vom Abgleiten der Anhängergabel. Hans B. hatte demnach zwar beim Anheben der Gabel die Höhe richtig getroffen, war aber etwas seitlich der Kupplungsvorrichtung aufgetroffen und nicht in die Kupplungsklaue gerutscht. Da man bei dieser Art des Ankuppelns nur über einen Versuch verfügt, hätte er nun sofort auf den Traktor springen und ihn anhalten müssen. Das aber konnte er offensichtlich deshalb nicht, weil sein Bein in der Gabel eingeklemmt war, in der er beim Einkuppeln wahrscheinlich mit dem einen Bein gestanden hatte. Er wurde zu Boden geworfen und durch die auf ihm liegende Gabel festgehalten.

Beim Traktor verdrehten sich offenbar beim Überfahren der Gabel die Vorderräder, sodass er jetzt im Kreise fuhr und langsam, aber sicher wieder auf den am Boden liegenden Traktoristen Hans B. zukam. Der aber konnte sich nicht von der Stelle bewegen und wurde überfahren. Wie sich später bei der Sektion zeigte, war das Bein im Bereich des Oberschenkels unmittelbar über dem Kniegelenk gebrochen.

Der Traktorist Hans B. bezahlte das Nichtbeachten der Arbeitsschutzvorschriften mit dem Leben.

Kapitel 7

Schussdelikte

Wie bereits erwähnt, waren Tötungsdelikte durch Schusswaffen in der DDR verhältnismäßig selten, da der Besitz von Schusswaffen bis auf wenige Ausnahmen einem strengen Verbot unterlag. Hin und wieder kamen sie dennoch vor.

Einmal handelte es sich um Taten von berechtigten Waffenträgern wie Polizisten oder Armeeangehörigen. Zum anderen benutzten Täter Waffen, die noch aus dem Zweiten Weltkrieg stammten und nicht abgegeben worden waren. Vereinzelt tauchten auch selbst gebastelte Waffen auf. Immer aber wurden derartige Delikte mit besonderer Sorgfalt untersucht und der Besitzer und die Herkunft der Waffe genauestens festgestellt.

Die gerichtliche Sektion spielt bei der Feststellung einer Schussverletzung eine wichtige Rolle. Gilt es doch zunächst mit Sicherheit zu sagen, ob tatsächlich eine Schussverletzung vorliegt. Außerdem ist die Untersuchung des Schusskanals und die Feststellung der Schussentfernung von großer Bedeutung. Sektionsergebnisse können zudem wichtige Hinweise für die Bestimmung der Waffenart und der Munition geben. Schließlich muss der Gerichtsmediziner auch bei den Schussdelikten die

Frage klären helfen, ob es sich um Unfall, Mord oder Selbstmord handelt.

Mord oder Selbstmord?

Das Jahr 1956 ging zu Ende. Der letzte Tag des Jahres war angebrochen. Das Wetter entsprach der Jahreszeit. Im kleinen thüringischen Städtchen am Rennsteig lag der Schnee schon über 30 Zentimeter hoch, und es schneite immer weiter. Der Winterdienst hatte Mühe, mit den Schneemassen fertig zu werden, schaffte es aber aufgrund langjähriger Erfahrungen.

Es begann früh zu dämmern, nachdem es bereits den ganzen Tag nicht richtig hell geworden war. In einigen Häusern brannte schon das Licht, und überall bereitete man sich auf die abendliche Silvesterfeier vor. Durch die Fenster konnte man von der Straße aus sehen, dass in vielen Häusern die Kerzen der Weihnachtsbäume angezündet waren. Auf dem Marktplatz vor dem Rathaus bewirkte eine prachtvolle Tanne mit elektrischen Kerzen ein vielfältiges Flimmern im Schnee. Die Stimmung der Menschen und die Gegebenheiten der Natur ließen zünftige Silvesterfeiern erwarten.

Auch Klaus M. bereitete sich auf den Silvesterabend vor, der für ihn diesmal eine ganz besondere Bedeutung hatte, denn er war mit Luise F., seiner großen Liebe, im Kulturhaus verabredet. Darauf freute er sich schon seit Tagen, weil er lange Zeit vergeblich um Luise geworben hatte. Sie war bis vor kurzem mit Alfred R. liiert, hatte das Verhältnis aber gelöst, weil sie den Freund mit einer anderen Frau überrascht hatte. Als Klaus sie daraufhin fragte, ob sie ihn zur Silvesterfeier begleiten würde, hatte sie sofort eingewilligt.

Klaus konnte den Abend kaum erwarten. Er hatte sich mehrfach sorgfältig rasiert und extra ein neues Rasierwasser benutzt. Als es endlich so weit war, dass er sie abholen konnte, prüfte er nochmals vor dem Spiegel sein Aussehen, zog die Krawatte zurecht und begab sich innerlich erregt zu ihrer Wohnung und von dort – nun zu zweit – ins Kulturhaus, wo er einen Tisch bestellt hatte.

Beim Betreten des Saales erwartete das Paar bereits ein reges Treiben, obwohl die Kapelle noch nicht da war. Man begrüßte sich, tauschte Neuigkeiten aus, sprach über die Nachwirkungen des fetten Weihnachtsbratens und bestellte schon die ersten Getränke. Auch Klaus und Luise nahmen ihre Plätze ein, plauderten mit bereits anwesenden Freunden und bestellten eine Flasche Wein.

Dann erschien unter freudigem Applaus die Kapelle und eröffnete mit stimmungsvoller Musik den Tanz. Auch Klaus forderte seine Begleiterin auf und schwebte mit ihr überaus glücklich und verliebt über die Tanzfläche. Als er sich triumphierend im Saal umsah, erblickte er in einer Ecke seinen früheren Nebenbuhler Alfred, offenbar mit einem anderen Mädchen. Alfred musste ihn ebenfalls gesehen haben, aber beide ließen sich das nicht anmerken.

Der Abend verlief weiterhin fröhlich; die Stimmung stieg, je mehr man sich der Mitternachtsstunde näherte und je größer der Alkoholkonsum wurde. Einige Männer fanden sich zwischendurch an der Theke ein, um schnell ein Bier zusätzlich zu trinken oder auch um einen Schnaps zu kippen, um so die Stimmung noch schneller anzuheizen.

Kurz vor Mitternacht begab sich auch Klaus einmal an die Theke, um mit zwei Arbeitskollegen anzustoßen. Nachdem sie einige Zeit dort gesessen hatten, erschien plötzlich Alfred und setzte sich neben Klaus. Dieser drehte ihm zwar demonstrativ den Rücken zu, aber Alfred, der offenbar schon einiges getrunken hatte, versuchte Klaus immer wieder in ein Gespräch zu verwickeln. Es ging ihm natürlich um Luise. Er behauptete, Klaus habe ihm die Freundin ausgespannt, wofür er büßen müsse. Gebetmühlenartig wiederholte er die Drohung, ihm das noch heimzuzahlen. Als Klaus anfangs gar nicht darauf antwortete, verschärfte Alfred seine verbalen Angriffe immer mehr. Schließlich erklärte Klaus kategorisch, dass er nicht die Absicht habe, mit Alfred über Luise zu diskutieren. Sie habe sich jetzt für ihn entschieden und damit basta!

Aber Alfred gab keine Ruhe, fing vielmehr an, Klaus anzurempeln und ihn vom Stuhl zu stoßen, bis diesem der Geduldsfaden riss und er sich mit einer Ohrfeige revanchierte. Damit nahm die Schlägerei ihren Anfang, bei der die Kontrahenten von den Umstehenden nur mit großer Mühe getrennt werden konnten. Immer wieder versuchten sie, aufeinander loszugehen, bis der Wirt ein Machtwort sprach und androhte, beide rauszuwerfen. Die herbeigeeilte Luise zog Klaus M. wieder an ihren Tisch, und das Eifersuchtsspektakel fand zunächst ein Ende.

Dann schlugen die Uhren Mitternacht. Unter großem Jubel stießen alle miteinander an und tauschten überschwänglich Neujahrswünsche aus. Der Sekt floss in Strömen, und die Stimmung erreichte ihren Höhepunkt.

Kurz danach erschien Alfred R. am Tisch von Klaus M. und bat Luise um einen Tanz, was diese jedoch ablehnte. Trotzdem erregte sich Klaus M. im höchsten Maße, sodass es erneut zu einer heftigen Auseinandersetzung kam, in deren Verlauf er seinen Nebenbuhler aufforderte, sofort den Tisch oder – besser noch – das Kulturhaus zu verlassen. Wenn er nicht sofort verschwinden würde, könnte es noch ein Unglück geben. »Luise will von dir nichts mehr wissen. Sie hat sich für mich entschieden. Lass sie also in Ruhe. Wenn ich dich noch einmal in ihrer Nähe erwische«, brüllte Klaus so laut, dass es der ganze Saal hören konnte, »bringe ich dich um!«

Nachdem auch Luise bestätigt hatte, dass sie sich von Alfred belästigt fühle, verließ dieser mit einigen unflätigen Bemerkungen den Tisch und bald darauf – nicht ohne noch ein paar Schnäpse an der Theke getrunken zu haben – auch den Saal.

Die Silvesterfeier ging danach fröhlich und ohne Störungen weiter. Klaus und Luise befanden sich in bester Stimmung und tanzten fast jede Runde. Gegen vier Uhr verließen sie mit den letzten Gästen endlich das Lokal, und der Wirt sperrte ab.

Am nächsten Morgen stellte der Vater von Alfred R. fest, dass sein Sohn nicht nach Hause gekommen war. Er fragte bei allen Bekannten, darunter auch bei der früheren Freundin Luise, nach, ob sie etwas wüssten und erfuhr von der heftigen Auseinandersetzung mit Klaus M. Da aber keiner sagen konnte, wo sich Alfred aufhielt, erschien er gegen zehn Uhr im Kulturhaus und erkundigte sich beim Wirt nach Verbleib und Aufenthaltsort seines Sohnes.

Der Wirt konnte ihm auch nicht weiterhelfen und bestätigte lediglich, dass die beiden jungen Männer aneinandergeraten waren und sich heftig beschimpft hatten. Aber außer einer kleinen Rempelei sei es zu keinen Tätlichkeiten gekommen. Gegen zwei Uhr habe Alfred das Lokal verlassen.

Mittlerweile war es Mittag geworden und Alfred immer noch nicht wieder aufgetaucht. Daraufhin alarmierte der Vater eilig einige Bekannte und machte sich mit ihnen auf die Suche nach seinem Sohn. Man suchte zunächst ergebnislos im Ort, dann auf den Ausfallstraßen in die Nachbargemeinden, ebenfalls ohne Erfolg.

Endlich, es begann schon zu dämmern, entdeckte einer der Männer hinter einem Strauch neben der Straße einen kleinen Schneehügel, der die Umrisse eines menschlichen Körpers aufwies. Es handelte sich um Alfred M. Als man ihn aus dem Schnee herausheben wollte, stellte sich heraus, dass er steif gefroren war. Er war tot und musste bereits längere Zeit hier gelegen haben, da es seit dem Morgen nicht mehr geschneit hatte.

Man legte den Toten auf eine eiligst herbeigeschaffte Trage, wobei sich zeigte, dass er eine Einschussöffnung im Nacken aufwies. In der Umgebung der Einschussöffnung befand sich eingetrocknetes und gefrorenes Blut. Auch an der Stelle im Schnee, wo er mit dem Kopf gelegen hatte, waren Blutspuren.

Sofort wurde der Ortspolizist verständigt, der nach einer kurzen Besichtigung von Fundort und Leiche die zuständige Dienststelle der Kriminalpolizei verständigte. Noch am gleichen Tag erschienen die Spezialisten der Mordkommission und untersuchten im Scheinwerferlicht den Fundort der Leiche, ohne – außer dem Blut – weitere Spuren zu finden. Insbesondere verlief die Suche nach der Schusswaffe in der weiteren Umgebung erfolglos. Es wurde festgelegt, am nächsten Tag noch einmal bei Tageslicht alles gründlich unter die Lupe zu nehmen. Nach Lage der Dinge konnte ein Tötungsverbrechen nicht ausgeschlossen werden.

Auch die Suche am nächsten Tag erbrachte nichts. Eine Schusswaffe wurde nicht gefunden, auch keine Patronenhülse. Aber bei dem hohen Schnee war nicht ausgeschlossen, dass etwas übersehen worden war.

Von der Staatsanwaltschaft wurde eine gerichtliche Leichenöffnung angeordnet. Wir fuhren also am nächsten Tag los, um die Sektion durchzuführen. Bei der äußeren Besichtigung fanden wir im Nacken unmittelbar unter dem Hinterkopf eine eindeutig erkennbare Einschuss-, aber keine dazugehörige Ausschussöffnung. An der Stirn, etwas rechts der Mittellinie, ertasteten wir zwar eine kleine Erhebung, die aber für ein Projektil viel zu klein war. Sonst fanden sich äußerlich keinerlei Verletzungen. Routinemäßig sicherten wir außerdem mögliche Pulver- oder Schmauchspuren an beiden Händen, obwohl an ihnen nichts zu sehen war.

Die innere Besichtigung des Schädels zeigte eine starke Blutung unter der Haut im Bereich der Schussöffnung, ein rundes Loch im Bereich des Hinterhauptknochens und in Fortsetzung einen Schusskanal quer durch das Gehirn bis zum Stirnbein. An dieser Stelle war der Knochen eingebrochen und im Durchmesser von etwa einem Zentimeter nach außen gedrückt. Es handelte sich um die kleine Erhebung, die wir bereits von außen ertastet hatten.

In diesem Bereich lagerte im Hirngewebe ein Projektil vom Kaliber 7,65 Millimeter, das auch zur Einschussöffnung in der Haut und im Knochen passte. Aber warum war das Projektil nicht aus dem Schädel wieder ausgetreten? Ein Geschoss dieses Kalibers besitzt im Allgemeinen eine erhebliche Durchschlagskraft, vor allem, wenn es aus geringer Entfernung auf einen Körper abgefeuert wird. Handelte es sich womöglich um alte Munition oder vielleicht doch um einen Schuss aus größerer Entfernung, sodass das Projektil sich am Ende seiner Flugbahn befand und einen erheblichen Teil seiner Durchschlagskraft verloren hatte? Dann wäre es auf jeden Fall eine Tötung durch fremde Hand.

Noch während der Sektion wurde Klaus M. als Tatverdächtiger zur Vernehmung geholt. Er hatte immerhin mehrfach massive Drohungen gegen den Toten ausgestoßen und sogar geäußert, dass er ihn umbringen wolle. Zeugen für diese Äußerungen gab es genügend. Es stellte sich weiter heraus, dass er kurz nach dem Weggang von Alfred R. ebenfalls für einige Zeit das Lokal verlassen hatte. Dazu befragt, gab er an, dass er nur etwas frische Luft schöpfen und draußen eine Zigarette rauchen wollte.

Natürlich lag der Verdacht nahe, dass Klaus M. seinem Nebenbuhler nachgegangen war und ihn von hinten erschossen hatte. Wo hatte er aber so schnell eine Waffe herbekommen? Er selbst bestritt energisch, mit dem Tod von Alfred R. irgendetwas zu tun zu haben. Sicherlich habe er sich über ihn geärgert und in seiner Wut auch gesagt, dass er ihn umbringen wolle. Aber das sei ja nicht ernst gemeint gewesen. So etwas sage man eben mal im Zorn. Er behauptete trotz aller Vorhaltungen, Alfred R., nachdem dieser die Gaststätte verlassen hatte, nicht mehr gesehen zu haben. Dabei blieb er.

Inzwischen setzten wir die Sektion fort. Das im Gehirn gefundene Projektil hatte ich dem Sektionsgehilfen gegeben, um es für weitere Untersuchungen im Institut zu sichern. Während ich mit der Untersuchung des Gehirns fortfuhr, sah ich plötzlich das Projektil immer noch auf dem Sektionstisch liegen. Augenblicklich rügte ich meinen Gehilfen, weil er nicht sorgfältig mit einem so wichtigen Spurenträger umgegangen sei. Er versicherte mir aber, dass er das Projektil ordnungsgemäß in einem Glasröhrchen gesichert habe, und holte zum Beweis das Röhrchen aus unserem Asservaten-Koffer. Tatsächlich, das Projektil befand sich darin, und dennoch lag ein zweites Projektil auf dem Tisch, obwohl nur eine Einschussöffnung und ein Schusskanal vorhanden waren.

Auch mit einer Schnellfeuerwaffe – geschweige denn mit einer Pistole – wird kaum mit dem zweiten Schuss in die gleiche Einschussöffnung getroffen. Wo kam das zweite Projektil her? Es gab unter Berücksichtigung der Gegebenheiten nur eine Erklärung dafür: Mit einer Patrone waren zwei Projektile verschossen worden. Der Schütze musste zunächst ein von der Hülse mit Treibladung isoliertes Projektil in den Lauf geschoben und dann mit einer kompletten Patrone nachgeladen haben.

Wahrscheinlich glaubte er, so die Schusswirkung zu verstärken. Aber das Gegenteil war der Fall. Eine Treibladung musste zwei Projektile durch den Lauf pressen, wobei sich das hintere Projektil noch in den Bleikern des ersten Geschosses bohrte und dieses auseinander trieb, sodass die Reibung zwischen Geschosswand und Lauf größer wurde. Tatsächlich wies das eine Projektil eine solche Einbohrung und Auseinandertreibung auf, während das andere eine Abflachung und einen Eindruck an der Geschossspitze zeigte. Beides passte ganz genau ineinander.

Noch während der Sektion wurde die Wohnung des Toten bzw. sein Zimmer durchsucht. Man fand dort mehrere Geschosse, bei denen das Projektil von den Patronenhülsen getrennt und das Pulver entfernt worden war. Alfred R. hatte also die Manipulation an der Munition, die erklärte, warum trotz Nahschuss nur ein Steckschuss zustande kam, selbst vorgenommen. Damit sprach alles für einen Selbstmord.

Dieses Ermittlungsergebnis verlangte aber eine Antwort auf die Frage, ob man sich selbst in den Nacken schießen kann. Die weiteren Untersuchungen zeigten, dass diese Möglichkeit besteht, wenn man den Lauf mit einer Hand führt und mit der anderen Hand abdrückt. Im Labor wurde diese Feststellung später endgültig bestätigt. Wir stießen an beiden Händen auf deutliche Schmauchspuren, die bezüglich ihrer Anordnung durchaus zu der Annahme passten, dass die Waffe am Lauf mit der linken Hand geführt und mit der rechten abgedrückt worden war. Es handelte sich demnach um einen Selbstmord, wahrscheinlich aus Liebeskummer. Sicherlich hatte der am Silvesterabend reichlich genossene Alkohol eine Rolle beim Entschluss zur Selbsttötung gespielt.

Klaus M. wurde unmittelbar nach der Sektion wieder auf freien Fuß gesetzt.

Mord auf der Straße

Der Frühling meldete sich langsam an, die ersten warmen Tage hatten zarte grüne Knospen an Bäumen und Sträuchern sprießen lassen. Einige Frühjahrsblüher steckten auch schon ihre Blüten vorsichtig aus der Erde. Aber es war ein Tag im April mit dem typischen Aprilwetter: Mal schien für kurze Zeit die Sonne, mal fegten Sturmböen und Regenschauer über das Land. Im Institut herrschte Ruhe, Sektionen waren nicht angemeldet. Man konnte das, was in der letzten Zeit liegen geblieben war, in Ruhe aufarbeiten.

Ich saß im histologischen Labor und schaute mir mikroskopische Präparate von zwei Fällen der vergangenen Woche an. Den einen Fall konnte ich schon bald zur Seite legen, da Befunde und Diagnose klar waren. Als ich mir die Präparate des zweiten Falles holen wollte, kam die Sekretärin ins Labor: »Herr Oberarzt, da ist der Leiter der Mordkommission am Apparat. Er will Sie persönlich sprechen. Es sei wichtig.«

Da wir im histologischen Labor kein Telefon hatten, ging ich ins Sekretariat und nahm den Hörer auf: »Hier ist Hauptmann S., wir haben einen sehr eiligen Fall, und es ist wichtig, dass die Sektion noch heute durchgeführt wird. Ich weiß, dass es schon relativ spät ist, aber es ist wirklich wichtig. Kommen Sie noch heute.«

Ich schaute auf die Uhr. Es war schon nach drei Uhr am Nachmittag. Die Vorbereitungen und die Fahrzeit kalkulierend sagte ich dann zu, dass wir in etwa zwei Stunden da seien.

Meine Sekretärin und der Sektionsgehilfe waren von der Aussicht, heute noch eine Außensektion durchführen zu müssen, nicht sehr begeistert. Aber was half es, wenn es notwendig war, musste eben der Abend geopfert werden. Dem Assistenzarzt machte es nichts aus, er hatte heute sowieso nichts vor.

Als wir am Sektionsort ankamen, dämmerte es bereits. Die Kriminalisten und der Staatsanwalt waren schon anwesend und begrüßten uns. Der Staatsanwalt erläuterte mir kurz die Sachlage: Am Vormittag hatten Kanalarbeiter bei der routinemäßigen Reinigung des Kanalsystems auf einer etwas außerhalb der Stadt gelegenen Straße ein Hindernis in einem Einstiegsloch des Abflusskanals entdeckt. Als das Hindernis beseitigt wurde, entpuppte es sich als die Leiche einer etwa 30jährigen Frau, die mit Kartoffelkraut zugedeckt war. Sie war vollständig bekleidet, hatte aber keinerlei Ausweispapiere bei sich. Der hinzugezogene Arzt konnte keine Verletzungen feststellen und auch keine Angaben zur Todesursache machen. Ein gewaltsamer Tod war aber wahrscheinlich, und es bestand Verbrechensverdacht, denn die Tote war ja nicht selbst in das Abflusssystem gekrochen, zumal der relativ schwere Gully-Deckel wieder ordnungsgemäß aufgelegt worden war.

Wir begannen also mit der Sektion. Äußerlich fand sich zunächst nichts Auffälliges. Die gesamte Kleidung war stark durchfeuchtet, die Haare hingen nass und strähnig herab. Die Hände und Füße wiesen eine deutliche Waschhautbildung auf, ein Zeichen, dass die Tote schon einige Zeit in der feuchten Umgebung gelegen hatte. Da es in den letzten Tagen stark geregnet hatte und die Abflusskanäle voller Wasser waren, sprach nichts dagegen, dass die Leiche schon vor mehreren Tagen in den Gully verbracht worden war.

Erst bei genauer Untersuchung des behaarten Kopfes fand ich an der linken Schläfe ein kreisrundes, wie gestanzt aussehendes Loch von genau 11 Zentimeter Durchmesser. Eine normale Schussöffnung war das nicht. Die weitere Untersuchung ergab, dass in der Umgebung des Loches die Kopfhaut stark unterblutet war; im Gehirn entdeckte ich einen etwa sechs Zentimeter langen, wie ein Schusskanal aussehenden Zerstörungsbezirk, an dessen Ende ein kreisrundes, wie ausgestanzt aussehendes Knochenstück sichtbar wurde. Weiterhin befand sich im gesamten Schusskanal eine größere Anzahl etwa ein Zentimeter langer Haarstücke. Ganz offensichtlich hatte diese Verletzung den Tod herbeigeführt. Sie war vermutlich mithilfe eines so genannten Bolzenschussgerätes beigebracht worden, ein Gerät, wie es zum Töten von Schlachttieren von Fleischern benutzt wird.

Die Todesursache war nun klar. Aber wie war diese Verletzung beigebracht worden? Ein derartiges Gerät muss auf die Haut aufgesetzt werden, dann treibt eine Platzpatrone einen etwa sechs bis acht Zentimeter langen Bolzen heraus, der in den Schädel und in das Gehirn eindringt. Wer immer dieses Gerät abgeschossen hatte, er musste sich unmittelbar neben dem Opfer befunden haben. Außerdem konnten wir davon ausgehen, dass die Tote ihren Mörder gekannt hatte, da keinerlei Abwehrverletzungen oder Spuren, die auf einen Kampf hindeuteten, vorlagen.

Die Sektion erbrachte aber noch ein weiteres wichtiges Ergebnis: Die Tote war im neunten Monat schwanger, was, da sie sehr korpulent war, bei der Bergung und auch bei der äußerlichen Besichtigung zunächst nicht erkennbar gewesen war.

Zu klären blieb die Identität der Toten sowie von wem und warum sie getötet worden war. Dabei konnte man die Vermutung einbeziehen, dass der Mord mit der Schwangerschaft zusammenhing.

Der Staatsanwalt ersuchte uns, durch eine Leichentoilette das Gesicht der Toten so herzurichten, dass ein Lichtbild gemacht werden konnte, mit dem man nach Personen suchen konnte, die die Tote gekannt hatten.

Die Kriminalisten befragten zunächst die Anwohner in der Umgebung des Fundortes, die die Tote aber nicht kannten. Da das Bolzenschussgerät auf das Fleischerhandwerk hingewiesen hatte, konzentrierten sich die weiteren Ermittlungen darauf.

Mit Erfolg. Als einer der Kriminalisten im örtlichen Schlachthof Erkundigungen einzog und dem Pförtner das Lichtbild der Toten zeigte, reagierte dieser spontan: »Das ist doch die Frau von unserem Kopfschlächter. Die ist doch nach drüben abgehauen.«

Unverzüglich wurde der Genannte im Betrieb aufgesucht und nach seiner Frau befragt. Er erzählte, dass sie vor etlichen Tagen nach Westdeutschland zu ihrer Schwester gefahren sei. Sie habe sich aber noch nicht von drüben gemeldet. Er mache sich inzwischen Sorgen um sie und wolle in den nächsten Tagen einen Brief an die Schwägerin schreiben, um zu erfahren, ob seine Frau gut angekommen sei und warum sie sich nicht melde.

Als er von ihrem Tod in Kenntnis gesetzt wurde, zeigte er sich tief erschüttert. Angaben darüber, wer sie möglicherweise getötet und im Gully versteckt haben könnte, konnte er nicht machen. Er selbst habe mit dem Tod seiner Frau nichts zu tun. Immer wieder betonte er, dass sie eine harmonische Ehe geführt und sich beide sehr auf das Kind gefreut hätten.

Die weiteren Ermittlungen bestätigten, dass die Ehefrau tatsächlich einen Interzonenpass beantragt und auch bekommen hatte. Die Begründung hatte gelautet, dass sie bei ihrer Schwester entbinden wollte. Insofern erwiesen sich die Aussagen des Kopfschlächters als zutreffend. Dagegen stellte sich aber heraus, dass es zwischen den Eheleuten sehr häufig Streit wegen Liebesaffären des Mannes gegeben hatte. Erst kurze Zeit vor ihrem Tod hatte die Frau wiederum erfahren, dass er ein intimes Verhältnis mit einer Arbeitskollegin eingegangen war. Sie hatte daraufhin sowohl ihn als auch die Arbeitskollegin zur Rede gestellt und angedroht, die Betriebsleitung von dem Verhältnis zu informieren.

Da sich die Verdachtsmomente gegen den Ehemann vermehrten, wurde Haftbefehl gegen ihn erlassen und eine Hausdurchsuchung angeordnet. Hierbei fand sich im Keller unter Brennholz versteckt ein Bolzenschussgerät, das für die Beibringung der tödlichen Verletzung durchaus geeignet war.

Der Verdacht verdichtete sich, als bei der stereomikroskopischen Untersuchung des Bolzens an der Spitze Veränderungen durch den häufigen Gebrauch, so genannte Schartenspuren, festgestellt wurden. Da die entsprechenden Veränderungen an den knöchernen Rändern der Schussöffnung dazu passten, war sicher, dass die Schussverletzung mit diesem Gerät gesetzt worden war.

Unter dem Holzstoß befand sich außerdem die Handtasche der Frau, die neben anderen Sachen auch ihre Mütze enthielt. Sowohl an der Mütze als auch an der Handtasche ließen sich Blutspuren nachweisen. Die Blutgruppe stimmte mit der der Frau überein. Die an beiden Gegenständen gesicherten Erdspuren wiesen ebenfalls eine Übereinstimmung mit der Erde in der Umgebung des Fundortes auf. Als Täter kam also in erster Linie der Ehemann in Frage.

Nach längerem Leugnen gab er die Tat zu. Er hatte beschlossen, seine Frau aus dem Weg zu räumen, nachdem die Arbeitskollegin aufgrund der Aussprache mit seiner Frau das Verhältnis beenden wollte. Bei der Verwirklichung des Plans kam ihm die bereits genehmigte Reise seiner Frau zu ihrer Schwester in Westdeutschland sehr gelegen.

Um sie in Sicherheit zu wiegen, versprach er ihr, dass er sich ändern wolle. Ihre Ehe würde wieder so glücklich werden wie zu ihrem Beginn. Er heuchelte große Besorgnis um die Gesundheit seiner Frau und um deren Schwangerschaft. Seiner

Frau erzählte er, dass er einen Untersuchungstermin bei der Hebamme im Nachbarort ausgemacht habe, um ihren Gesundheitszustand noch einmal überprüfen und die Unbedenklichkeit der Reise bestätigen zu lassen. Da der Untersuchungstermin in den Abendstunden lag, schlug er vor, sie zu begleiten. Seine Frau war über so viel Sorge und Mitgefühl sehr gerührt und willigte ohne Bedenken in die Untersuchung ein.

Zum entsprechenden Zeitpunkt machten sich die Eheleute auf den Weg in das Nachbardorf. Es war schon dunkel. Als sie die letzten Häuser der Stadt hinter sich gelassen hatten, zog der Ehemann heimlich das bereits geladene Bolzenschussgerät aus der Tasche, setzte es im Gehen seiner Frau an die Schläfe und drückte ab. Diese war so überrascht, dass sie keine Gegenwehr leistete und lautlos zusammenbrach. Der Täter schleifte die Tote bis zum nächsten Gully-Deckel, öffnete ihn und ließ die Leiche hineingleiten. Dann deckte er sie mit Kartoffelkraut vom benachbarten Feld zu. Nachdem er den Gully-Deckel wieder ordnungsgemäß geschlossen hatte, ging er in die Stadt zurück, suchte seine Freundin auf und verbrachte mit ihr den Abend. Im Betrieb und im Bekanntenkreis erzählte er, dass seine Frau zur Entbindung in den Westen gefahren sei.

Die Befragung der Hebamme ergab, dass der Ehemann gar keinen Untersuchungstermin mit ihr vereinbart hatte, womit der vorsätzliche Charakter der Tat zusätzlich erwiesen war.

Der Ehemann wurde wegen Mordes zu einer langjährigen Freiheitsstrafe verurteilt.

Mitunter kann es schwierig sein, eine Schussverletzung als solche zu erkennen. Vor allem bei absoluten Nahschüssen ist das der Fall. Letztere werden nicht selten für die Folge einer stumpfen Gewalteinwirkung gehalten. Auch Ein- und Ausschuss zu unterscheiden ist nicht immer einfach. Natürlich spielt bei der Rekonstruktion einer strafbaren Handlung auch die Anzahl der abgegebenen Schüsse eine Rolle.

Für die Frage, ob es sich um einen Mord, einen Selbstmord oder Unfall handelt, ist die Bestimmung der Schussentfernung wichtig. Ein Nahschuss weist naturgemäß in aller Regel auf einen Selbstmord hin, während bei Mord oder Unfall jede Entfernung infrage kommen kann. Deshalb gehört es zu den Aufgaben des Gerichtsmediziners, bei der Sektion auch nach Hinweisen auf die Schussentfernung zu suchen, die dann eventuell durch Vergleichsschüsse bestätigt werden muss. Aus gerichtsmedizinischer und kriminalistischer Sicht unterscheidet man Nahschüsse von Fernschüssen, wobei der Nahschuss noch in einen relativen und absoluten Nahschuss unterteilt wird. Unter einem absoluten Nahschuss versteht man einen Schuss mit aufgesetzter oder fast aufgesetzter Waffe, während ein relativer Nahschuss dann vorliegt, wenn in der Umgebung der Einschussöffnung so genannte Nahschusszeichen wie beispielsweise Pulverschmauch und Pulvereinsprengungen nachweisbar sind.

Ein folgenschwerer Fehler

In einer Kreisstadt im Thüringer Wald gab es schon seit längerer Zeit eine gehäufte Zahl von Einbrüchen und Diebstählen, die immer nach dem gleichen Muster durchgeführt und offenbar von dem gleichen Täter begangen wurden. Da in der Bevölkerung erhebliche Unruhe entstanden war, wurde mit aller

Intensität nach dem Täter gesucht. Verdeckte Ermittler wurden eingesetzt. Einer von ihnen gab nach einiger Zeit einen vielversprechenden Hinweis auf einen Verdächtigen. Da sich in den folgenden Tagen dieser Verdacht weiter erhärtete und fast zur Gewissheit wurde, wurde beschlossen, ihn vorläufig festzunehmen.

Zwei Polizisten begaben sich in die Wohnung des Verdächtigen und erklärten dem völlig verdutzten Mann, dass er vorläufig festgenommen sei. Sie würden ihn zur Vernehmung ins Volkspolizei-Kreisamt bringen.

Der Verdächtige ging auch widerstandslos mit, bat aber, sich vorher noch seinen Mantel aus dem Schlafzimmer holen zu dürfen. Das wurde ihm auch anstandslos gestattet. Er ging in sein Schlafzimmer, während die beiden Polizisten vor der Tür warteten, und kam nach wenigen Minuten mit seinem Mantel zurück.

Im Kreisamt wurde er dem Dienst habenden Offizier vorgeführt, der mit einer ersten orientierenden Vernehmung begann. Die beiden Polizisten, die ihn festgenommen hatten, hatten den Raum wieder verlassen, sodass der Offizier mit dem Verdächtigen allein im Zimmer war. Während die Vernehmung zur Person ohne Probleme ablief, beantwortete der Mann die Fragen zu den einzelnen strafbaren Handlungen nur zögernd, teilweise unvollständig oder gar nicht.

Als der Offizier den Verdächtigen aufforderte, seine Taschen zu entleeren, sprang dieser plötzlich auf und zog eine Pistole aus der Manteltasche, richtete sie auf den Vernehmer und drückte ab. Der Polizeioffizier konnte sich nur hinter seinen Schreibtisch auf die Erde fallen lassen. Der Täter drückte ein zweites Mal ab, riss die Tür auf und rannte die Treppe hinunter. Den Posten im Erdgeschoss streckte er mit einem weiteren Schuss nieder und verschwand nach draußen.

Die Schüsse waren im Kreisamt gehört worden. Man entdeckte zuerst den schwer verletzten Posten, der sofort in ein Krankenhaus gebracht wurde. Einige Zeit später hörte man aus dem Zimmer des Dienst habenden Offiziers Hilferufe und fand diesen dort schwer verletzt hinter seinem Schreibtisch. Auch er wurde umgehend in das Krankenhaus gebracht, verstarb jedoch, bevor er operiert werden konnte. Auch der Posten verstarb kurz nach der Einlieferung in das Krankenhaus an einem Bauchschuss.

Am nächsten Tag wurde die Sektion der beiden Opfer durchgeführt. Beim Offizier gab es zunächst einige Unklarheiten und Widersprüche. In seinem Zimmer waren, wie mehrere Zeugen absolut sicher bestätigten, zwei Schüsse abgefeuert worden. Der Tote wies aber drei Einschüsse im Bereich der linken Schulter auf. Außerdem war bei der Untersuchung des Raumes noch ein Steckschuss in dem hinter dem Schreibtisch stehenden Schrank entdeckt worden, der offenbar über ihn hinweggegangen war und ihn gar nicht getroffen haben konnte. Nach diesen Ermittlungsergebnissen hätten die Zeugen mindestens drei Schüsse wahrnehmen müssen.

Bei der Sektion des Offiziers klärte sich dieser scheinbare Widerspruch ziemlich schnell auf. Er war nur von einem Schuss getroffen worden, obwohl drei Einschussöffnungen im Bereich der linken Schulter zu erkennen waren. Die drei einschussähnlichen Öffnungen kamen dadurch zustande, dass der Offizier sich nach dem ersten Schuss, der ihn offenbar gar nicht getroffen hatte, sondern als Steckschuss im Schrank landete, hatte fallen lassen. Als er wieder aufstehen wollte, den Oberkörper hob und sich dabei mit den Armen abstützte, bildete die Haut im Bereich der linken Schulter eine Falte, die zunächst durchschossen wurde, bevor das Geschoss in den Körper eindrang. Durch die Hautfalte kam es sowohl zu einem Einschuss als auch zu einem Ausschuss. Danach drang das Geschoss erneut in den Körper ein und verursachte die tödliche Herzverletzung.

Abschließend bleibt festzuhalten, dass die beiden Polizisten bei der Festnahme leichtsinnigerweise versäumt hatten, den Verdächtigen auf Waffen zu untersuchen. Ja, sie hatten ihm sogar gestattet, unbeaufsichtigt in das Schlafzimmer zu gehen und den Mantel zu holen. Bei dieser Gelegenheit konnte er die Waffe an sich nehmen, wie sich nach seiner erneuten Festnahme, die bereits einen Tag nach der Tat erfolgte, herausstellte.

Schlag oder Schuss?

Spaziergänger entdeckten in einem Waldgebiet etwas abseits vom Weg die Leiche eines uniformierten Mannes, dessen Gesicht und Hände blutüberströmt waren. Sie informierten sofort die zuständige Polizeidienststelle, die umgehend mit ihren Spezialisten am Fundort erschien und die Untersuchungen aufnahm.

Da der Tote seinen Ausweis bei sich trug, war die Identität bald geklärt. Es handelte sich um einen Offizier, worauf die Uniform bereits hingedeutet hatte. Der Schädel wies eine fast über die gesamte Breite des Kopfes reichende Platzwunde auf, sodass der weitgehend zertrümmerte Schädelknochen darunter zu sehen war.

Bei ihrer ersten Reaktion waren sich die Kriminalisten sicher, dass dem Mann der Schädel eingeschlagen worden war. Dann bemerkten sie aber an der rechten Schläfe eine rundliche Hautöffnung, die eine gewisse Ähnlichkeit mit einer Schussverletzung hatte. Außerdem lag nicht weit vom Toten eine Pistole, bei der es sich, wie sich später herausstellte, um dessen Dienstwaffe handelte. Offensichtlich war aus ihr auch geschossen worden.

Um endgültig Klarheit zu bringen, ob der Tote nicht nur erschlagen, sondern auch noch erschossen worden war, musste auf jeden Fall die Gerichtsmedizin herangezogen werden. Deshalb wurden wir informiert und fuhren am nächsten Tag zur Sektion in den Ort am Südhang des Thüringer Waldes.

Beim Toten handelte es sich um einen etwa 35jährigen Mann, dessen Schädeldach weitgehend zertrümmert war. Die Sektion zeigte, dass nicht nur eine Knochenbruchlinie vorhanden war, sondern das Schädeldach in mehrere Knochenbruchstücke zerfiel. Aber auch die Schädelbasis wies mehrere Brüche auf. Das Gehirn war weitgehend zerstört, ließ aber doch noch einen von der linken zur rechten Schläfe verlaufenden schusskanalähnlichen Bezirk erkennen.

An der linken Schläfe befand sich ein relativ großer rundlicher und sternförmiger Hautdefekt, der für den Fachmann wie die Einschusswunde bei einem absoluten Nahschuss aussah. Auf der Innenseite des Schädelknochens war die für einen Einschuss typische trichterförmige Erweiterung des Knochendurchschusses zu erkennen.

Als wir uns die Wunde an der linken Schläfe näher ansahen, stellten wir zudem unter der Haut – um die fragliche Einschussöffnung herum – eine schwärzliche Substanz fest, die wie Pulverschmauch aussah. Es handelte sich also tatsächlich um die Einschussöffnung eines absoluten Nahschusses mit der dazugehörigen Schmauchhöhle.

Die Untersuchung der Hände des Toten ergab an der linken Hand ebenfalls Pulverschmauch. Das sprach dafür, dass der Tote sich den Schuss in selbstmörderischer Absicht selbst beigebracht hatte. Es musste nur noch die Frage geklärt werden, ob er Linkshänder war, da der Einschuss auf der linken Kopfseite lag.

Letzteres wurde durch die Ehefrau des Offiziers bestätigt. Sie sagte zudem aus, dass ihr Mann in letzter Zeit des öfteren Selbstmordabsichten geäußert hatte, die von ihr nicht ernst genommen worden waren. Da die Laboruntersuchungen bestätigten, dass es sich bei den schwärzlichen Spuren tatsächlich um Pulverschmauch handelte, bestand am Selbstmord des Offiziers kein Zweifel.

Nur ein Unfall?

Der Dienst auf dem kleinen Polizeiposten in der Gemeinde Z. war eigentlich recht angenehm. Große Ereignisse, die Aufregung verursachen, gab es nicht. Die Polizisten waren zu zweit und verstanden sich gut. Beide freuten sich darüber, dass sich im Gebäude des Postens auch gleich ihre Wohnungen befanden.

Das Haus war nicht sehr groß, ein Zweifamilienhaus, das nach dem Krieg als Polizeiposten eingerichtet wurde. Im Parterre befanden sich die Diensträume, im Obergeschoss zwei kleine Wohnungen. Sie bestanden jeweils aus zwei Zimmern und Küche. Solange keine Kinder da waren, reichten die Räume aus, und sollte sich Nachwuchs einstellen, wie es bei der einen Familie bald der Fall sein würde, musste man sich nach einer anderen Lösung umsehen.

Karl W. saß unten im Dienstzimmer und war damit beschäftigt, seine Dienstwaffe zu reinigen. Ansonsten war im Moment auch rein gar nichts los. Bereits mehr als eine Stunde schob er Dienst, und noch nicht einer hatte sich sehen lassen. Da nutzte er die Gelegenheit, seine Pistole zu reinigen. Es handelte sich um eine Pistole 08, die noch aus Wehrmachtsbeständen stammte und mit der er – außer auf dem Schießstand – noch nicht geschossen hatte.

Karl nahm die Waffe auseinander, trennte gerade den Lauf vom Griffstück, als er durch das Fenster seinen Kollegen Eduard W. aus dem Hause kommen und durch den Vorgarten zur Straße gehen sah. Dieser hatte heute frei und wollte wahrscheinlich mit dem Bus in die nahe gelegene Stadt fahren.

Da Karl gerade den Lauf der Pistole in der Hand hielt, zielte er damit aus Spass auf Eduards Hinterkopf. Die 08 verfügte über einen relativ langen Lauf, sodass man mit ihm gut über Kimme und Korn zielen konnte, auch wenn das Griffstück mit dem Abzug abgetrennt war.

Plötzlich brach ein Schuss los; Fensterglas klirrte, und Eduard brach wie vom Blitz getroffen zusammen. Karl erschrak gewaltig: Was war denn nur passiert? Er hatte doch gar nicht abgedrückt. Konnte er auch gar nicht, denn das Griffstück lag mit dem Abzugsbügel auf einem Lappen auf dem Tisch. Aber wer hatte dann geschossen? Außer den beiden Ehefrauen, die keinen Zugang zu Waffen hatten, hielt sich niemand im Haus auf. Er konnte sich das Geschehene nicht erklären.

Karl eilte hinaus in den Vorgarten, um nachzuschauen, was mit seinem Kollegen passiert war. Dieser lag auf dem Boden, wobei sich unter Kopf und Hals eine große Blutlache gebildet hatte, die noch weiter zunahm. Eduard war nicht ansprechbar. Karl bemerkte, dass auch aus dem Mund Blut herausfloss. Er versuchte, ihn in eine stabile Seitenlage zu bringen, wie er das im Erste-Hilfe-Kurs gelernt hatte. Dann eilte er ins Haus und rief den Arzt an.

Inzwischen waren auch die beiden Frauen, die den Schuss gehört hatten, aus dem Haus gekommen und wollten wissen, was passiert sei. Aber Karl zeigte sich ratlos. Er schilderte ihnen den Vorgang und wiederholte immer wieder, dass man mit einer auseinander genommenen Waffe doch nicht schießen könne.

Wo der Schuss hergekommen sei, wisse er auch nicht. Womöglich habe jemand aus dem Garten geschossen? Vielleicht Leute, die von ihnen beim Hamstern oder beim Schwarzhandel erwischt worden waren und sich nun rächen wollten?

Die Frauen hatten dem Verletzten noch eine Decke unter den Kopf gelegt und ihn mit einer weiteren Decke zugedeckt.

Inzwischen war der Arzt eingetroffen und untersuchte den bewusstlosen Verletzten, um dessen Kreislauf es schlecht bestellt war. Offenbar hatte er sehr viel Blut verloren. Der Arzt, der nur ein Infusionsbesteck bei sich hatte, legte eine Infusion an und veranlasste danach den sofortigen Transport in das nächste Krankenhaus. Aber alle Mühen waren vergeblich: Eduard W. verstarb kurz nach seiner Einlieferung.

Bei der Sektion am nächsten Tag stellten wir einen eindeutigen Einschuss im Bereich des Nackens fest. Die Größe entsprach etwa dem Kaliber neun Millimeter, das die Pistole 08 aufweist. Der zweite Halswirbel war durchschossen und weitgehend zertrümmert. Dann hatte das Geschoss die hintere Rachenwand durchschlagen, war in die Schädelbasis eingedrungen und als Steckschuss im Bereich der Stirnhöhle verblieben. Ich sicherte das Geschoss, um später anhand von Vergleichsschüssen die Waffe exakt bestimmen zu können, aus der es verfeuert worden war.

Für uns war bereits ziemlich klar, dass es aus der Pistole 08 bzw. deren Lauf kam. Denn diese Waffe hatte eine Eigentümlichkeit. Man konnte auch mit dem Lauf allein schießen, wenn die Waffe auseinander genommen war. Das hatte der Polizist allerdings nicht gewusst und beim leichtsinnigen Herumspielen und Zielen mit dem Lauf, in dem sich offensichtlich noch ein Geschoss befunden haben musste, seinen Kollegen erschossen.

Die später durchgeführten Vergleichsschüsse bestätigten unsere Vermutung. Das Geschoss stammte eindeutig aus der Dienstwaffe des Polizisten, der ungewollt seinen Freund getötet hatte.

Wie der Schütze versicherte, war er bei der Belehrung über den Gebrauch der Pistole 08 über diese Gefahr nicht aufgeklärt worden.

Kapitel 8

Abtreibungen

Als ich 1951 meine Tätigkeit in der Gerichtsmedizin begann, war in der DDR ein legaler Schwangerschaftsabbruch nur unter ganz bestimmten Voraussetzungen möglich. Keineswegs durfte die Frau wie später nach dem Gesetz vom 9.3.1972 weitgehend selbst darüber entscheiden. Es gab damals einmal die »medizinische Indikation«, die dann vorlag, wenn durch das Austragen der Schwangerschaft und die Geburt das Leben oder die Gesundheit der Mutter ernsthaft gefährdet wurde. Zum anderen bestand die »eugenische Indikation«, die dann gegeben war, wenn bei einem Elternteil eine schwere Erbkrankheit vorhanden war und erwartet werden musste, dass das Kind mit großer Wahrscheinlichkeit ebenfalls daran erkrankte. Vorübergehend galten auch noch die »soziale« und die »ethische Indikation«. Von sozialer Indikation sprach man dann, wenn aufgrund der schlechten sozialen Verhältnisse die Aufzucht eines Kindes unmöglich erschien; eine ethische Indikation lag vor, wenn die Schwangerschaft durch eine Straftat, eine Vergewaltigung zustande kam. Diese beiden letzten Indikationen wurden aber später nach Erlass eines Gesetzes über den Mutter- und Kinderschutz und die Rechte der Frau nicht mehr anerkannt.

Jede andere Schwangerschaftsunterbrechung war damals strafbar, wobei die gewerbsmäßige Abtreibung besonders hart bestraft wurde. Derartige Handlungen erfolgten deshalb geheim und wurden nur in den wenigsten Fällen den Strafverfolgungsbehören bekannt.

Die Gesetzgebung der damaligen Zeit führte weiterhin dazu, dass Abbrüche nicht selten von Personen vorgenommen wurden, die wenig oder gar keine medizinischen Kenntnisse hatten und die gefahrvolle Methoden anwandten. Wenn Komplikationen auftraten, waren sie oft nicht in der Lage, mit ihnen fertig zu werden. Kam es zu Todesfällen, wurden diese vertuscht und eine natürliche Todesursache vorgetäuscht.

Eine der häufigsten Abtreibungsmethoden war die Einspritzung einer Flüssigkeit in die Gebärmutter. Die Gefahr bestand vor allem darin, dass neben der Flüssigkeit oft ungewollt und unbemerkt eine größere Menge Luft mit eingespritzt wurde, die dann in die durch den Fruchtabgang eröffneten Blutgefäße gelangte und zu einer tödlichen Luftembolie führte, einer Einschwemmung der Luft in die Haargefäße der Lunge. Der Tod trat dann in den meisten Fällen blitzartig ein.

Eine andere Art der Abtreibung, die ebenfalls häufig angewandt wurde, war der so genannte Eihautstich. Dabei wurde die Fruchtblase mit einem mehr oder weniger geeigneten spitzen Gegenstand angestochen, um das Fruchtwasser abfließen zu lassen und so die Ausstoßung der Frucht in Gang zu setzen. Bei diesem Vorgehen konnte die Gebärmutter durch das spitze Instrument verletzt werden oder durch unsterile Instrumente eine Infektion eintreten.

Wie laienhaft Abbrüche mitunter vorgenommen wurden, erlebte ich bei verschiedenen Gerichtsprozessen, so zum Beispiel als Sachverständiger in einem Verfahren gegen eine gewerbsmäßige Abtreiberin. Letztere hatte die Unterbrechung mit dem Eihautstich eingeleitet, wobei zunächst alles gut verlaufen und die Abtreibung in Gang gekommen war. Aber nach dem Fruchtabgang trat eine Tetanusinfektion ein, die zum Tode der Frau führte.

Weil die Todesursache bzw. der Ausgangspunkt der Tetanusinfektion unklar war, hatten wir eine gerichtliche Sektion durchgeführt und dabei die Abtreibungsverletzung festgestellt. Die Abtreiberin war sehr bald ermittelt worden.

Vor Gericht oblag mir als Sachverständiger die Aufgabe, den Kausalzusammenhang zwischen Abtreibungsverletzung und Tetanusinfektion darzulegen. Als ich ausführte, dass das benutzte Instrument nicht steril gewesen sei und sich Bakterien daran befunden hätten, sprang die Angeklagte empört auf und rief in den Gerichtssaal: »Das stimmt nicht, der Sachverständige lügt. Ich habe die Stricknadel vorher noch abgewaschen und dann mit einem sauberen Tuch trocken gerieben. Ich habe es mir genau angesehen, da waren keine Bakterien dran.«

Im Gegensatz zu heute gab es damals relativ viele Todesfälle nach Abtreibungen. Fast jeden Monat waren mehrere derartige Sektionen durchzuführen, wobei die Dunkelziffer noch viel höher gewesen sein wird. Bei jedem unklaren Tod einer Frau im gebärfähigen Alter musste man deshalb in der ersten Hälfte der fünfziger Jahre zumindest auch die Möglichkeit einer Abtreibung bedenken.

Todesursache unbekannt

Eines Morgens rief die Staatsanwaltschaft von G. an und ordnete die Sektion einer jungen Frau an, bei der die Todesursache völlig unklar war. Der Hausarzt, der die Leichenschau durchgeführt hatte, konnte keinerlei Hinweise auf eine mögliche Todesursache finden.

Im Sektionsraum des örtlichen Friedhofes fanden wir die Leiche einer 28jährigen Frau vor, die nur mit einem Nachthemd bekleidet war. Außer dem Staatsanwalt und einem Kriminalisten war auch der Hausarzt bei der Sektion anwesend. Er interessierte sich für das Sektionsergebnis, da er sich den Todesfall einfach nicht erklären konnte. Er kannte und behandelte die junge Frau schon seit vielen Jahren und wusste, dass sie nie ernstlich krank gewesen war. Erst wenige Tage vor ihrem Tod hatte er sie aus einem anderen Grund gründlich untersucht und auch eine Reihe von Laborwerten eingeholt. Alles war in Ordnung gewesen. Und jetzt dieser plötzliche Tod.

Der Hausarzt schilderte zuerst, was er über das Geschehene wusste. Danach hatte ihn der Ehemann völlig aufgelöst aufgesucht und ihn gebeten, ihn zu seiner Frau zu begleiten. Er glaube, sie sei tot. Als der Arzt ungläubig reagierte und nach den näheren Umständen fragte, erhielt er zur Antwort: »Gestern Abend hat sie sich ganz normal schlafen gelegt, hat keine Beschwerden gehabt. Und als ich sie heute Morgen wecken wollte, da rührte sie sich nicht. Sie atmete auch nicht mehr.«

Der Arzt begab sich sofort mit dem Ehemann in die Wohnung und fand dort die Frau regungslos im Bett vor: Kreislaufversagen, keine Herztätigkeit und keine Atmung. Die Frau war zweifellos tot.

Bei der weiteren Untersuchung stellte er fest, dass sich bereits Totenflecke ausgebildet hatten. Ihm war damit klar, dass der Tod schon vor einigen Stunden eingetreten sein musste. Nach seiner Schätzung kamen die späten Abendstunden des vorangegangenen Tages als Todeszeitpunkt infrage. Entsprechend der Leichenschaugesetzgebung meldete er den Todesfall bei der Polizei, die dann über die Staatsanwaltschaft die Sektion veranlasste.

Die äußere Besichtigung der Toten erbrachte nichts Auffälliges. Verletzungen oder Einstichstellen waren nirgends zu sehen. Die Totenflecke zeigten die normale Farbe. Auch bei der Beurteilung der inneren Organe fanden sich zunächst keine Veränderungen. Da es sich aber um eine Frau im gebärfähigen Alter handelte, zog ich auch eine Abtreibung in Betracht und stellte entsprechende Untersuchungen an. Sollten diese erfolglos verlaufen, konnte ich zumindest eine derartige Handlung als Todesursache ausschließen. Ich öffnete deshalb unter Wasser die Herzkammern, um das Vorliegen einer Luftembolie zu prüfen. Zu meiner Überraschung erbrachte diese Probe ein positives Ergebnis, womit eine Luftembolie als Todesursache feststand. Diesen Befund konnte ich bei der Untersuchung des Gehirns noch bestätigen.

Die äußeren und inneren Geschlechtsorgane ließen bei der einfachen Betrachtung keinerlei Veränderungen erkennen. Erst bei der späteren mikroskopischen Untersuchung ergaben sich Hinweise auf eine Schwangerschaft.

Es war also mit größter Wahrscheinlichkeit eine Abtreibung durchgeführt worden, die zu einer tödlichen Luftembolie geführt hatte. Demzufolge musste ermittelt werden, wer die Abtreibung vorgenommen bzw. wer der Frau dabei geholfen hatte. Im Bett konnte das kaum geschehen sein, weil ansonsten der Arzt bei der Leichenschau sicherlich Spuren bemerkt hätte. Falls diese nicht beseitigt worden waren, musste die Abtreibung woanders erfolgt und die Frau hinterher ins Bett gebracht worden sein.

Der Ehemann blieb bei der Befragung bei dem, was er bereits gegenüber dem Hausarzt geäußert hatte. Auch die Durchsuchung der Wohnung ergab keine Hinweise auf eine Abtreibung. Es wurden weder geeignete Instrumente noch Spuren der Abtreibungshandlung selbst gefunden. Die Gespräche mit dem Ehemann zeigten, dass er aufgrund seiner Kenntnisse wahrscheinlich nicht als Täter in Frage kam. Auch eine Selbstabtreibung durch die Frau, wobei der Ehemann sie nach dem Tod hätte ins Bett bringen müssen, wurde erwogen. Aber auch für diese Version gab es keine Anhaltspunkte.

Die Ermittlungen liefen weiter. Auffällig war, dass der Ehemann sehr unruhig und unsicher wirkte. Als er erfuhr, dass eine Sektion durchgeführt werden sollte, sträubte er sich zunächst dagegen und verlangte, der Toten ihre Ruhe zu lassen.

Die Befragung der Nachbarn ergab, dass am späten Abend des Vortages, kurz nach 23 Uhr, der Ehemann das Grundstück mit einem Handwagen verlassen hatte und erst nach Mitternacht wieder zurückgekommen war. Während der Wagen beim Wegfahren leer gewesen sei, habe bei der Rückkehr ein sackähnlicher Gegenstand darauf gelegen. Außerdem sei eine Frau dabeigewesen. Diese Vorgänge betrafen den Zeitpunkt, den der Hausarzt als Eintritt des Todes angenommen hatte.

Nach dem Grund dieser Fahrt mit dem Handwagen befragt, stritt der Ehemann zunächst ab, die Wohnung verlassen zu haben. Die Nachbarn müssten sich geirrt haben, da er den Handwagen schon lange nicht mehr benutzt hätte. Im Laufe der Befragung nahm seine Unsicherheit zu, und man merkte, dass etwas nicht stimmte.

Als die Vernehmung im Kreisamt fortgesetzt wurde und er sich nicht sicher war, ob er schon festgenommen sei, gestand er schließlich, doch mit dem Handwagen unterwegs gewesen zu sein. Er habe bei seinem Schwager noch ein paar Säcke Heu für seine Kaninchen geholt. Tatsächlich fanden sich auf seinem Grundstück auch solche mit Heu gefüllten Säcke, aber der Schwager konnte den nächtlichen Besuch nicht bestätigen.

Jetzt endlich war der Ehemann bereit, die volle Wahrheit zu sagen. Seine Frau war zum zweiten Mal schwanger geworden. Nach der Geburt ihres ersten Kindes hatte sie ihre Arbeit unterbrochen. Inzwischen war sie aber wieder voll in den Arbeitsprozess integriert und wollte nicht zum zweiten Mal aussetzen. Von einer Bekannten erfuhr sie die Adresse einer Frau Z., die zu einem akzeptablen Preis Abtreibungen vornahm. Sie nahm Verbindung zu ihr auf und vereinbarte Termin und Bezahlung. Außerdem wurde abgesprochen, dass sie nach Ingangkommen der Abtreibung einen Arzt aufsuchen und eine Fehlgeburt vortäuschen sollte.

Der Ehemann begleitete seine schwangere Frau zum vereinbarten Ort und wartete vor dem Haus auf ihre Rückkehr. Nach einiger Zeit kam Frau Z. in höchster Aufregung aus dem Haus gestürzt und redete wirr auf ihn ein: »Es ist etwas Schreckliches passiert. Ihre Frau ist tot. Ich habe aber nichts falsch gemacht. Sie muss schon krank gewesen sein. Was machen wir nur? Die Leiche muss aus dem Haus, sonst werden wir beide bestraft.«

Der Ehemann begab sich in die Wohnung und erblickte seine Frau, die mit entblößtem Unterkörper auf dem Küchentisch lag, neben ihr die Instrumente. Der Ehemann warf sich weinend auf seine Frau. Später vergewisserte er sich, dass sie tot war. Frau Z. versuchte, ihn zu beruhigen und ihn zu veranlassen, die Leiche nach Hause zu bringen. Als er nach einiger Zeit wieder einen klaren Gedanken fassen konnte, einigten sie sich, die Tote mit dem Handwagen nach Hause zu transportieren. Die Abtreiberin begleitete ihn und half ihm, die Tote ins Bett zu legen, nachdem sie die entsprechenden Vorbereitungen getroffen hatte.

Wie die weiteren Ermittlungen ergaben, hatte Frau Z. schon eine größere Zahl von Abtreibungen auf die gleiche Art und Weise vorgenommen, die immer gut ausgegangen waren. Den Todesfall konnte sie sich nicht erklären. Sie betonte immer wieder, alles genau so wie früher gemacht zu haben. Von den Gefahren einer Luftembolie hatte sie nie etwas gehört, sie kannte nicht einmal das Wort.

Frau Z. wurde wegen gewerbsmäßiger Abtreibung zu einer mehrjährigen Zuchthausstrafe verurteilt.

Ein dubioser Tod auf der Straße

Der alte Schnee lag schon 14 Tage und war zumindest in der Stadt recht schmutzig und unansehnlich geworden. Über Nacht hatte es erneut tüchtig geschneit, sodass jetzt alles wieder sauber aussah. Der Winterdienst war damit beschäftigt, Straßen und Fußwege wenigstens notdürftig freizuräumen. An den Rändern der Bürgersteige wuchsen die Schneewälle. Wo noch nicht geräumt und gestreut war, gingen die Menschen äußerst vorsichtig, da es unter dem Neuschnee stellenweise recht glatt war.

An der Straßenbahnhaltestelle stand eine Menschenschlange und wartete auf die Bahn. Durch den Schneefall hatten die Bahnen an diesem Tag alle Verspätung und fuhren unregelmäßig. Da musste man eben warten. Doch endlich kam die Bahn. Sie war ziemlich voll, aber da an dieser Haltestelle auch viele Menschen ausstiegen, fanden alle Wartenden einen Platz.

Unter den Ausgestiegenen war auch eine junge Frau von etwa 30 Jahren. Sie ging etwas unsicher und schaute sich offenbar nach einem Gegenstand um, an dem sie sich festhalten konnte. Dann schwankte sie leicht. Bevor ihr jemand zur Hilfe eilen konnte, fiel sie plötzlich um und landete in einem Schneewall.

Sofort sprangen zwei junge Männer hinzu und wollten ihr wieder auf die Beine helfen. »Haben Sie sich verletzt?« fragte der eine. Sie versuchten, der Frau unter die Achsel zu fassen und ihr beim Aufstehen zu helfen. Aber die Gestürzte half nicht mit und antwortete auch nicht auf die Frage. Daraufhin legten die jungen Männer sie wieder nieder und stellten fest, dass sie nicht atmete. Auch den Puls konnten sie nicht erfühlen.

Inzwischen hatte sich eine Traube von Menschen um die Gruppe gesammelt und schaute interessiert zu, wie sich die beiden Männer vergeblich um die Frau bemühten. Da richtete sich der eine Helfer auf und rief in die Menge: »Schnell, es muss einer zum Telefon laufen und einen Notarzt rufen, der Frau ist etwas passiert.«

Ein älterer Mann löste sich aus der Zuschauermenge und lief in den nächsten Laden auf der anderen Straßenseite, um einen Arzt zu rufen. Die dringliche medizinische Hilfe meldete sich und versprach, sofort zu kommen.

In der Zwischenzeit hatte jemand aus dem Haus gegenüber zwei Decken gebracht, um die Frau daraufzulegen und um sie zuzudecken. Die Gestürzte gab immer noch kein Lebenszeichen von sich und lag völlig regungslos auf dem Boden. Auch Wiederbelebungsversuche, die ein früherer Sanitäter unternahm, blieben erfolglos.

Nach wenigen Minuten kam der Krankenwagen mit dem Notarzt, der ebenfalls keine Lebenszeichen feststellen konnte und die sofortige Überführung der Frau in eine nahe gelegene Klinik anordnete. Dort bemühte man sich zwar gleich um sie, aber ebenfalls ohne Erfolg. Die Frau war tot. Zur Todesursache konnte keiner etwas sagen. Auch äußere Verletzungen fanden sich nicht.

Die Personalien der Frau waren bekannt, da sie ihren Personalausweis in ihrer Handtasche bei sich getragen hatte. Es handelte sich um eine allein lebende Lehrerin, die – nach Aussage der im Nachhinein befragten Nachbarn – immer gesund gewesen war.

Da es sich um eine unklare Todesart handelte, wurde eine Sektion angeordnet und die Leiche ins gerichtsmedizinische Institut gebracht. Bei der äußeren Besichtigung waren keine auffälligen Veränderungen zu erkennen. Die Totenflecke hatten eine normale Farbe. Verletzungen oder Hauteintrocknungen waren nicht vorhanden. Selbst der Sturz in den Schnee hatte keine Spuren hinterlassen.

Nach Eröffnung der Körperhöhlen war zunächst nichts Auffälliges festzustellen. Als wir dann aber auch in diesem Fall routinemäßig das Herz unter Wasser eröffneten, perlte eine große Menge Luftblasen an die Oberfläche, was untrüglich auf eine Luftembolie hinwies. Die Untersuchung der Gebärmutter zeigte eine geringfügige Unterblutung am äußeren Muttermund. Offensichtlich war an dieser Stelle manipuliert worden, mit größter Wahrscheinlichkeit eine Abtreibung.

Das Problem bestand in diesem Fall darin, dass die junge Frau selbständig in die Straßenbahn ein- und ausgestiegen und erst später zusammengebrochen und verstorben war. Dennoch stand der Sektionsbefund außer Frage. Es handelte sich offenbar um eine verzögerte Luftembolie, die relativ selten auftritt. Bei derartigen Fällen kommt die in die Gebärmutterhöhle eingespritzte Luft über die bei der Abtreibung eröffneten Gefäße in die Blutbahn, verbleibt aber zunächst in dem Venengeflecht des kleinen Beckens und gelangt erst später, meist nach mehr oder weniger heftigen Bewegungen, in die Lungengefäße und führt dann zum Tode.

Ein solcher Fall lag bei der jungen Frau vor. Erst beim Aussteigen aus der Straßenbahn war die im Gefäßgeflecht befindliche Luft mobilisiert und in die Lungen transportiert worden, wo sie dann zum Tode führte.

Die späteren Ermittlungen bestätigten, dass die Frau bei einer gewerbsmäßigen Abtreiberin gewesen war, die auch ermittelt werden konnte. Ihr war eine Seifenlösung in die Gebärmutter gespritzt worden. Nach einer kurzen Ruhepause war sie mit dem Auftrag nach Hause geschickt worden, bei eventuellen Blutungen einen Arzt aufzusuchen.

Bei der verzögerten Luftembolie ist der unmittelbare Zusammenhang mit dem ursächlichen Ereignis zunächst nicht ohne weiteres erkennbar, sodass sie leicht übersehen werden kann.

Die Frage der Abtreibung beschäftigt die Gesellschaft schon seit jeher. Während sie im klassischen Altertum straflos war, wurde sie später im römischen Recht als Ausdruck einer vaterrechtlichen Gesellschaftsstruktur mit der Begründung mit Strafe bedroht, dass die Frau den Mann um die Kinder betrüge. Auch in den germanischen Gesetzen war dieser Tatbestand enthalten, sah aber zumeist nur eine Geldbuße in bestimmten Fällen vor. Erst in der Carolina, dem ersten allgemeinen deutschen Strafgesetzbuch von 1532, wurde die Abtreibung zum Verbrechen erklärt und mit dem Tode bestraft. Im deutschen Strafrecht von 1871 drohte man schwere Zuchthausstrafen sowohl für die Selbst- als auch die Fremdabtreibung an. Erst in der Zeit nach dem Ersten Weltkrieg entstand unter dem Einfluss der allgemeinen Notlage und des verbreiteten Elends eine erhebliche Front gegen den § 218, den Abtreibungsparagraphen des Strafgesetzbuches, der sich auch viele Ärzte anschlossen.

Gewerbliche Abtreibungen wurden in der damaligen Zeit auch von Ärzten begangen. Sicherlich befanden sich manche darunter, die es allein aus dem Bedürfnis heraus taten, der Frau zu helfen. Aber es gab andererseits immer wieder Ärzte, die allein wegen des Geldes Abbrüche vornahmen. Und nicht immer bot die Tatsache, dass ein Arzt am Werke war, die Gewähr dafür, dass die Unterbrechung richtig, medizinisch einwandfrei und mit dem geringsten Risiko für die Frau durchgeführt wurde. Da das Ganze selbst in der Arztpraxis heimlich geschehen musste, wurde auch von Ärzten dabei gelegentlich gepfuscht.

Davon soll im folgenden Fall berichtet werden.

Tödlicher Irrtum

Etwas ängstlich klingelte die junge Frau an der Praxistür von Dr. P.; sie hatte einen Termin bei einem sehr jungen Arzt, der Urlaubsvertretung des Praxisinhabers, vereinbart. Von dem Termin durfte sonst niemand etwas wissen. Eine Freundin hatte ihr diesen Arzt empfohlen und ihr versichert, dass er ihr helfen würde. Sie kenne ihn schon aus seiner Studienzeit und wisse, dass er sich stets in Geldverlegenheit befinde und deshalb Sonderwünschen zugänglich sei.

Die junge Frau, Anna T., gerade 20 Jahre alt, war schwanger. Sie studierte noch und ging davon aus, dass sich Studium und Kind nicht vereinbaren ließen. Noch mehr ängstigte sie, dass ihre streng gläubigen Eltern erfahren könnten, dass sie schon vor der Ehe ein Kind bekomme.

Alles hatte so harmlos angefangen. Beim Semesterabschlussball lernte Anna einen netten jungen Mann, der zu einer anderen Fakultät gehörte, kennen. Sie tanzten den ganzen Abend zusammen und verstanden sich sofort sehr gut. Folgerichtig brachte er sie am Ende des Balles nach Hause. Sie hatten beide etwas getrunken und befanden sich in ausgelassener Stimmung. Sie wusste nicht mehr, wer auf die Idee gekommen war: Jedenfalls wählten sie den Weg durch den Park. Und da war es dann passiert. Die Pause auf der Parkbank war schuld. Die ausgelassene Stimmung, der Mondschein, der Alkohol – alles kam zusammen und führte dazu, dass sie schwach wurde. Zudem hätte sie nie geglaubt, wegen des einmaligen Verkehrs schwanger zu werden, zumal der Zeitpunkt im Hinblick auf die Regel eigentlich für eine Befruchtung ungünstig war.

Und doch war das nicht Erwartete eingetreten. Ihre Lage erschien Anna auch deshalb besonders ausweglos, weil es ihr nicht gelungen war, ihren Tanzpartner wiederzusehen. Die Adresse, die er ihr genannt hatte, stimmte nicht. Auch in der von ihm genannten Fakultät kannte man ihn nicht.

Als Anna ihrer besten Freundin ihre Sorgen anvertraute, wusste diese sofort Rat. Sie empfahl ihr eine Abtreibung und hatte auch gleich eine Adresse parat. »Das ist ein Arzt. Der ist zwar etwas teurer«, argumentierte sie, »aber dafür ist er vom Fach und du bist in guten Händen. Außerdem brauchst du auch nicht weit zu reisen, weil er gerade in unserer Stadt eine Praxisvertretung bei Dr. P. übernimmt. Wenn du willst, kann ich dich ja schon mal anmelden.«

Anna war über diese Hilfe sehr erfreut und ging sofort auf den Vorschlag ein. Sie vereinbarte einen Untersuchungs- und bei dieser Gelegenheit auch den Abtreibungstermin. Sie sollte abends, nachdem die Praxis geschlossen war und die Mitarbeiter das Haus verlassen hatten, möglichst ohne gesehen zu werden, in die Praxis kommen. Er würde dann schon alles vorbereitet haben.

Sie klingelte also. Der Arzt machte ihr selbst auf und führte sie unverzüglich in das Untersuchungszimmer. Hier stand der Untersuchungsstuhl bereit, die Instrumente lagen daneben auf einem Tisch. Alles erschien sehr sauber und steril und machte einen professionellen Eindruck. Anna beruhigte sich etwas, ohne ihre Angst ganz ablegen zu können.

Der Arzt begann mit der fachgerechten Ausschabung, zumal die Schwangerschaft schon etwas fortgeschritten war. Er hatte eine kleine Evipan-Narkose gemacht, Strich für Strich schabte er aus. Plötzlich stutzte er: Was war das? Sollte das die

Nabelschnur sein? Er hatte ein rundliches schlauchähnliches Gebilde an der Kürette. Als er daran zog, erwies sich das Gebilde als unerwartet lang. Der junge Arzt wunderte sich zwar, dass in diesem Stadium der Schwangerschaft schon eine so ausgebildete Nabelschnur vorhanden sein sollte, nahm es aber als gegeben hin. Er entschied sich, die vermeintliche Nabelschnur abzuschneiden. Da es stark blutete, stopfte er einfach die Scheide mit Verbandsstoff aus.

Die Ausschabung war beendet, und die Frau wachte langsam auf. Er ließ sie noch etwas auf der Liege ausruhen und schickte sie dann nach Hause.

Die junge Frau verließ noch etwas benommen die Praxis und machte sich auf den Weg. Ihr war schwindelig, und sie musste sich an der Hauswand festhalten. Vermutlich interpretierte sie ihre Schwierigkeiten als Nachwirkungen der Narkose. Doch nach wenigen Minuten brach sie zusammen. Passanten, die sie kurz darauf bewusstlos auf dem Bürgersteig liegend vorgefunden hatten, bemühten sich erfolglos um sie. Der herbeigeholte Arzt bemerkte das Blut an den Beinen der Ohnmächtigen und ließ sie sofort in ein Krankenhaus bringen.

Im Krankenhaus stellten die Ärzte zwar augenblicklich fest, dass das Blut aus der austamponierten Scheide kam. Bevor sie aber etwas unternehmen konnten, kam es zu einem nicht behebbaren Herzstillstand.

Die am nächsten Tag durchgeführte gerichtliche Sektion ergab, dass eine Schwangerschaft etwa im fünften Monat vorgelegen hatte, bei der eine Ausschabung vorgenommen worden war. Bei der Ausschabung war die Gebärmutter offenbar mit der Kürette durchstoßen worden. Diese Öffnung führte in die freie Bauchhöhle. Von dort ragte ein Stück Dünndarm, dessen

Ende abgeschnitten war, in die Gebärmutter hinein. Der Tod war durch Verbluten aus dieser Verletzung eingetreten.

Bevor die junge Frau starb, konnte sie noch von der Abtreibung berichten und den Namen des Arztes nennen. Er wurde festgenommen und strafrechtlich zur Verantwortung gezogen. Er hatte aus Geldgier eine ärztliche Tätigkeit ausgeübt, für die er nicht ausreichend qualifiziert war, und so den Tod eines Menschen verursacht.

Kapitel 9

Falsche Ärzte

Hochstapler, die sich mit mehr oder weniger großem Geschick als Ärzte ausgaben, traten zu allen Zeiten in Erscheinung. In Sachsen machte vor nicht allzu langer Zeit ein gelernter Postbote von sich reden, der über einen längeren Zeitraum als Oberarzt in einer psychiatrischen Einrichtung tätig war. Weder seinem Chef noch den Beamten im Gesundheitsministerium war der geringste Verdacht gekommen, dass es sich hier nicht um einen approbierten Arzt handeln könnte. Im Gegenteil, man war von seinen Fähigkeiten so überzeugt, dass man ihm eine Stelle als Chefarzt in einer anderen Einrichtung anbot. Es war nicht das Verdienst des Gesundheitsministeriums, dass dieses Angebot nicht realisiert wurde. Der ganze Schwindel flog nur deshalb auf, weil eine Mitarbeiterin in die Klinik kam, die sich an diesen Dr. Postel erinnerte und enthüllte, dass er schon vor etlichen Jahren in einem anderen Bundesland als falscher Arzt entlarvt wurde.

Besonders in den ersten Nachkriegsjahren und dem organisatorischen Durcheinander, das damals in Deutschland herrschte, kam es immer wieder vor, dass sich Laien zum Teil mit beachtlichem Erfolg als Ärzte ausgaben. Mir sind mehrere solcher Fälle in meiner beruflichen Tätigkeit begegnet. In einem Fall hatte es der Betreffende bis zum ärztlichen Direktor einer großen Gesundheitseinrichtung gebracht, mit der ich gemeinsam ein Forschungsvorhaben initiieren wollte. In einem anderen Fall handelte es sich um einen Kreisarzt. Ein Schwindler flog auf, als dieser seine Habilitationsschrift einreichen wollte. Der Mitarbeiter der zuständigen Universität gab sich jedoch nicht ohne weiteres mit eidesstattlichen Erklärungen über Approbation, Promotion usw. zufrieden, sondern richtete eine Anfrage an die in den ehemaligen Ostgebieten liegende Alma mater. Obwohl er nicht angenommen hatte, von dort eine Antwort zu bekommen, teilte ihm diese zu seiner Überraschung mit, dass die Unterlagen aus deutscher Zeit noch vollständig vorhanden waren. Aus ihnen ging hervor, dass ein Arzt mit dem betreffenden Namen niemals an der Universität tätig war.

Nicht immer waren es verbrecherische Schwindler schlechthin, die in die Rolle des Arztes schlüpften. Manche dieser Pseudoärzte wurden mehr oder weniger durch die Umstände in ihre Funktion hineingedrängt. Mir sind mehrere Fälle bekannt, bei denen es sich um ehemalige Sanitätsdienstgrade handelte, die lange Jahre in Kriegs-, Feld- oder Reservelazaretts der Wehrmacht tätig waren und sich eine große praktische Erfahrung angeeignet hatten. Zum Teil waren sie in der Kriegsgefangenschaft von den Alliierten als Arzt eingesetzt worden und hatten sich in dieser Funktion bewährt. Der Arztmangel war am Kriegsende und in den ersten Nachkriegsjahren mancherorts groß, weil viele Ärzte gefallen waren. Die Sanitätstruppe gehörte zweifellos zu den Waffengattungen, bei denen sehr hohe Verluste aufgetreten waren. Nicht selten wurden Medizinstudenten in Krankenhäusern als Hilfsärzte eingesetzt. Auch ich war in meinen letzten klinischen Semestern als Hilfsarzt im städtischen Krankenhaus von Jena tätig gewesen.

Unter diesen Umständen verwundert es nicht, dass die Zahl falscher Ärzte in den ersten Nachkriegsjahren besonders hoch war. Von einem der unglaublichsten Fälle, die mir auf diesem Gebiet begegnet sind, handelt der folgende Bericht.

Ein Hochstapler als Arzt

Anlässlich einer Außensektion in einer psychiatrischen Einrichtung wurde ich an einen Fall erinnert, von dem ich in meiner Zeit als Stationsarzt in der Nervenklinik bereits gehört hatte. Später lernte ich den Betreffenden bei einer Nachuntersuchung auch persönlich kennen. Der Fall wies unglaubliche Züge auf und sorgte noch lange Zeit für Gesprächsstoff in der ganzen Klinik.

Ich wurde von den bei der Sektion anwesenden Klinikärzten gefragt, ob ich nicht einen Dr. Freiherr von W. kennen würde. Er habe sich in der Klinik um die Stelle des ärztlichen Direktors beworben und dabei angegeben, dass er längere Zeit in der Universitätsnervenklinik gearbeitet hätte. Mein Name sei in dem Bewerbungsschreiben als Referenz genannt worden.

Ich musste nicht lange überlegen, um mir den mehrere Jahre zurückliegenden Fall ins Gedächtnis zu rufen. Sofort war mir klar, um wen es ging. Es handelte sich allerdings nicht um einen in der Klinik tätigen ärztlichen Kollegen, sondern um eine Person, die sich zur Begutachtung dort aufgehalten hatte.

Zum betreffenden Zeitpunkt hatte ich die beiden neurologischen Männerstationen als Stationsarzt zu betreuen. Die eine Station nahm auch alle zur Begutachtung eingewiesenen Patienten auf, auch die, die durch Ärzte bzw. Oberärzte anderer Stationen der Klinik begutachtet wurden.

Einer dieser Gutachtenpatienten war besagter Dr. Freiherr v. W., der durch den Ersten Oberarzt der Klinik auf seine strafrechtliche Zurechnungsfähigkeit untersucht und beurteilt werden sollte. Anlass der forensischen Begutachtung war eine äußerst eigenartige und ungewöhnliche Operation, die dieser angebliche Arzt vorgenommen hatte. Der gesamte Fall fiel derartig aus dem Rahmen, dass er bereits 1951 vom Gutachter H. v. Keyserlingk in der »Deutschen Zeitschrift für gerichtliche Medizin« publiziert wurde.

Wenden wir uns nun dem erstaunlichen Geschehen selbst zu: Eine 48jährige Frau war zu Hause auf der Treppe gestürzt und hatte sich eine geringfügige Verletzung am Kopf zugezogen, weswegen sie ihren Arzt, Dr. v. W., um einen Hausbesuch bat. Er kam auch nach kurzer Zeit und untersuchte die Frau. Danach äußerte er, dass sie »etwas am Gehirn davongetragen (habe)«. Auch das Herz gefalle ihm gar nicht. Er kündigte einen weiteren Hausbesuch für den nächsten Tag an und kam auch zur vereinbarten Zeit.

Bei der zweiten Untersuchung stellte er eine Verschlechterung im Befinden der Frau fest und schlug vor, sofort eine Herzoperation vorzunehmen. Er horchte noch einmal die Brust ab und erklärte: »Hochgradige Herzschwäche. Ohne Operation werden Sie in einer Stunde sterben. Wir müssen gleich operieren.« Auf die Frage der Patientin, in welchem Krankenhaus die Operation stattfinden sollte, antwortete Dr. v. W.: »Das machen wir gleich hier.« Außerdem legte er der Frau nahe, vor dem Eingriff ihr Testament zu Papier zu bringen, was dann auch geschah.

Dr. v. W. bereitete alles für die Operation vor und legte fest, dass die Tochter der Kranken und eine noch in der Wohnung anwesende Bekannte assistieren sollten. Die eine sollte die Narkose übernehmen, die andere bei der Operation selbst helfen. Beide Frauen protestierten zunächst heftig, weil sie noch niemals bei einer Operation dabeigewesen waren und über keinerlei medizinische Vorkenntnisse verfügten. Aber Dr. v. W. beruhigte sie und redete ihnen zu: »Das werden Sie schon schaffen. Ich sage Ihnen ja, was Sie tun müssen. Und außerdem gebe ich Ihnen eine Spritze, die wird Sie beruhigen.«

Die beiden Frauen sträubten sich weiterhin. Aber Dr. v. W. redete so lange auf sie ein, bis sie endlich einwilligten. Wie die beiden später aussagten, gab er ihnen daraufhin eine »Gesäßspritze«, deren Sinn er auf Nachfrage als »Ruhig Cocain!« kennzeichnete.

Dr. v. W. traf keinerlei Vorbereitungen zur Sterilisation der Instrumente. Gemeinsam mit den Frauen legte er die Patientin auf das Bett, wo sie nach seinen Anweisungen narkotisiert wurde. Die zweite Frau musste die Brust hochhalten, und Dr. v. W. machte den ersten Schnitt. Nach einigen weiteren Schnitten schlug er der Patientin plötzlich auf die Brust und sagte: »Schnell, schnell, eine Spritze. Das Herz schlägt nicht mehr.« Diese Spritze musste die Tochter ihrer Mutter selbst geben. Dann ging die Operation weiter.

Nach einiger Zeit wurde Dr. v. W. in seinen Bewegungen immer langsamer und äußerte: »Ich schlafe ein. Ich brauche auch eine Spritze.« Er veranlasste die Tochter, ihm ebenfalls eine

»Gesäßspritze« zu geben. Nachdem er diese bekommen hatte, operierte er flott weiter.

Kurz darauf ertönte aus der Operationswunde ein Zischen. Der Arzt erschrak sichtlich und rief: »Au, verflucht! Jetzt habe ich einen Pneu gesetzt.«

Aber danach operierte er ruhig weiter. Etwas später wurden der Herzbeutel und das schlagende Herz in der Operationswunde sichtbar. Er zeigte die Organe zunächst den anwesenden Frauen und forderte sie darüber hinaus auf, weitere Leute aus dem Haus zu holen, damit er ihnen ebenfalls das Herz zeigen könnte.

Den aus dem Haus hinzugezogenen Personen erschien die ganze Situation äußerst ungewöhnlich und fragwürdig. Sie fürchteten für das Leben der Patientin und verständigten heimlich die Kriminalpolizei, die kurz danach eintraf und einen Chirurgen mitbrachte. Dieser fand eine nackt auf dem Bett liegende ältere Frau vor, bei der eine etwa 15 Zentimeter breite, quer verlaufende Wunde im Bereich des fünften Rippenzwischenraumes zu erkennen war. Die linke Brusthöhle war eröffnet, die Lunge zurückgesunken. Der Herzbeutel war intakt. Auf einem mit einem Bettlaken abgedeckten Waschtisch lagen einige Instrumente, Verbandsmittel und Medikamente.

Der Operateur erläuterte dem Chirurgen, dass er zunächst Herzmittel gegeben habe. Da aber deren Wirkung besser sei, wenn man sie direkt auf das Herz aufbringe, habe er das Herz freigelegt.

Später, bei der Begutachtung in der Klinik, variierte er seine Angaben über den Verlauf der Operation. Einmal behauptete er, er hätte das Herz mit Sympatol, einem Kreislaufmittel, bespült. Dann erklärte er, Medikamente direkt ins Herz gespritzt zu haben. Beim nächsten Mal wiederum äußerte er, das Herz mechanisch gereizt zu haben, indem er die Herzspitze mehrfach mit der umgedrehten Pinzette bestrich, um so das Herz anzuregen.

Als der Chirurg Dr. v. W. fragte, was er weiter mit der Wunde zu tun gedenke, lautete die Antwort: »Ich werde die von mir entwickelte Salbe ›Wilckosan‹ in die Wunde schmieren und dann die Wundränder mit Heftpflaster zusammenziehen. Dann wird alles bestens abheilen; eine Infektion ist dank meiner Salbe ›Wilckosan‹ nicht zu befürchten.«

Den Hinweis des Chirurgen, durch die Eröffnung des Brustfelles eine sehr gefährliche Situation heraufbeschworen zu haben, tat er mit einer Handbewegung ab. Er blieb bei der Behauptung, dass er durch die sofortige Operation das Leben der Frau gerettet und keineswegs irgendeine Gefahr heraufbeschworen habe. Er verfüge über große Erfahrungen auf diesem Gebiet und habe ähnliche Operationen schon mehrfach erfolgreich durchgeführt. Die von ihm entwickelte Operationsmethode habe großes Interesse im Ausland erweckt und werde von zwei amerikanischen Reportern in einer amerikanischen Zeitschrift veröffentlicht.

Als der Chirurg dann forderte, die bewusstlose Frau sofort in ein Krankenhaus zu bringen, stimmte er zwar zu, wollte aber die weitere Behandlung im Krankenhaus selbst fortsetzen.

Dieser Bericht muss noch durch die Feststellung ergänzt werden, dass sich bei den Akten ein Bogen befand, den Dr. v. W. offenbar als Operationsprotokoll angelegt hatte. Aus ihm ging hervor, dass die ganze Operation etwa vier Stunden gedauert hatte. Er enthielt außerdem einige laienhaft hingekritzelte Angaben über verabreichte Medikamente und über eine eingeschaltete Pause von 25 Minuten.

Der Chirurg äußerte gegenüber den Kriminalpolizisten erhebliche Zweifel an der Zurechnungsfähigkeit des Dr. v. W. So wurde ihm wegen dieser unglaublichen Vorgänge sofort jegliche ärztliche Tätigkeit verboten und Haftbefehl erlassen. Glücklicherweise konnte die Patientin dank der weiteren Behandlung im Krankenhaus gerettet werden.

Wer aber war dieser angebliche Arzt? War er überhaupt Arzt? Hatte er eine medizinische Ausbildung genossen? Wie verlief sein gesamter Werdegang? Diese Fragen tauchten zwangsläufig auf, wenn man seine unglaublichen Fehlhandlungen betrachtete. Im persönlichen Umgang wirkte Dr. v. W. auf den ersten Blick ausgesprochen sympathisch. Er war schlank, gepflegt, sah gut aus, wobei das Gesicht zahlreiche Mensurnarben aufwies. Sein ganzes Auftreten strahlte Sicherheit und Selbstbewusstsein aus, ohne beim ersten Eindruck überheblich zu wirken. Seine Art, sich zu geben, war liebenswürdig und dazu angetan, Menschen zu gewinnen. Die gesellschaftlichen Umgangsformen beherrschte er vollkommen.

Kurzum: Bei der ersten Begegnung machte er einen ausgesprochen guten und sympathischen Eindruck, was sich allerdings bald änderte, wenn man längere Zeit mit ihm zusammen war. Dann fielen seine Kritiklosigkeit und sein ungeheurer Rededrang auf, und eine zunächst nicht im Vordergrund stehende arrogante Überheblichkeit trat unverkennbar zutage.

Wenn man ihm verständnisvoll zuhörte, schmückte er seine Erzählungen mit phantastischen Einzelheiten aus. Zeigte man dagegen auch nur geringste Zweifel an der Glaubwürdigkeit des Berichteten, deckte er den Zuhörer mit einem ungeheuren Redeschwall ein, um ihn von der Wahrhaftigkeit der stets abenteuerlichen Episoden zu überzeugen. Immer spielte die Selbstdarstellung des Dr. v. W. in diesen Berichten eine überragende Rolle. Durch seine außergewöhnliche Intelligenz und sein reaktionsschnelles Handeln sei es ihm stets gelungen, auch gefährliche und aussichtslose Situationen zu meistern und alles zum Guten zu wenden.

Von Dr. v. W. selbst verlässliche Angaben über seinen bisherigen Lebenslauf zu erhalten erwies sich als ausgesprochen schwierig, wenn nicht gar als aussichtslos. Er verwickelte sich laufend in Widersprüche und steigerte sich in phantastische Schilderungen hinein. Andererseits verpackte er die unglaublichen Angaben so geschickt, dass sie zwar als kurios, aber doch als möglich erschienen. Stets beeindruckten der äußerst interessante Vortrag und die fesselnde Art der Darstellung.

Über seinen beruflichen Werdegang machte Dr. v. W. ebenfalls sehr widersprüchliche und wechselnde Angaben. Danach hatte er nach dem Abitur im Jahre 1930 in Berlin sein Medizinstudium begonnen. Dagegen ergaben die Recherchen, dass er zunächst fünf Semester Medizin in Rostock studierte. Dort gehörte er nach Mitteilung der Universität auch dem Korps »Vandalia« an, wurde aber nach zwei Semestern wegen unehrenhafter Handlungen, die nicht näher beschrieben wurden, ausgeschlossen.

Von Oktober 1932 bis Dezember 1939 setzte er das Studium an der Medizinischen Fakultät der Berliner Universität fort und legte 1937 nach einer Studienzeit von 15 Semestern das Physikum, die ärztliche Vorprüfung, mit der Note »genügend« ab. Laut Mitteilung der Berliner Universität meldete er sich zwar 1939 zum medizinischen Staatsexamen an, reichte aber weder die dafür erforderlichen Unterlagen ein, noch bemühte er sich sonstwie um die Ablegung des Examens. Die vorhandenen Akten bezeugen außerdem, dass er im Wintersemester 1939/40 an der Juristischen Fakultät immatrikuliert wurde, aber keine Vorlesungen belegte, worauf er am 15. 12. 1939 wegen »Unfleißes« von der Liste der Studierenden gestrichen wurde.

Obwohl Dr. v. W. nach den Akten niemals das Staatsexamen abgelegt hatte, wie er, wenn auch mit unterschiedlichen Zeitangaben, immer wieder behauptete, erhielt er am 27. September 1939 nach Mitteilung des Treuhänders der Medizinalberufe in Berlin die ärztliche Approbation, zu einem Zeitpunkt also, als er noch in Berlin immatrikuliert war. Offenbar gelang es ihm in den unruhigen ersten Wochen nach Kriegsbeginn, sich ohne ordnungsgemäße ärztliche Staatsexamensprüfung die Approbationsurkunde zu beschaffen und eine Tätigkeit als Arzt aufzunehmen.

Nach eigenen Angaben studierte Dr. v. W. außer Medizin auch noch Theater-, Forst- und Wehrwissenschaft. Er konnte auch entsprechende Fotokopien von Prüfungszeugnissen vorweisen, die aber wahrscheinlich gefälscht waren. In dem forstwissenschaftlichen Zeugnis hieß es u. a.: »In seinem Examen zeigte er eine über dem Durchschnitt Studierender liegende Begabung.«

Über das Thema und den Zeitpunkt seiner Doktorarbeit machte er ebenfalls unterschiedliche Angaben. Während er nach Auskunft der Universität Berlin überhaupt nicht promovierte, behauptete er selbst, eine Dissertation mit dem Titel: »Die strafrechtliche Behandlung der Psychopathen im neuen Strafrecht« geschrieben zu haben. Ein anderes Mal gab er zu Protokoll, bereits 1937 eine medizinische Arbeit zum Thema:

»Die künstlichen Düngemittel und ihre arbeitsmedizinische Bedeutung« verteidigt zu haben.

Für die folgenden Jahre ließen sich keine objektiven Unterlagen auffinden, sodass seine eigenen Angaben nicht nachgeprüft werden konnten. So sollen diese kommentarlos aufgelistet werden: im Sommer 1939 Praxisvertretungen in Berlin; dann zwei Monate in Küstrin und Landsberg an der Warthe im Krankenhaus; Tätigkeit an der Universitätsfrauenklinik in Berlin und am Achenbach-Krankenhaus; 1940 im Arbeitsministerium in Berlin Medizinalassessor mit dem Auftrag, die Berliner Betriebe medizinisch zu beaufsichtigen; im Sommer 1940 Einberufung zur Sanitätsersatzabteilung Berlin, dort eine sechsmonatige Ausbildung; Verlegung in ein polnisches Dorf; Anfang 1941 Beförderung zum Unterarzt, 1942 Assistenzarzt und Verlegung nach Ostrow; davon abweichend: 1941 in Noworeschew Oberarzt und 1942 bzw. 1943 Stabsarzt.

Ein Teil der Angaben stammt aus einem Bewerbungsschreiben, das er 1945 an die Universität Leipzig gerichtet hatte.

Obwohl die Militärzeit des Dr. v. W. zum damaligen Zeitpunkt nur wenige Jahre zurücklag, entschuldigte er seine unterschiedlichen Angaben mit Vergesslichkeit. Worauf er aber immer wieder zurückkam, war seine angebliche Tätigkeit bei einem Partisanenjagdbataillon. Offenbar wollte er sich als Nazigegner darstellen und behauptete in diesem Zusammenhang, verwundete Partisanen ärztlich versorgt zu haben, statt sie befehlsgemäß zu erschießen. Herausgekommen sei diese Befehlsverweigerung dadurch, dass er Mullbinden zum Anlegen von Verbänden benutzte, die mit dem Stempel der Sanitätseinheit versehen waren. Diese Aussage erscheint wenig glaubhaft, da es allgemein nicht üblich war, Verbandsmaterial mit dem Einheitsstempel zu kennzeichnen. Jedenfalls wurde er nach seinen Aussagen wegen Befehlsverweigerung vor ein Kriegsgericht gestellt.

Genauere Angaben sind aus seinem Vorstrafenregister zu entnehmen. Danach wurde erstmals 1932 in Rostock ein Ermittlungsverfahren wegen Diebstahls gegen ihn eingeleitet, dann aber wegen Trunkenheit nach § 51 StGB eingestellt. 1941 erfolgte eine Verurteilung durch die Wehrmachtskommandantur Berlin zu vier Wochen Arrest wegen unerlaubten Führens eines inländischen Titels. Zu diesem Vorfall gab er selbst an, das Ordenskreuz des Johanniterordens, dem er angehörte, trotz Verbots an der Uniform getragen zu haben. 1943 wurde er wegen Wachvergehen und unerlaubter Entfernung von der Truppe zu vier Jahren Gefängnis und im Juli des gleichen Jahres erneut wegen unerlaubten Entfernens von der Truppe zu drei Monaten Gefängnis verurteilt. Im Anschluss erfolgte die Degradierung zum einfachen Sanitätssoldaten und Haft in der Festung Torgau – das Letztere nach Angaben des Dr. v. W.

Nach dem Ende des Krieges führte Dr. v. W. seine Verurteilung gegenüber verschiedenen Dienststellen auf »Feindbegünstigung und Wehrkraftzersetzung« zurück. Auf diese Weise erlangte er für kurze Zeit die Anerkennung als »Opfer des Faschismus«, eine Charakteristik, die ihm zunächst in der sowjetischen Besatzungszone viele Wege für seine berufliche Entwicklung eröffnete. Um seinen Widerstand gegen den Nationalsozialismus zu dokumentieren, legte er – offenbar gefälschte – Fotokopien vor, in denen er unter anderem als »Vorläufer des Vierten Reiches« bezeichnet und der »Zersetzung der Wehrkraft, Feindbegünstigung und Sabotage« beschuldigt wurde.

Im Gegensatz zu der Zeit vor und während des Krieges kann der Lebenslauf des Dr. v. W. nach Kriegsende anhand der Akten der Staatsanwaltschaft einigermaßen vollständig rekonstruiert werden. Daraus ist zu entnehmen, dass er unmittelbar nach dem Zusammenbruch des deutschen Reiches 1945 in Leipzig eine Praxis eröffnete. Schon bald untersagte ihm das Gesundheitsamt der Stadt, ärztliche Verrichtungen und insbesondere chirurgische Eingriffe in Räumen vorzunehmen, die den primitivsten Anforderungen, die an ärztliche Praxisräume zu stellen sind, in keiner Weise entsprachen. Es war nämlich bekannt geworden, dass er vor allem in den späten Abendstunden vorwiegend Frauen in seinem kleinen Wohnzimmer behandelte, obwohl das Zimmer über keinerlei medizinische Ausstattung verfügte. Allerdings nahm es Dr. v. W. mit solchen »Lappalien«, wie er sich ausdrückte, nicht so genau. Sauberkeit und Sterilität waren für ihn Nebensache. So nahm er in dem Wohnzimmer auch kleinere chirurgische Eingriffe vor, ohne die notwendigen hygienischen Voraussetzungen zu haben. Nach Aussagen seiner Patienten wusch er sich zwar die Hände, fasste aber unmittelbar danach alle möglichen unsterilen Gegenstände an und fuhr sich vor der Operation durch die Haare.

Die Instrumente machten auch keinen sauberen Eindruck. Beim Verabfolgen einer Spritze in das Gesäß einer Patientin störte es ihn nicht im Geringsten, dass zwei fremde Männer im Zimmer waren. Der Patientin hingegen war es ausgesprochen peinlich. Als im Anschluss an diese Injektion hohes Fieber bei dem jungen Mädchen auftrat, reagierte er erst nach drei Tagen auf die dringende Anforderung eines Hausbesuches. Am dritten Tag kam er und brachte seinen Hund mit. Mit dem spielte er, bevor er die Patientin untersuchte. Obwohl er dem Hund mehrfach ins Maul gefasst hatte, hielt er es nicht für nötig, sich vor einer vaginalen Untersuchung die Hände zu waschen. Als der Vater des jungen Mädchens ihn darauf aufmerksam machte, dass seine Tochter noch Jungfrau sei, meinte er nur: »Soll ich vielleicht warten, bis einer kommt und mit ihr schläft?«

Als in den nächsten Tagen das Fieber weiter stieg und Temperaturen über 40 °C auftraten, entschloss er sich, in der Wohnung der Patientin einen Abszess in der Gesäßgegend operativ zu eröffnen. Die Operation nahm er zum Erstaunen der anwesenden Eltern im Straßenanzug vor, ohne sich die Hände zu waschen und ohne Ringe und Armbanduhr abzulegen. Nicht einmal die Hemdsärmel streifte er hoch. Die Krawatte geriet ihm mehrmals in das Operationsgebiet und wurde mit Blut beschmiert, was ihm aber nur einen leichten Fluch entlockte. Die wenigen bei der Operation eingesetzten Instrumente holte er aus einer alten Knäckebrotpackung und benutzte sie, ohne sie vorher auszukochen oder abzuwaschen. Ebensowenig wurden Spritze und Kanüle, die er zur örtlichen Betäubung benutzte, ausgekocht. Die Kanülen steckten ohne irgendwelchen Schutz in einem Stück Pappe.

Andere Patienten berichteten, dass er ein und dieselbe Spritze für mehrere Patienten benutzte, ohne sie zwischendurch zu reinigen. Wie aus den Unterlagen hervorgeht, behandelte er in seiner Wohnung besonders gern junge Mädchen und führte vaginale Untersuchungen durch, auch wenn sie ihn wegen ganz anderer Beschwerden aufsuchten. Aus einer Medikamentenaufstellung aus dieser Zeit geht hervor, dass er einen sehr hohen Verbrauch von Pervitin sowohl in Form von Tabletten als auch in Form von Ampullen hatte. Ebenso wurden Opiate von ihm in relativ großen Mengen verordnet.

In diese Periode fällt Mitte Mai 1945 auch die Beobachtung eines Leipziger Professors der medizinischen Fakultät, dass ein Mann in der Uniform eines Stabsarztes der faschistischen Wehrmacht mehrfach in der Klinik herumlief, der sich noch durch zusätzliche silberne Feldwebelsterne und falsche Kragenspiegel geschmückt hatte und außen am Mantel eine Ordensspange trug, was absolut unüblich war und nicht der Uniformordnung entsprach. Der Mann wurde weiter auffällig, als er in der Klinik eine von ihm eingewiesene Patientin sehr heftig küsste und, obwohl er in der Klinik nicht angestellt war, verschiedenen Patienten Rezepte ausstellte, die den Aufdruck »Dr. H. v. W., Erzbischöflicher Medizinalrat« trugen. Wegen seines auffälligen Benehmens und weil der Verdacht bestand, dass es sich gar nicht um einen Arzt handelte, wurde die Polizei verständigt, die ihn zunächst vorläufig festnahm.

Bei der Vernehmung wirkte er sehr zerstreut und konnte auch einfache Fragen nicht beantworten. Die Vernehmung musste abgebrochen werden, weil er offenbar unter dem Einfluss von Rauschgift stand. In diesem Zusammenhang ist von Interesse, dass bereits in einem Schreiben der Reichsärztekammer vom März 1942 auf den hohen Pervitinverbrauch des Arztes Dr. v. W. hingewiesen wurde. Bei Pervitin handelte es sich um ein Aufputschmittel, das die Konzentrationsfähigkeit und Leistungsbereitschaft steigert und wegen seiner Suchtgefahr dem Betäubungsmittelgesetz unterliegt.

Der Festgenommene trug die Fotokopie eines Dienstausweises der Kriminalpolizei bei sich, die auf den Namen »Dr. med. v. W., Gewerbe-Medizinal-Assessor« lautete. Weiter hatte er einen Ausweis der Leipziger Polizei vom 5.5.1945 auf den Namen »Dr. H. v. W. und S., Erzbischöflicher Medizinal-Rat«

bei sich, Rezeptformulare mit der gleichen Aufschrift und einen Wehrersatzpass, der auf den »Sanitätssoldaten Dr. H. v. W. und S.« lautete und von allen Papieren noch den echtesten Eindruck machte, obwohl der Doktortitel auch falsch war. Er wies weiter eine Fotokopie über die »Verleihung des ritterlichen Ordens St. Johannis vom Spital zu Jerusalem an den akademischen Forstwirt H. v. W.« vor. Bei der damaligen polizeilichen Vernehmung gab er an, die Uniform eines Stabsarztes der faschistischen Wehrmacht mit Genehmigung der amerikanischen Militärregierung getragen zu haben, da diese ihn wegen seiner Zusammenarbeit mit einem Major des CIC wieder in seinen alten Dienstgrad eingesetzt und somit seine Degradierung rückgängig gemacht habe.

Den Titel »Erzbischöflicher Medizinalrat« will er vom Erzbischof von Smolensk für seine Betreuung der Partisanen und den Aufbau eines Netzes von ärztlichen Stützpunkten für die russische Bevölkerung im besetzten Gebiet erhalten haben. Auch diese Behauptung belegte er wieder mit der Fotokopie einer Bescheinigung eines russischen Geistlichen aus Berlin. Überhaupt arbeitete er fast ausschließlich mit Fotokopien von allen möglichen Bescheinigungen und Zeugnissen, weil diese offenbar von ihm am leichtesten zu fälschen waren.

Da man damals schon in Leipzig erhebliche Zweifel an seiner medizinischen Ausbildung hatte, wurde er einer Prüfung durch zwei bekannte Leipziger Ärzte unterzogen. Diese bescheinigten ihm ein oberflächliches medizinisches Wissen, das nicht über einige Schlagworte hinausging, die auch einem Heilgehilfen verständlich sein müssten. Bei dieser Befragung fiel den Ärzten eine rasch eintretende Ermüdung auf, er machte den Eindruck eines Süchtigen.

Auch bei einer im November 1945 von ihm übernommenen Praxisvertretung gab es eine Menge von Beschwerden über seine ärztliche Tätigkeit. So meldete das Gesundheitsamt im März 1946 an die Ärztekammer, dass er die Sprechstundenzeiten nicht einhalte bzw. Sprechstunden nach Belieben und ohne Begründung ausfallen lasse. Auch habe er eine Schwangerschaftsunterbrechung vorgenommen, ohne sie gemeldet zu haben. Viele Beschwerden gab es über seine Honorarforderungen. Unterschiedlichste Krankheitsfälle behandelte er mit der selbst erfundenen, dem Leser bereits bekannten »Heilsalbe«, die er »Wilckosan« nannte und die aus einer Vaseline bestand, in die er Penicillinpulver eingerührt hatte. Trotz Kassenschein berechnete er zwischen 30 und 100 Reichsmark je Verbandswechsel. Einen 11jährigen Jungen, der gestürzt war und sich eine Kopfplatzwunde zugezogen hatte, operierte er sechsmal am Kopf, um anschließend ebenfalls seine Wundersalbe zum Einsatz zu bringen. Eine von den Eltern gewünschte Überweisung in ein Krankenhaus lehnte er mit der Begründung ab, dass der Junge sonst »wahrscheinlich die Haare oder auch den Verstand verlieren« würde. Für die vierwöchige Behandlung mit der Salbe »Wilckosan« ließ er sich 1044 Reichsmark bezahlen. Von einem Kriegsversehrten, bei dem er eine Stumpfoperation vornahm, verlangte er 4483 Reichsmark Honorar. Dabei stellte er ihm in Aussicht, dass das verlorene Glied bei genügend langer Behandlung mit »Wilckosan« wieder nachwachsen würde. In mehreren Fällen behandelte er eine Lues mit positiver Wassermannscher Reaktion mit seiner Salbe statt mit dem damals üblichen Neo-Salvarsan. Außerdem meldete er diese Fälle nicht, obwohl er dazu verpflichtet gewesen wäre.

Im Oktober 1946 erstattete die Fachgruppe Ärzte im FDGB,

dem Gewerkschaftsbund in der sowjetischen Besatzungszone, eine Anzeige gegen Dr. H. v. W., weil er während einer Kur im Ort St. unglaubliche Forderungen für recht zweifelhafte Leistungen erhoben hatte. So verlangte er in einer undurchsichtigen Abtreibungsangelegenheit 7500 Reichsmark und forderte weitere 15 000 Reichsmark sowie Sachleistungen, darunter Gänse und zwei Zentner Pflaumen, für den Verlust seiner Leipziger Praxis. In der Anzeige wurden weitere Fälle aufgelistet, bei denen er für relativ geringe Leistungen unverschämte Honorare verlangte. Aufgrund dieser Anzeige wurde Dr. v. W. verhaftet.

Um sein hohes Ansehen zu beweisen, legte er erneut eine Fotokopie vor. Diesmal handelte es sich um das Bewerbungsschreiben eines gewissen Prof. S., der sich um eine Assistentenstelle bei Dr. v. W. bewarb.

Im Schreiben von Prof. S., der angeblich seit 1920 Universitätsprofessor und Facharzt für Frauenkrankheiten war, hieß es weiter: »Man kann sagen, dass Dr. v. W. in Ausübung seines Berufes Übermenschliches leistete und leistet. Geniale Veranlagungen und außergewöhnliches Können sind in glücklichster Weise in ihm vereint bei einer über dem Durchschnitt stehenden Intelligenz. ... v. W. stellt die Kumulierung außergewöhnlicher Begabung dar. ... Er ist der typische Fall eines Genies, den die Vorsehung der leidenden Menschheit geschenkt hat.«

Offenbar hatte Dr. v. W. auf diese Weise in der von ihm gefertigten Fälschung sein Selbstbild schriftlich fixiert.

Bei der seinerzeit vom zuständigen Staatsanwalt durchgeführten Vernehmung gelang es Dr. v. W. – wie bereits mehrfach zuvor –, die gegen ihn erhobenen Vorwürfe zu verharmlosen. Er unterbreitete Erklärungen, die einem medizinischen Laien glaubhaft erscheinen konnten. Der Staatsanwalt hegte nach der Vernehmung keinen Zweifel, dass es sich bei Dr. v. W. um einen qualifizierten Arzt handele, sodass er keinen Grund mehr zur Aufrechterhaltung des Haftbefehls sah. Zu berücksichtigen ist bei dieser Entscheidung, dass ihm lediglich die 1946 durch die Fachgruppe Ärzte aus St. erhobenen Vorwürfe bekannt waren.

1946 wurde in W. ein Amtsarzt gesucht. Dr. v. W. bewarb sich um diese Stelle und wurde im November 1946 auch eingestellt. Zu seinen ersten Handlungen gehörte, dass er durch die Gewerbepolizei Traubenzucker, Stärkungsmittel und selten gewordene Medikamente beschlagnahmen ließ. Einen großen Teil davon verbrauchte er für sich, wobei er aus dem Traubenzucker und Alkohol, der dem Gesundheitsamt zur Verfügung stand, Likör herstellte.

Bei einer Besichtigung des Gesundheitsamtes durch den Oberbürgermeister, der von diesen Unregelmäßigkeiten gehört hatte, wurde in den Räumen des Gesundheitsamtes eine Patientin aufgefunden, bei der Dr. v. W. eine Schwangerschaftsunterbrechung vorgenommen hatte. Obwohl sie hohes Fieber hatte und Blutungen eintraten, lag sie dort ohne jegliche ärztliche Hilfe und wurde nur von einer Sekretärin betreut. Kurz nach seinem Amtsantritt in W. brachte er bei führenden Persönlichkeiten eine Liste in Umlauf, in der diese aufgefordert wurden, sich für eine Verleihung des Titels »Medizinaldirektor« an Dr. v. W. einzusetzen. Weiterhin wurde er dadurch auffällig, dass er in einem Hotel fremden Personen laufend Rezepte ausstellte. Da er neben seiner Tätigkeit als Amtsarzt noch eine Allgemeinpraxis ausübte, wurden auch hier wieder Beschwerden von Patienten geäußert und teilweise an das Gesundheitsamt weitergeleitet. Weil er aber selbst als Amtsarzt fungierte, landeten diese Beschwerden umgehend im Papierkorb.

In diese Zeit fiel dann auch die geschilderte abenteuerliche Herzoperation bei der 48jährigen Frau, die wiederum zu seiner Verhaftung führte. In der Untersuchungshaft trat Dr. v. W. renitent und disziplinlos auf. Er betonte immer wieder, dass es bei seinen Leistungen eine Zumutung sei, in einer solchen Umgebung vegetieren zu müssen. Ihm müsste man vielmehr Dank und Anerkennung entgegenbringen. Bei einer Zellendurchsuchung wurden in seinen Sachen ein Injektionsbesteck und Pervitinampullen gefunden. Es blieb ungeklärt, woher sie stammten und wie er sie in die Haftanstalt geschmuggelt hatte.

Im Rahmen der Ermittlungen wurde er zur Begutachtung in die Universitätsnervenklinik eingewiesen, in der er sich sechs Wochen zur Beobachtung aufhielt. Nach der Diagnose lag keine Geisteskrankheit im engeren Sinn vor. Allerdings hielten die Gutachter die geistige Störung für so ausgeprägt, dass die Voraussetzungen zur Anwendung des § 51 Abs. 1 StGB gegeben waren. Wegen Gefährdung der öffentlichen Sicherheit durch Herrn v. W. wurde die Unterbringung in einer Heil- und Pflegeanstalt gemäß § 42b StGB für notwendig erachtet. Das Gericht schloss sich diesem Vorschlag an und ordnete die Unterbringung in einer Heil- und Pflegeanstalt an.

In der Anstalt verhielt sich Dr. v. W. äußerst geschäftig und mischte sich in alle Anstaltsangelegenheiten ein. Er pochte immer wieder auf seine ärztliche Ausbildung, gab sich als Arzt aus und betätigte sich als solcher. Er beriet Patienten hinsichtlich ihrer Behandlung, machte abweichende Behandlungsvorschläge und empfahl unablässig die Wundersalbe »Wilckosan«. Er verstieß laufend gegen die Anstaltsordnung und gab Angehörigen unbefugt Auskünfte über Patienten. Zweimal wurden bei der Durchsuchung seiner Sachen Injektionsspritzen und Pervitinampullen gefunden.

Im Februar 1948 floh er aus der Anstalt, begab sich nach L. und begann wiederum zu praktizieren. Das Spiel wiederholte sich: Erneut verlangte er für geringfügige Behandlung hohe Honorare. Diesmal wurde von mehreren Patientinnen vermerkt, dass er sich und anderen Pervitin verabreichte.

Durch den ungewöhnlich hohen Verbrauch von Rauschgift wurde auch das Rauschgiftdezernat auf Dr. v. W. aufmerksam. Er wurde erneut festgenommen, wies aber den Vorwurf, den größten Teil der von ihm verordneten Medikamente, vor allem Pervitin, für sich selbst verbraucht zu haben und rauschgiftsüchtig zu sein, entschieden zurück.

Im April 1948 wurde er erneut in eine Heil- und Pflegeanstalt eingewiesen. Hier verhielt er sich genauso wie bei seinem früheren Aufenthalt. 1949 wurde vom Gericht seine Entlassung verfügt.

Danach übersiedelte er offenbar nach Westdeutschland, denn es wurde bekannt, dass er 1950 in einer Anstalt in Goslar wiederum auf seine strafrechtliche Zurechnungsfähigkeit begutachtet wurde, weil er durch wildes Praktizieren und eine größere Zahl von Abtreibungen aufgefallen war. Einer weiteren Strafverfolgung entzog er sich durch die Flucht. Danach verliert sich seine Spur.

Sicherlich ist das geschilderte unglaubliche Geschehen zu einem großen Teil den chaotischen Nachkriegsverhältnissen zuzuschreiben. Dennoch fühlt man sich zu dem Ausspruch veranlasst: … und wenn er nicht gestorben ist, praktiziert er heute noch.

Kapitel 10

Verbrechen im Krankenhaus

*»Meine Verordnungen werde ich treffen zu Nutz und Frommen
der Kranken nach bestem Vermögen und Urteil und von ihnen
Schädigung und Unrecht fern halten. Ich werde niemandem –
auch nicht auf seine Bitte hin – ein tödliches Gift verabreichen
oder auch nur einen solchen Rat geben.«*

*Diese verpflichtende Feststellung im Eid des HIPPOKRATES
(460–377) ist über Jahrtausende Richtschnur ärztlichen Han-
delns gewesen. Die Erhaltung des Lebens, die Heilung von
Krankheiten und die Linderung von Schmerzen sind von jeher
die eigentliche Aufgabe der medizinischen Wissenschaft. Doch
auch im medizinischen Bereich gibt es Verbrecher und Verbrechen. Berichte von vorsätzlichen Tötungen alter Menschen in
Kliniken und Altenheimen haben die Öffentlichkeit aufge-
schreckt. Mit einem besonders ungewöhnlichen Fall von vor-
sätzlicher Tötung in einem Krankenhaus und gleichzeitig einem
der spektakulärsten Giftmorde in der DDR musste ich mich
schon bald nach meiner Rückkehr in die Gerichtsmedizin be-
fassen.*

Morde zu statistischen Zwecken

Eines Morgens rief ein in Thüringen sehr bekannter chirurgischer Chefarzt eines Kreiskrankenhauses im Institut an und fragte, ob er notfalls auch auf eigene Kosten eine Sektion durch die Gerichtsmedizin anfordern könnte, da sowohl der Kreisarzt als auch der Staatsanwalt eine Sektionsanordnung abgelehnt hätten. Er könne und wolle aber nicht weiter operieren, bevor nicht eine Reihe von Todesfällen aufgeklärt wäre, deren Zustandekommen ihm völlig unverständlich sei.

Deshalb bat er dringend um eine gerichtsärztliche Sektion, um endlich Klarheit zu bekommen. Ich sagte ihm für den nächsten Tag zu.

Bei Ankunft im Krankenhaus erfuhren wir, dass seit einiger Zeit in der dortigen chirurgischen Abteilung Todesfälle bei frisch operierten Patienten auftraten, für die weder der Operationsablauf noch die postoperative Phase eine Erklärung boten.

Die Operationen waren jeweils planmäßig und komplikationslos, die ersten Tage nach der Operation problemlos verlaufen. Doch dann traten plötzlich nicht erklärbare Komplikationen auf: Übelkeit, Erbrechen und massive Durchfälle stellten sich ein, verbunden mit einem Kreislaufversagen, das schließlich zum Tode führte.

Die Chirurgen hatten bereits selbst Teilsektionen des Operationsgebietes vorgenommen, ohne etwas Auffälliges finden zu können. Nach längeren Verhandlungen mit dem Kreisarzt war es dem Chefarzt vor einiger Zeit gelungen, in einem solchen Fall eine Verwaltungssektion durch ein pathologisches Institut durchzusetzen, die aber auch keine eindeutige Todesursache ergab. Im Krankenhaus entschloss man sich nach diesem unbefriedigenden Ergebnis, das Narkosemittel zu wechseln, um eventuelle Überlagerungen auszuschließen. Obwohl die unklaren Todesfälle weitergingen, lehnte der Kreisarzt weitere Sektionen mit der Begründung ab, dass in einer operativen Einrichtung immer einmal auch unklare Todesfälle vorkommen könnten.

Bei dem mir vorliegenden Fall handelte es sich um einen Patienten, bei dem eine Magenoperation durchgeführt worden war. Die Operation war wie stets glatt verlaufen. Bereits in den ersten Tagen nach der Operation ging es dem Patienten den Umständen entsprechend gut. Drei Tage später jedoch klagte auch er über Erbrechen und Magen-Darm-Beschwerden mit erheblichen Durchfällen. Diese Beschwerden verstärkten sich im Verlaufe des Tages ganz erheblich bei gleichzeitiger Verschlechterung des Allgemeinbefindens. Der Patient, der vom Oberarzt der chirurgischen Abteilung operiert worden war, verstarb noch am gleichen Tag gegen Abend. Der Operateur verständigte sofort seinen Chef, der sich gerade im Urlaub befand. Dieser brach unverzüglich seinen Urlaub ab, kehrte sofort zurück und beantragte die Sektion.

Bei der Sektion, die im Krankenhaus stattfand, war neben dem Oberarzt auch der Chefarzt anwesend. Außerdem stand der Oberpfleger des Krankenhauses zu Hilfeleistungen zur Verfügung.

Die Obduktionsergebnisse zeigten, dass die Operationsverhältnisse völlig in Ordnung waren. Die Nähte erwiesen sich als fest, eine Entzündung, insbesondere eine Bauchfellentzündung, bestand nicht. Allerdings stellte ich an Leber und Nieren ebenso wie am Herzmuskel und auch am Gehirn Veränderungen fest, die ganz allgemein an eine Vergiftung denken ließen, aber noch keine sichere Diagnose erlaubten.

Ähnliche Veränderungen waren auch bei der einige Wochen zuvor von der Pathologie durchgeführten Sektion gefunden worden. Außerdem diagnostizierte ich eine beginnende Lungenentzündung, an der der Patient jedoch keinesfalls gestorben war. Lediglich der Darminhalt erwies sich als auffällig und veranlasste den ersten Obduzenten zu der Bemerkung, dass man, wenn sich die Todesfälle nicht in einem Krankenhaus ereignet hätten, an eine Arsenvergiftung denken müsste.

Jedenfalls konnten wir auch nach Beendigung der Sektion keine sichere Diagnose stellen. Wir mussten die Krankenhausärzte auf das Ergebnis der mikroskopischen Untersuchung der asservierten Organe vertrösten.

Aber auch die nach einigen Tagen vorliegenden mikroskopischen Befunde brachten nichts, was die Todesursache erklären konnte, sodass wir eine chemische Untersuchung auf Gifte durchführten. Und zu unser aller Erstaunen wurden wir diesmal fündig. In allen untersuchten Organen ließ sich eindeutig Arsen in einer tödlichen Menge nachweisen.

Die Todesursache stand damit fest: Es handelte sich zweifellos um eine Arsenvergiftung, womit eindeutig ein nicht natürlicher Tod vorlag. Wir verständigten umgehend die zuständige Mordkommission, die sofort die Ermittlungen aufnahm. Noch während die Untersuchungen liefen, wurde durch das Krankenhaus ein neuer Todesfall gemeldet. Die Staatsanwaltschaft ordnete diesmal sofort eine gerichtliche Sektion an.

Der erneute Fall lag ähnlich wie der erste. Nach einer komplikationslos verlaufenen, relativ einfachen Blinddarmoperation trat drei Tage später wieder schwerer Durchfall und Erbrechen mit starken Blähungen auf, der Zustand des Patienten verschlechterte sich. Die Ärzte vermuteten einen Darmverschluss und öffneten nochmals die Bauchhöhle. Der angenommene Verschluss war nicht vorhanden, dafür fielen den Operateuren die sehr stark geblähten Darmschlingen auf.

Darminhalt und auch Erbrochenes wurde noch am gleichen Tag zur chemischen Untersuchung überbracht. Noch bevor wir unsere Ergebnisse übermitteln konnten, verstarb der Patient.

Die Ergebnisse glichen denen der vorangegangenen Sektionen. Neben einer beginnenden Lungenentzündung zeigten Leber und Nieren die gleichen Veränderungen wie bei den früheren Fällen. In den Organen konnte ebenso wie in dem vom Krankenhaus übersandten Material wiederum Arsen nachgewiesen werden. Der Tod trat auch in diesem Fall aufgrund einer Arsenvergiftung ein.

Noch während unserer Untersuchung ereignete sich ein weiterer Todesfall im Krankenhaus, wiederum mit ähnlicher Vorgeschichte und vergleichbarem Verlauf.

Wir wurden erneut hinzugezogen und erfuhren noch während der Sektion, dass es einem weiteren Patienten sehr schlecht ging. Diesmal gab es jedoch bemerkenswerte Unterschiede. Im Gegensatz zu den bisher untersuchten Todesfällen ereignete sich dieser auf einer anderen Station. Zudem handelte sich nicht um einen frisch Operierten, sondern um einen Patienten, der schon vor drei Wochen an einem Leistenbruch operiert worden war und nach einem komplikationslosen postoperativen Verlauf in den nächsten Tagen entlassen werden sollte.

Seit ein paar Tagen klagte der Betroffene über Leibschmerzen und Durchfälle, die sich in den folgenden Tagen noch verstärkten. Man nahm zunächst eine Thrombose der Darmgefäße an, also einen Gefäßverschluss durch Blutgerinnsel. Zu diesen Beschwerden gesellten sich nach einigen Tagen Schwellungen im Bereich der Hände, verbunden mit kleinen flächenhaften Blutungen in der Haut des Handrückens, später auch im Bereich des Gesichts, sodass vorübergehend eine Überempfindlichkeit gegenüber noch zu ermittelnden Arzneimitteln angenommen wurde. Zehn Tage nach Beginn der Beschwerden verstarb auch dieser Patient. Bei der Sektion zeigten sich zahlreiche Geschwüre im Bereich der Magen- und Zwölffingerdarmschleimhaut. Wiederum konnte Arsen in den Organen nachgewiesen werden.

Die polizeilichen Ermittlungen liefen auf Hochtouren. Man dachte zunächst an durch Arsen verunreinigte Lebens- oder Arzneimittel. Jeden Tag wurde uns neues Material zur Untersuchung gebracht. Aber alle untersuchten Lebens- und Genussmittel sowie alle Arzneimittel waren frei von Arsen. Die Giftquelle konnte und konnte nicht gefunden werden.

Neben unseren Untersuchungen wurde auch im Krankenhaus selbst ermittelt. Man ließ eine Polizistin als Schwester einstellen, um auch verdeckt ermitteln zu können. Ihr fiel bald auf, dass der verheiratete Oberpfleger der Abteilung seit längerer Zeit ein offenbar intimes Verhältnis mit einer wesentlich jüngeren Stationsschwester hatte. Sicherlich nichts Ungewöhnliches. Aber die Beobachtung konnte Bedeutung erlangen, wenn man berücksichtigte, dass es sich um die Station handelte, auf der alle früher verstorbenen Patienten gelegen hatten.

Zeugen sagten zudem aus, dass zwischen den beiden in letzter Zeit mehrfach heftige Eifersuchtsszenen vorgekommen waren. Ferner hatte der Oberpfleger des öfteren zum Ausdruck gebracht, dass seine Arbeit von den Krankenhausärzten nicht genügend anerkannt und gewürdigt würde.

Die Ermittlungen ergaben außerdem, dass auch der Oberarzt der chirurgischen Abteilung seit der letzten Weihnachtsfeier großes Interesse an der Stationsschwester zeigte. Das war zumindest bemerkenswert, da dieser in allen Fällen die auf so mysteriöse Weise verstorbenen Patienten operiert hatte.

Mit diesem Hintergrundwissen erfolgte die Vernehmung des Oberpflegers. Dabei fiel besonders auf, dass er im Gegensatz zu allen anderen Mitarbeitern des Krankenhauses energisch bestritt, jemals etwas von Arsen gehört zu haben. Diese Behauptung schien bei einer Person, die schon über 23 Jahre in der Krankenpflege tätig war und auch eine entsprechende Schule besucht hatte, kaum glaubhaft. Der Oberpfleger erklärte sogar, nicht zu wissen, dass es sich bei Arsen um einen Giftstoff handele.

Bei einer gleichzeitig durchgeführten Hausdurchsuchung in der Wohnung des inzwischen Verdächtigen fanden die Ermittler jedoch mehrere Hefte und Bücher über Gift- und Arzneimittel. In einigen dieser Bücher war jeweils an der Stelle, wo etwas über Arsen und dessen Wirkung stand, ein Lesezeichen eingelegt und der Text angekreuzt oder unterstrichen. Aufgrund der sich verdichtenden Verdachtsmomente wurden die Stationsschwester und der Oberpfleger festgenommen. Nach Aussage der Schwester dauerte das Verhältnis mit dem Oberpfleger bereits mehrere Jahre an. Er habe ihr immer wieder versprochen, sich scheiden zu lassen und sie zu heiraten. Wenn sie dann aber ernsthaft eine Entscheidung herbeiführen wollte, habe er Ausflüchte gemacht und immer neue Gründe vorgebracht, warum sie noch etwas warten müsse.

In der letzten Zeit sei er sehr eifersüchtig gewesen, besonders als sie ihm erzählt hätte, dass der Oberarzt sich für sie interessierte. Sie ließ durchblicken, dass auch sie an einer solchen Beziehung nicht uninteressiert sei. Daraufhin sei er sehr wütend geworden und habe geäußert, dass er mit dem Oberarzt noch abrechnen würde.

Inzwischen war auch ermittelt worden, dass der Apotheker, der das Krankenhaus mit Medikamenten belieferte, dem Oberpfleger auf dessen Wunsch Arsenik zur Rattenbekämpfung gegeben hatte. Das war bereits vor etwa zwei Jahren geschehen. Um Verwechslungen mit anderen Substanzen vorzubeugen, hatte er das an sich weiße Pulver rötlich gefärbt. Da der Oberpfleger seit vielen Jahren für die Krankenhausapotheke verantwortlich zeichnete und ihm die Bestellung und Entgegennahme der Medikamente oblag, hatte der Apotheker keinerlei Bedenken, ihm das Gift nach einer entsprechenden Belehrung zu übergeben.

Nun musste der Oberpfleger unter der Last der Ermittlungsergebnisse zugeben, doch schon einmal etwas über Arsen gehört zu haben. Die Kriminalisten stellten ihm nun aufgrund der Aussage des Apothekers eine Falle. Sie fragten ihn, wie denn Arsenik aussehe, worauf er prompt erklärte: »Es handelt sich um ein rötliches Pulver.« Dennoch bestritt er weiterhin, jemals vom Apotheker Arsen erhalten zu haben. Erst bei einer Gegenüberstellung gab er es schließlich zu, wollte aber das Mittel lediglich zur Rattenbekämpfung im Krankenhaus benutzt haben.

Wie der Oberpfleger weiter aussagte, hatte er das Arsen nicht vollständig verbraucht, sondern einen Rest aufgehoben. Als er sich nach einer längeren Erkrankung ein Jahr zuvor sehr elend fühlte und seine Potenz nachließ, sei er auf den Gedanken gekommen, kleinste Mengen Arsenik einzunehmen, da er dessen Wirkung von entsprechenden Medikamenten her kannte. Sein Allgemeinbefinden habe sich danach auch wesentlich gebessert.

Nachdem der Oberpfleger wusste, dass sich der Oberarzt ebenfalls um seine Geliebte bemühte, befürchtete er, als Unterlegener dazustehen. Immerhin – so seine Überlegung – handelte es sich um einen Arzt, der ein Auto besaß und über ein gutes Einkommen verfügte. Daraufhin fasste er den Entschluss, den Oberarzt im Krankenhaus unmöglich zu machen. Der beste Weg hierzu bestand nach seiner Meinung darin, die Operationserfolge des Arztes zu gefährden und seine Operationsstatistik zu verderben, um ihn in den Ruf eines schlechten und unfähigen Operateurs zu bringen.

Damit wollte er zwei Fliegen mit einer Klappe schlagen: Einmal schwebte ihm die Versetzung des Oberarztes in ein anderes Krankenhaus vor, zum anderen beabsichtigte er, das Ansehen seines Nebenbuhlers beim Krankenhauspersonal, insbesondere bei seiner Geliebten, herabzusetzen. So entschloss er sich, die vom Oberarzt operierten Patienten zu vergiften.

Bei der Verwirklichung seines Entschlusses ging er folgendermaßen vor: Er mengte dem Tee der entsprechenden Patienten jeweils etwa 0,5 Gramm Arsenik bei und erreichte dadurch, dass diese relativ schnell starben.

Da der Oberpfleger als Hilfskraft bei der Sektion mitwirkte, erfuhr er rechtzeitig vom Vergiftungsverdacht. Um von sich abzulenken, schlich er sich an seinem freien Tag in der Mittagszeit heimlich ins Krankenhaus und vergiftete zunächst den am Blinddarm operierten Patienten. Aber auch die Konzentration der Ermittlungen auf die chirurgische Station konnte ihm gefährlich werden, weshalb er den kurz vor der Entlassung stehenden Patienten mit dem Leistenbruch von einer anderen Station als nächstes Opfer auswählte. Zu dieser Tat erklärte er später: »Obwohl mir dieser eigentlich Leid getan hat. Er war ein so netter Mann und hat mir immer mal eine Zigarre geschenkt. Aber zu meiner eigenen Sicherheit musste er dran glauben.«

Die Stationsschwester hatte nichts von den Machenschaften ihres Liebhabers gewusst. Sie wurde umgehend aus der Untersuchungshaft entlassen.

Nach dem Geständnis erfolgte eine Rekonstruktion am Tatort, bei der der Oberpfleger alle Einzelheiten der Tat auf das genaueste vorführte. Er berichtigte sogar Zeugen und machte sie auf Kleinigkeiten, die diesen entfallen waren, aufmerksam.

Beim Chefarzt entschuldigte er sich unter Tränen für seine verbrecherischen Handlungen und gab das Versprechen ab, sich in Zukunft durch gute Arbeit zu bewähren. »Ich will meinen Fehler wiedergutmachen«, verkündete er.

Als er jedoch wenig später die Anklageschrift erhielt und erfuhr, dass er wegen Mordes angeklagt werden sollte, widerrief er kurz vor Beginn der Hauptverhandlung sein Geständnis und behauptete, mit der ganzen Sache nichts zu tun zu haben. Nur unter Druck und um seine Ruhe zu haben, habe er die Vergiftungen zugegeben.

In der Hauptverhandlung verwickelte er sich aber laufend in Widersprüche. Er konnte auch nicht abstreiten, selbst Arsen eingenommen zu haben, denn es wurde ihm in den Haaren und unter den Fingernägeln sowie im Urin eindeutig nachgewiesen. Trotz allem bestritt er unnachgiebig bis zum Schluss die Tat. Für das Gericht waren die Beweise eindeutig unwiderlegbar. Es verurteilte ihn wegen vierfachen Mordes zum Tode. Da die Todesstrafe damals in der DDR noch nicht abgeschafft war, wurde er hingerichtet.

Weitere nicht aufgeklärte Todesfälle im Krankenhaus konnten ihm nicht zur Last gelegt werden. Dennoch kann man nicht ausschließen, dass er weitere Patienten vergiftet hat. So wurde auch in den noch vorhandenen geringen Organstückchen von der zuallererst durchgeführten Sektion noch Arsen nachgewiesen. Da aber nicht sicher auszuschließen war, dass die Konservierungsflüssigkeit bereits vorher mit Arsen verunreinigt worden war, wurde hier die Anklage fallen gelassen, ebenso in den Fällen, wo nach Kremationen in der Leichenasche Arsen nachweisbar war. Denn auch hier konnte nicht sicher ausgeschlossen werden, dass Arsen beim Verbrennungsprozess – etwa aus den Schamottesteinen des Ofens – in die Asche gelangt war. So blieb es bei der Verurteilung wegen der vier sicher nachgewiesenen Morde.

Es sei noch am Rande erwähnt, dass der Oberpfleger bis zu dieser Tat eine völlig normale und unauffällige Entwicklung aufwies. In der Schule kam er immer gut mit. Nach der Ausübung einiger anderer Berufe wurde er Krankenpfleger und legte auch die staatliche Prüfung ab. Seine Arbeit wurde von allen Kollegen als gut und korrekt bezeichnet. Die Krankenhausleitung brachte ihm viel Vertrauen entgegen, setzte ihn schon bald als Oberpfleger ein und betraute ihn sogar mit der Führung der Krankenhausapotheke.

In den 23 Jahren seiner pflegerischen Tätigkeit ließ er sich keinerlei Verfehlungen zuschulden kommen. Im psychiatrischen Gutachten wurde er als voll schuldfähig eingestuft, irgendwelche psychischen Abwegigkeiten lagen danach nicht vor. Er wurde noch nicht einmal als besonders gefühlskalt geschildert.

Umso erstaunlicher erscheint es, dass dieser Mensch ohne nennenswerte Hemmungen mehrere Menschen vorsätzlich tötete.

Inzwischen war ich jetzt nahezu fünf Jahre in der Gerichtsmedizin tätig. Ein Wechsel zurück in die Klinik, der mir lange vorgeschwebt hatte, schien fast schon zu spät zu sein, zumal sich noch keine Lösung für die Besetzung des Lehrstuhls abzeichnete. Zu einem bestimmten Zeitpunkt sah es zwar so aus, als ob eine Wiederbesetzung möglich wäre. Mein Vorgänger, Prof. Timm, war von der sowjetischen Besatzungsmacht vorzeitig, d. h. nach acht Jahren Zuchthaus, entlassen worden. Die Jenaer Fakultät beschloss sofort, ihn auf seinen alten Lehrstuhl zu berufen, und reichte den entsprechenden Antrag an das damalige Staatssekretariat für das Hoch- und Fachschulwesen ein. Tatsächlich leitete man umgehend die Berufungsverhandlungen ein, sodass der geplanten Wiederbesetzung des Lehrstuhls nichts mehr im Wege zu stehen schien. Allerdings stand die Zusage von Prof. Timm noch aus.

Mir kam diese Entwicklung sehr gelegen, denn ich lag seit einigen Monaten wegen einer Lungentuberkulose, die ich mir im Beruf zugezogen hatte, in einer Heilstätte in Jena und leitete von dort aus das Institut, weil eine Vertretung nicht zu finden war. Das gestaltete sich überaus kompliziert, weil ich nur über eine ärztliche Mitarbeiterin verfügte, die die ganze Außentätigkeit auf sich nehmen musste. Für mich blieb es dennoch sehr schwierig, da ich gezwungen war, die auswärtigen Gerichtstermine weiterhin selbst wahrzunehmen. Ich musste dann jedes Mal meinen behandelnden Arzt überzeugen, dass es keine andere Möglichkeit gab. In dieser Situation hätte ich gern die Leitung des Instituts abgegeben und bereitete schon die Übergabe vor.

Als ich eines Nachmittags wie üblich ins Institut kam, um Blutgruppen abzulesen, erfuhr ich von meinen Mitarbeitern, dass Prof. Timm die DDR verlassen hatte. Im Anschluss an eine Besprechung wegen der vorgesehenen Berufung war er mit seiner Familie nach Westberlin gefahren und hatte dort die Übersiedlung beantragt.

Bei seinen schlimmen Erfahrungen mit dem Besatzungsregime konnte ich ihm diesen Schritt nicht verdenken. Aber für das Institut war immer noch keine endgültige Lösung gefunden, sodass die kommissarische Leitung in meinen Händen blieb.

Als ich aus der Heilstätte entlassen worden war, entschloss ich mich, ganz in der Gerichtsmedizin zu bleiben und die Habilitation anzustreben. Die Fakultät war damit einverstanden, und ich machte mich an die Arbeit, die neben den täglichen Routineaufgaben geleistet werden musste.

Jetzt endlich ergab sich auch eine Änderung in der Institutsleitung. Da Prof. Prokop von Bonn nach Berlin berufen wurde, setzte das Staatssekretariat den bisherigen kommissarischen Leiter des Berliner Instituts, Prof. Hansen, als Direktor in Jena ein, sodass ich mich ganz der Habilitation widmen konnte.

Nachdem ich 1957 das Habilitationsverfahren erfolgreich abgeschlossen hatte, wurde ich kurz darauf zum Dozenten ernannt und im Dezember 1957 als Gastdozent an das Berliner Institut an der Charité, das unter der Leitung von Prof. Prokop stand, versetzt.

Im Mai 1958 erfolgte meine Berufung nach Rostock, um hier ein gerichtsmedizinisches Institut aufzubauen. Rostock gehörte zu den wenigen Universitäten, die noch keinen selbständigen Lehrstuhl für Gerichtliche Medizin und kein derartiges Institut besaßen, obwohl entsprechende Pläne bereits seit der Jahrhundertwende bestanden hatten.

In meinem neuen Wirkungsort wurde bisher die gerichtsmedizinische Sektionstätigkeit von einem Oberarzt der Pathologie durchgeführt, für Toxikologie und Blutalkoholbestimmung zeichnete die Pharmakologie verantwortlich, und die Blutgruppenbestimmungen bei Vaterschaftsfeststellungen erfolgten durch die Frauenklinik. So stellte sich die Situation dar, als ich im Mai 1958 in Rostock eintraf.

Ein neuer Lebensabschnitt begann. Die Aufgabe, unter den damaligen Bedingungen in der DDR aus dem Nichts ein neues Institut aufzubauen, reizte mich sehr, ließ aber auch neue Schwierigkeiten erwarten.

HEYNE
BÜCHER

Nachschlage-werke der besonderen Art

Karl Shaw
Das Lexikon der Geschmacklosigkeiten
19/746

Wolfgang Bauer/Irmtraud Dümotz/Sergius Golowin
Lexikon der Symbole
Mythen, Symbole und Zeichen in Kultur, Religion, Kunst und Alltag
19/752

Matthew Bunson
Das Buch der Vampire
Von Dracula, Untoten und anderen Fürsten der Finsternis. Ein Lexikon
(19/765)

James Randi
Lexikon der übersinnlichen Phänomene
Die Wahrheit über die paranormale Welt
19/774

Karl Shaw
Lexikon der Exzentriker
Die schrägsten Vögel der Welt und ihre haarsträubenden Geschichten
40/491

19/746

HEYNE-TASCHENBÜCHER